京东敏捷实践指南

破解京东敏捷之谜，探索高绩效组织之道

赵　卫　王立杰　著

電子工業出版社
Publishing House of Electronics Industry
北京 • BEIJING

内 容 简 介

本书以京东敏捷组织转型核心实践为主线，系统介绍了敏捷转型的必要性、关键收益及关键举措；对在京东采用的主要敏捷方法，如 Scrum、Kanban（看板）、XP（极限编程）、LeSS、SAFe 等关键要点进行了阐述；精选了京东手机购物 App、物流青龙系统、京东 Me 内部协同 App、新零售 7FRESH 等多个案例，展示了不同团队的转型历程；从产品开发的角度，提炼了端到端的落地实践，针对每个实践，都介绍了对应的京东案例；对于采用的工具、流程规范及敏捷成熟度评估等，也有实例介绍。

本书不仅可以让读者了解京东的敏捷转型实践，而且可以帮助读者打开一扇思维的窗户，思考适合自己组织的转型路线及实践。本书适合业务人员、运营人员、产品经理、项目经理、开发人员、测试人员，以及产品总监、研发主管等对京东敏捷转型感兴趣的人员阅读。

图书在版编目（CIP）数据

京东敏捷实践指南/赵卫，王立杰著. —北京：电子工业出版社，2020.1

ISBN 978-7-121-38257-4

Ⅰ. ①京… Ⅱ. ①赵… ②王… Ⅲ. ①企业管理－组织管理学－指南 Ⅳ. ①F272.9-62

中国版本图书馆 CIP 数据核字(2020)第 020129 号

责任编辑：徐蕾薇　　特约编辑：许波建
印　　刷：山东华立印务有限公司
装　　订：山东华立印务有限公司
出版发行：电子工业出版社
　　　　　北京市海淀区万寿路 173 信箱　邮编：100036
开　　本：720×1 000　1/16　印张：14　字数：301 千字
版　　次：2020 年 1 月第 1 版
印　　次：2021 年 7 月第 3 次印刷
定　　价：78.00 元

凡所购买电子工业出版社图书有缺损问题，请向购买书店调换。若书店售缺，请与本社发行部联系，联系及邮购电话：（010）88254888，88258888。

质量投诉请发邮件至 zlts@phei.com.cn，盗版侵权举报请发邮件至 dbqq@phei.com.cn。

本书咨询联系方式：（010）88254758，wangq@phei.com.cn。

推荐序一

京东企业信息化部在两年前引入敏捷。在这之前，我们一直采用传统的瀑布开发模式。瀑布开发模式强调事前的完整规划，一旦需求发生大的变更，整体计划都要进行调整甚至返工，这导致项目平均交付周期约为 3 个月。京东作为互联网企业，需要应对多变的市场形势并迅速做出调整，瀑布开发模式在应对这种组织的“快速变化”时有些“应接不暇”。

在经过快速宣导、培训后，我们全面推行敏捷，整体效果显著：项目平均交付周期由 110 天缩短到 50 天，在满足灵活多变的业务需求的同时，客户满意度、交付质量、用户体验、人员效率等均有显著提升。

敏捷还推动研发团队和业务团队变成一个协作整体，双方之间不再有明确的角色划分，交流频率更高，协作关系更紧密，共同考虑业务的痛点和需求，梳理出的产品需求更真实，最终交付的产品也更能满足业务诉求。

在部门敏捷转型的过程中，王立杰和赵卫两位老师给大家引入了很多切实有效的工具，如用户故事地图、用户体验地图、移情图、用户价值地图等，帮助团队通过场景化分析与探索，挖掘出用户的深层次需求，并能对产品功能和用户体验进行统筹规划。在开发过程中，引入静态代码扫描、持续集成、自动化打包、自动化测试、质量双周报等工程实践，有效提升了交付质量。“360 测评系统”作为典型案例之一，在产品上线后获得了业务方及用户的一致肯定。

本书两位作者在给予部门整体敏捷转型指导的同时，还支持了其他兄弟部门的敏捷转型与创新实践，为京东培养了一批敏捷骨干，为敏捷在京东的持续推广奠定了人才基础。

本书对敏捷方法进行了系统性的总结，并涵盖了大量实战案例，是理论和实践的集大成者。本书既可以作为初学者的入门读物，也可以作为实践的指导手册。相信每个准备或正在进行敏捷转型的组织或团队都能从本书中有所收获！

京东集团副总裁、企业信息化部负责人　梁勇鸿

2019 年 4 月

推荐序二

2012 年年初，时任京东 CTO 的王亚卿推荐我加入京东，推行新的管理方法，当时的域名还是 360Buy.com。GMV 年增长率 200%的京东商城给 CTO 体系带来了巨大的交付压力，迫切需要新的方法论来支持业务的快速增长，当时我也并不确定精益与敏捷方法能否帮助京东商城走出困境。一个人势单力薄，从 0 到 1 来推动敏捷转型就好比在高速公路上换轮胎，打破人们的固有认知实在太难了，我的同事宋宁女士常说我是扛大旗的孤独布道者。我曾经想过找敏捷咨询机构协助推行敏捷转型，但是当时的敏捷咨询机构的本地化咨询机制还不成熟，而外资敏捷咨询机构没有中国本土互联网企业敏捷转型的成功经验。

时间是梦想和热情的最大杀手，焦虑迷茫解决不了问题，必须寻找突破口。于是，我在京东内部发起了多次敏捷培训和工作坊，一个月内培训了近 150 人（当时研发人员约有 700 人，如今近 2 万人），这其中不乏想成为“第一个吃螃蟹”的团队，我从 POP 团队中选择了意愿最强的京麦团队试水，当时京麦团队被称为“4-2”团队（4 个人中有 2 个人提出离职），管理层甚至建议放弃该产品以释放人力，当时因为其成为敏捷试点团队才得以保留。时至今日，京麦团队成员已达百人，是京东最好的敏捷团队之一。

京东大规模敏捷转型的转折点与高级副总裁李大学先生密不可分。作为京东研发体系的最高管理者，他给予了我们绝对的支持和帮助。在他的影响下，我们开始试点百人以上规模的团队，包括仓储配送团队、智慧供应链团队、京东到家团队、京东云团队、移动 App 团队等。随着无敌哥王立杰、姜信宝 Bob、赵卫 David 等资深教练的陆续加入，京东集团资深教练团队逐渐形成，京东敏捷转型的列车进入了快车道。为了让京东敏捷转型的行进速度更快，无敌哥建议赋能研发，各事业部独立招聘教练，而我们全力转型业务敏捷与创新。

为什么要这样做呢？我们发现，研发/产品敏捷的局部优化无法带来整体绩效的提升，因为其没有让业务和组织敏捷起来。只做到研发敏捷而没有实现业务敏捷，是不能助力业务成功的，那就不是真正的敏捷。彼得 • 德鲁克曾说过：“企业绩效只存在于外部，而内部只有成本。”于是我们在京东大学的帮助下开始进行各业务端敏捷与创新，这应该是中国最早的业务&组织级敏捷创新教练团队，宿迁客服、Plus 会员体系、京东到家、七鲜（7FRESH）业务、京东生态孵化器、京东金融、京东 Me、京东 ERP、京东物流……都开始了业务敏捷转型之旅。

《京东敏捷实践指南》这本书是京东过去 7 年全价值链敏捷转型的开山之作，它不但记录了京东敏捷转型的最佳实战经验，更记录了敏捷转型的历史过程。感谢王立杰老师和赵卫老师的辛苦付出，相信这本世界 500 强互联网电商零售公司的敏捷转型实践指南可以帮助更多的企业完成敏捷转型，提升应对 VUCA 时代不确定性的能力。

京东敏捷转型创始人　杜伟忠

推荐序三

宰相必起于州部，猛将必发于卒伍。对于产品开发，在快速的开发和真正的面向业务的敏捷交付之间寻求平衡，从来都不是一件容易的事。

本书的两位作者都是从一线技术开发做起的，又在研发管理和模式创新中摸爬滚打多年，我和立杰更是相识相交十余载，在茶余饭后，经常和两位老师聊到其在京东所做的诸多敏捷实践。这次有幸读到《京东敏捷实践指南》的书稿，看到赵卫老师和立杰老师把其在京东期间诸多关于敏捷、精益和 DevOps 的优秀实践系统地逐一在本书中展现出来，真是痛快淋漓。

本书不仅有对敏捷原则、敏捷价值观和敏捷方法的基本介绍，更将敏捷组织转型的四步大法毫无保留地呈现给读者。在敏捷转型的案例分享中，两位老师带着读者走入京东软件研发的敏捷实战中，从京东 360 MVP 产品原型开发，到京东青龙看板实现高绩效；从京东商城 App 千人敏捷实战，到京东 18 万员工人手一个的企业移动办公 App……京东 Me 的持续集成，就像打开了哆啦 A 梦的四次元百宝袋，也带着我重温了那段带着红色工牌在北辰为实现“客户为先”的承诺而全力拼搏的日子。

他山之石，可以攻玉。相信有缘读到此书者一定可以读有所获，在敏捷与 DevOps 修行的道路上，从来都没有什么银弹，唯有 Stay hungry，stay foolish。

服务与云计算技术专家工业富联技术副总裁　许舟平

2019 年 12 月　于北京

前 言

“宝剑锋从磨砺出，梅花香自苦寒来。”

敏捷的思想与理念，理解起来并不难，但要做好敏捷，却不容易。需要真正动手去实践，才能真正领悟敏捷的真谛，毕竟实践出真知。

对于敏捷转型，其实有且只有一个问题——“做”还是“不做”。无论何时决定去做都不晚，只要下决心去做，我们就永远走在敏捷的路上。

敏捷必须为业务服务，帮助业务更快地创造价值，脱离业务的敏捷是伪敏捷；敏捷不仅在于快速迭代，更重要的是能灵活应对业务变化。

京东的业务是复杂的，对外涉及商品、订单、交易、履约、物流、供应链、支付、金融、大数据、AI 等系统，对内涉及财务、人力资源、行政、法务、EBS、ERP、移动办公、企业 IT 等各职能条线的支撑，内外整体配合，高效协同，方能做到“成本、效率、用户体验”的统一。

在京东帮助团队实施敏捷转型这件事，既令人兴奋，又让人觉得有挑战。我们在产品持续探索方面，参考了精益创业、设计思维和精益 UX 等理念；在持续迭代交付的单团队管理方面，主要引入了 Scrum 框架与 Kanban 方法；在面对大规模团队时，主要参考了 SAFe 中的敏捷发布火车（Agile Release Train）；在搭建持续交付流水线时，建议团队结合 DevOps 理念并对软件架构进行解耦，实现组件化、微服务；在获取业务反馈时，力求做到端到端闭环，关注用户体验和数据化运营。

为了帮助更多的人学习敏捷、理解敏捷、掌握敏捷，我们把多年的经验与知识提炼总结成了这本《京东敏捷实践指南》，希望帮读者打开敏捷的大门。

感谢各体系中默默为敏捷实施做出贡献的同事们，特别感谢企业信息化部 Leo 总对我们敏捷工作的大力支持与指导，感谢京东大学刘金蕾老师，感谢昶哥代表的京东技术学院同事；感谢各体系的 PMO 团队：前台的李尘一、董一立团队，中台的谢翔、龚丽君团队，企业信息化的熊健南、王威团队，以及数科的张含春团队等。

在本书的编写过程中，很多同事提供了很大的支持和帮助，特别是直接参与了部分案例编写的同事，京东青龙系统预分拣研发负责人王梓晨编写了 4.2 节“京东青龙用看板实现高绩效”，京东企业信息化部移动研发团队的 Scrum Master 何腾飞编写了 4.3 节“京东 ME 打造移动快速交付能力实践”，京东 AI 事业部研发项目管理团队负责人单冰编写了 4.4 节“京东购物 APP 千人敏捷实例”，京东企业信息化部敏捷教练王新提供了 4.5 节“企业信息化部 SaaS 化敏捷项目群实战”案例素材，京东企业信息化部高级测试开发工程师高德亮编写了 4.6 节“企业信息化部自动化测试实践”，京东 7Fresh 技术研发中心敏捷测试专家熊志男编写了 4.7 节“7Fresh 技术研发中心持续集成实践”，以及企业信息化部敏捷教练王新和苗再青提供了第 5 章“敏捷项目管理实例”素材，再次特别感谢以上同事。

另外，感谢黄鹤、吴言、王英伟、陈茜、麦之初、洪佳、李静、张磊、陈飞、徐东伟、王彦、谢天骄、平静、张楠、罗伦文、张宏伟、崔瑞等社区伙伴为本书提出修订建议。

赵　卫　王立杰

目 录

第 1 章

为什么需要敏捷

1.1　VUCA 时代需要敏捷组织

2017 年 10 月，京东董事局主席刘强东先生在文章《第四次零售革命下的组织嬗变》中指出，“VUCA 下的环境给组织提出很大的挑战，不稳定性要求我们的响应更加敏捷；不确定性意味着企业需要收集更加系统、全面的信息；复杂性要求企业进行组织重构；而模糊性则需要我们带着开放的心态，对可能的机会进行实验求证。”“未来，为了服务于多元的场景和多变的需求，京东的组织需要变得更为灵活、敏捷，成为积木型的组织。”

2017 年 10 月 28 日，京东集团首席战略官廖建文教授在《哈佛商业评论》上发表的文章《数字化时代企业生存之道》提到，“今天有一个流行的英文缩写词来刻画这个风云变幻的时代：VUCA。四个英文字母分别是动荡性（Volatility）、不确定性（Uncertainty）、复杂性（Complexity）和模糊性（Ambiguity）的首字母。”“今天几乎所有的生态企业都还在沿袭工业时代的逻辑——连续、可预测、线性思维。”“数字化时代的未来是复杂的。数据、协同、智能等要素碰撞在一起，将重构商业系统的结构，带来非连续、不可预测和非线性思维。”“企业的寿命、产品的生命周期、争夺用户和行业更替的时间窗口都在以前所未有的速度缩短。今天的商业系统就像一个极速奔跑中的运动员，每段位移都伴随着心率的加快、呼吸的增速，以及越来越难以挣脱的窒息感。”“科层式的组织管理强调层级、分工、集权、标准化作业和中层监督，无法支撑组织敏捷应对外部变化、鼓励创新和多元化。”

2018 年 6 月，在 CIO 发展中心夏季论坛上，京东集团副总裁、企业信息化部负责人梁勇鸿在分享京东集团企业信息化实践时，提到通过敏捷转型的“确定转型目标、制订实施计划、建立组织机构、研发专用工具、宣传敏捷文化”五大措施的实施，实现敏捷转型的团队，整体交付效率提升 58%，团队成员积极响应客户需求，及时调整研发工作，使用户满意度得分从 9.3 分左右提高至 9.73 分（满分 10 分）。

2018 年 8 月 9 日，京东集团人力资源部副总裁刘梦在《哈佛商业评论》中文版举办的第四届“人才经济论坛”上提到：“提及授权、赋能、激活，组织的管理，企业不能只关注怎么让前面的业务快速变小，不能只关注如何让他们快速敏捷，真正值得引起重视的是一个组织敏捷、团队敏捷，一个组织内部整体的系统化建设。”

京东集团原高级副总裁李大学曾言：“敏捷是一种方法，更是一种组织能力。那些不懂得敏捷、不利用敏捷方法的研发团队，最终将在快速变化、竞争激烈的互联网环境中落败。”

从外部来看，格雷戈・史蒂文斯（Greg A. Stevens）在 1997 年的文章中提到，在 3000 个原始创意中，只有 1 个创意能成功商业化。美国斯坦迪什咨询集团《2015 混乱报告》指出，项目成功率仅为 29%。同时，美国项目管理协会（PMI）的《2018 年职业脉搏调查报告》指出，项目成功率为 69%。为了应对这些挑战，摆脱创新和项目开发失败的窘境，拥抱敏捷的公司与案例越来越多，不仅银行、保险、汽车等传统行业，社交、电商、搜索等互联网行业也都在拥抱敏捷。

2016 年 10 月，微信教父张小龙的一篇《警惕 KPI 和流程》刷爆朋友圈。这篇文章讲述了张小龙对微信在 8 亿用户量级、1500 人团队规模这个阶段的感悟，同时再次强调了三个核心观点：

（1）业务思考要从用户角度而不是 KPI 出发；

（2）利用敏捷性，保持快速迭代；

（3）支持轮岗，提升人才能力，避免舒适区。

敏捷不仅在软件开发领域得到广泛应用，在硬件开发领域也有很好的案例。2018 年 2 月，SpaceX“重型猎鹰”登顶世界运力最强运载火箭，首飞成功。那个被称为当代爱迪生的埃隆马斯克，卧薪尝胆，终于再次改写历史，又兑现了他的一个承诺。秘密到底是什么？SpaceX 高级技术经理 David Giger 说：“很多人曾对火箭行业引入快速迭代开发抱有怀疑，从现在看，效果不错。我们采用敏捷方法，不断迭代，不断改进产品原型，不断测试。我们不会坐在那里，花上几年又几年的时间去分析。SpaceX 要的是测试、测试、测试、测试。”

综上所述，为了以更低的成本快速适应和响应 VUCA 时代的新变化，组织需要具备敏捷性，要像世界上速度最快、最灵活的猎豹一样，成为敏捷型组织，不但快、准、稳，还要灵活应对变化，通过持续改进保持竞争优势。

1.2 敏捷可以为组织带来巨大收益

VUCA 时代需要具备全新的颠覆性思维，无论是 PC 互联网时代的九大思维，还是移动互联网时代的 5F 思维，敏捷都是核心要素。只要真实落地好敏捷思维，企业、客户、员工都会从中获得巨大收益。互联网九大思维核心要素如图 1-1 所示，其中以曲线标识出来的四个思维都是跟敏捷直接相关的。

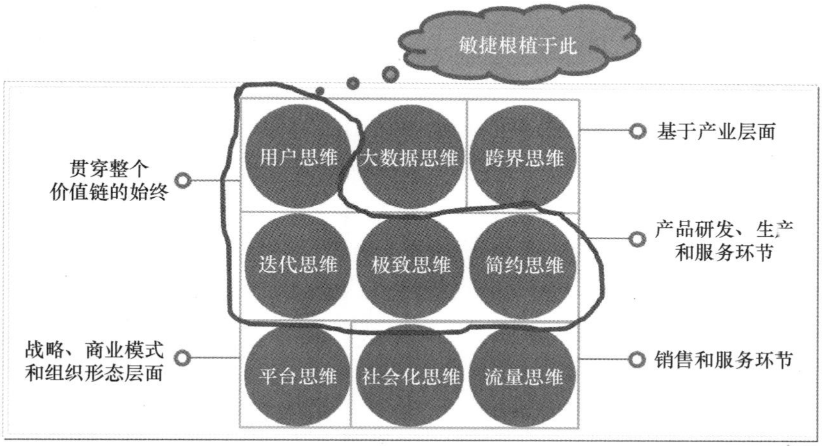

图 1-1　互联网九大思维核心要素

互联网九大思维里的第一个思维，也是最重要的，就是“用户思维”，是指在价值链各环节中都要“以用户为中心”去考虑问题，建立起“以用户为中心”的企业文化。敏捷倡导价值交付，提倡以人为本，这点是完全相通的。

互联网时代，信息爆炸，用户的耐心越来越不足，必须在短时间内抓住用户，这就离不开“简约思维”。苹果是典型的例子，1997 年苹果接近破产，乔帮主（乔布斯）回归，砍掉了 70%的产品线，重点开发 4 款产品，使得苹果扭亏为盈，起死回生。正所谓大道至简，越简单的东西越容易传播，越难做。这时就需要专注，只有专注才有力量，才能做到极致。在产品设计方面，要做减法。外观要简洁，内在的操作流程要简化。Google 首页永远都是清爽的界面，苹果的外观、特斯拉汽车的外观都是这样的设计。敏捷宣言 12 个原则中的第 10 条——“以简约为本”与此不谋而合。

“极致思维”就是要把产品、服务和用户体验做到极致，超越用户预期，好的产品自然会形成口碑传播。用极限思维打造极致的产品方法论有三条：第一，“需求要抓得准”（痛点、痒点或兴奋点）；第二，“自己要逼得狠”（做到自己能力的极限）；第三，“产品管理要盯得紧”（得产品经理得天下）。敏捷中的“极限编程”就强调尽力而为，将常识性的原理和实践推到极致。在 Scrum 框架中，为了能够抓住用户需求，其专门设定一个角色 Product Owner（产品负责人，通常由产品经理担任），为整个产品负责。

“敏捷”作为互联网产品开发的典型方法论，提倡迭代递增式交付，允许有所不足，不断试错，在持续迭代中完善产品。这里面有两个点：一个是“微”，另一个是“快”。“微”是指要从细微的用户需求入手，贴近用户心理，在用户的参与和反馈中逐步改进。“可能你觉得是一个不起眼的点，但是用户可能觉得很重要。”360 安全卫士当年只是一个安全防护产品，360 从计算机杀毒这个功能点切入，逐步扩展到电脑安全防护，再到搜索，最终成长为一家大型互联网公司。“天下武功，唯快不破。”只有快速地对消费者需求做出反应，产品才更容易贴近消费者。Zynga 游戏公司每周对游戏进行数次更新，小米 MIUI 系统坚持每周迭代，就连雕爷牛腩的菜单也是每月更新。对传统企业而言，“迭代思维”更侧重迭代的意识，意味着我们必须要及时乃至实时关注消费者需求，把握消费者需求的变化。

如图 1-2 所示，敏捷不仅是 PC 互联网九大思维的核心要素，还是移动互联网五大思维（5F）的核心要素。

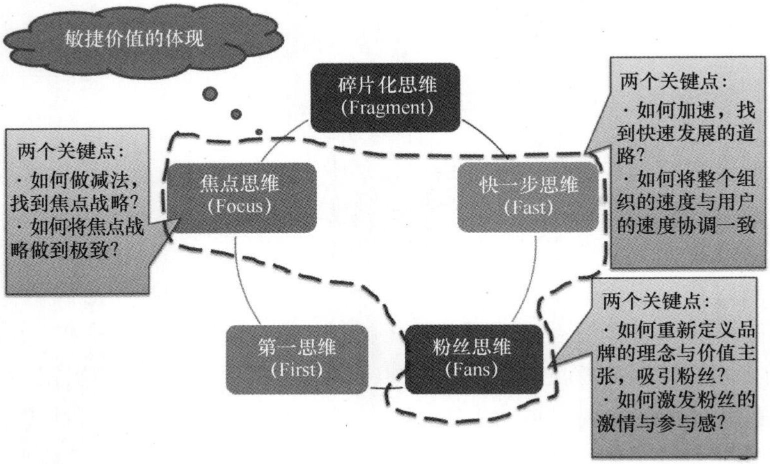

图 1-2　敏捷是移动互联网五大思维核心要素

在工业经济时代，你只需要有顾客即可；但在移动互联网时代，没有粉丝，就像人没有空气一样。因为游戏规则已经发生改变，过往“得渠道者，得天下”的定律将被彻底颠覆；移动互联网时代的法则是“得粉丝者，得天下”。在移动互联网时代，每个公司都需要有一个强大的粉丝团。未来的顾客关系将从单向的、静态的、没有情感连接的会员体系走向双向的、动态的、注入粉丝情感的粉丝圈发展。小米提出“为发烧而生”的价值主张，聚集了 2700 万粉丝的力量，从而实现了爆发性增长。敏捷提倡以人为本，快速响应用户需求，这点是完全相通的。

在移动互联网时代，选对风向，企业才能快速成长。乔布斯曾在接受《商业周刊》采访时说：“‘专注和简单’是我的梵咒。简单比复杂更难：你必须更努力工作来使得你的思想干净、简单，但这是值得的，因为一旦你做到了，你就可以移山了。”认准了战略方向和焦点以后，才可能成功。无论是大企业的创新业务还是新创企业，做不到专注，就没有可能活下去。敏捷方法认同 20%的功能可以满足用户 80%的需求，所以提倡把精力专注在用户最关注的 20%～30%上，把这部分功能做好做精，用户就会很开心，也可以实现及早快速交付。作为一个出色的产品负责人（Product Owner，PO），必须学会做减法，这远远比做加法更重要，也更难。毕竟相对于“做什么”，决定“不做什么”需要更大的勇气与理性决策。

在移动互联网时代，你得到优势的时间和失去优势的时间可能是同样短的，小米深谙此道。2013 年电商大战时，在 8 月 15 日早上 10 点 30 分，小米才决定参加，从准备降价到策划、设计、开发、供应链准备，仅用了不到 24 小时。第二天早上 8 点上线，微博转发近 10 万次，销售量接近 20 万台。为什么这么快？小米的内部组织结构尽可能扁平，基本分为三层：七个核心创始人是一层，部门管理者是一层，然后就是员工。小米始终不会让团队太大，稍微大一点就拆分成小团队，实行小分队小步快跑。所以，能不能做到“比别人快一步”是至关重要的，也是敏捷迭代递增式交付能够做到的。这里面，除了能够做到如何快速交付、快速响应，更为关键的就是，如何使组织的速度与用户需求变化的速度保持协同一致。

敏捷模式同瀑布模式的区别是什么？二者的对比如图 1-3 所示，敏捷提倡迭代递增交付，完全不同于以往的开发方式。

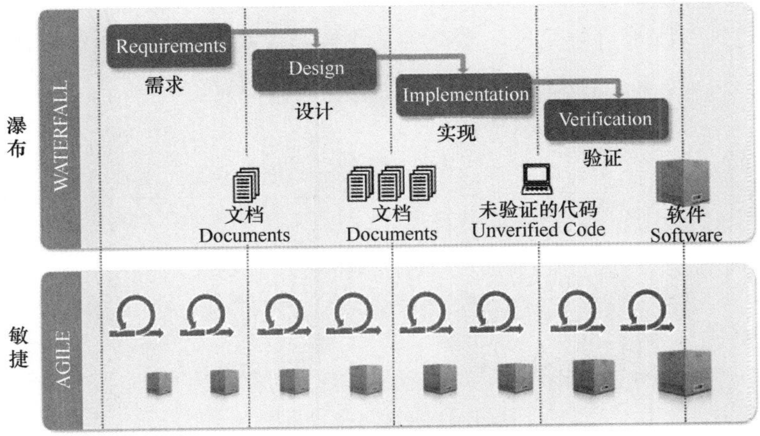

图 1-3　瀑布模式与敏捷模式的对比

资料来源：https://www.scaledagileframework.com/videos-and-presentations/。

采用瀑布模式，不仅仅意味着不同角色的交接会带来信息传递的损失，更为关键的是，这样的项目交付周期动辄 3 个月，更长的要半年以上。而敏捷迭代递增式交付可以将迭代周期缩短到 1～3 周，极大地提高对市场的响应速度。

如图 1-4 所示，敏捷相对于传统基于计划的产品开发方式，可以不断地调整方向，最终命中用户需求目标。

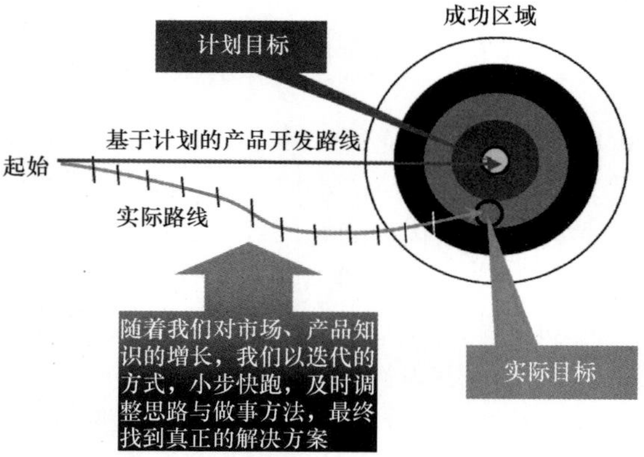

图 1-4　随目标调整的敏捷迭代过程

跟用户聊需求，就像打靶一样，很多时候用户会说错，我们会理解错，这就相当于瞄错靶子，最终一定会脱靶；如果足够幸运，最初捕获对了需求，但在移动互联网时代，这个靶是移动靶，用户在 3 个月前说要做的事情，在 3 个月后就会发生变化。面对移动靶，只能“边开枪、边瞄准”，小步快跑，随着对市场和客户需求的认知升级，不断调整做事的思路与方法，最终才能命中目标。

为了达到专注于价值交付，敏捷会从不同角度考虑铁三角，如图 1-5 所示。

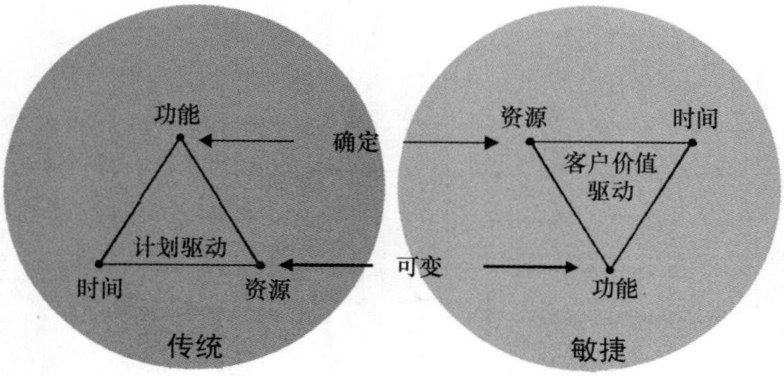

图 1-5　敏捷“铁三角”

在传统的项目管理三角形里，通常所有的需求都是要实现的，分析出来的功能是确定不变的，基于这个假设，制订一个计划，在计划中，通常可以调节的因素是时间和资源。如果时间紧张，就多放些资源。在敏捷项目管理模式下，我们把这个三角形倒过来，在有限的时间、有限的资源情况下，决定做哪些功能。敏捷提倡客户价值驱动，肯定要先做那些客户价值最大的。

从价值交付结果来看，敏捷可以在更快满足客户需求的同时，实现价值最大化，敏捷与瀑布的价值交付对比如图 1-6 所示。

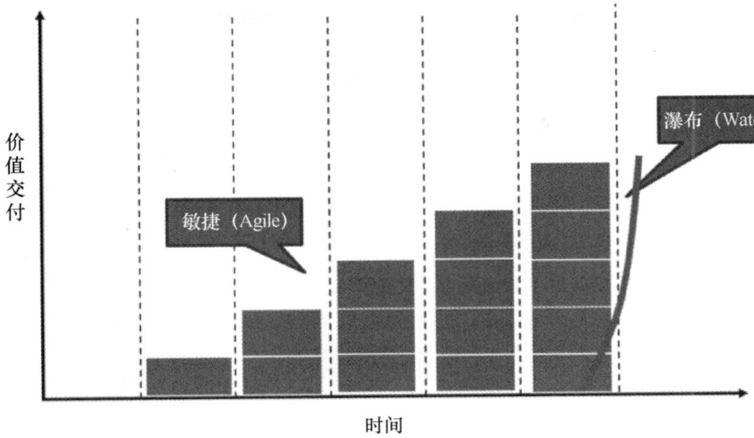

图 1-6　敏捷与瀑布的价值交付对比

在传统的瀑布交付模式下，只在项目全部完成之后，才做一次交付，才有可能实现价值，而且前提是客户愿意为此付费。而在敏捷项目管理模式下，在很短的时间内，就已经实现了第一次交付，为客户带来价值，然后实现连续不断的交付价值。在整个生命周期内，价值是不断累加的。这样算下来，整体的累加价值同瀑布的一次性交付相比，会大很多。这对很多项目而言，可以更早地实现收支平衡，毕竟很多客户愿意为最重要的 20%～30%的功能付费，因为他们 80%的需求已经得到满足。

敏捷与瀑布的风险对比如图 1-7 所示，从项目风险管理角度来看，敏捷可以极大地降低风险与成本。

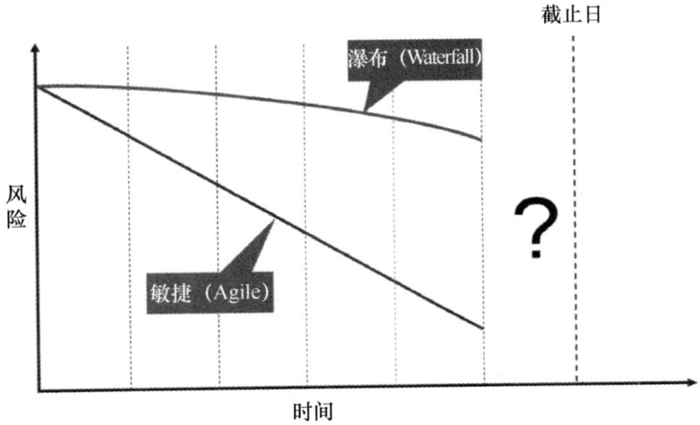

图 1-7　敏捷与瀑布的风险对比

同瀑布交付模式相比，敏捷通过及早交付，持续不断的交付，可以更快地得到用户反馈，了解是否能够满足用户需求，以及是否能让用户开心，同时根据用户反馈，及时地做出调整。在这样的过程中，可以极大地降低市场需求风险；通过提前验证技术实现方案，可以极大地降低技术风险。同时，敏捷可以让好的项目尽快成功，不好的项目及早失败，从公司全局来看，整体成本最低，可以把时间与资源投入更重要的优质项目。

从创新的角度看，敏捷是加速企业整个创新过程的关键一环，敏捷交付加速企业创新反馈环路如图 1-8 所示。

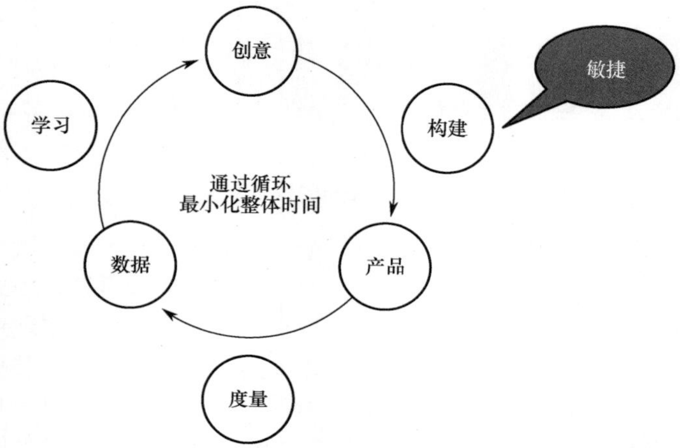

图 1-8　敏捷交付加速企业创新反馈环路

资料来源：改编自《精益创业》。

每个企业都离不开创新，每个创新的想法都必然要经历“构建—度量—学习”这三个阶段，我们希望这样的验证周期是以天或小时来衡量的，只有通过敏捷交付，才可以加速这个创新反馈环路。

自敏捷诞生以来，越来越多的组织在实现敏捷转型后，取得了巨大收益，这些收益表现在快速应对市场变化、提高整体的生产力、改善项目管理的透明性、降低项目风险、加速产品上市速度、更好地满足业务目标；另外，敏捷在实现快速交付的同时，产品质量还有很大提升。VersionOne 公司的调研结果也证明了这一点，如图 1-9 所示。

另外，根据 SAFe 网站的案例统计，当大型组织实现整体转型后，整体收益依然很大。例如，上市时间可以缩短 30%～75%，生产力可以提升 20%～50%，缺陷数量可以降低 50%，这意味着规模化敏捷可以为企业整体带来更大收益，如图 1-10 所示。

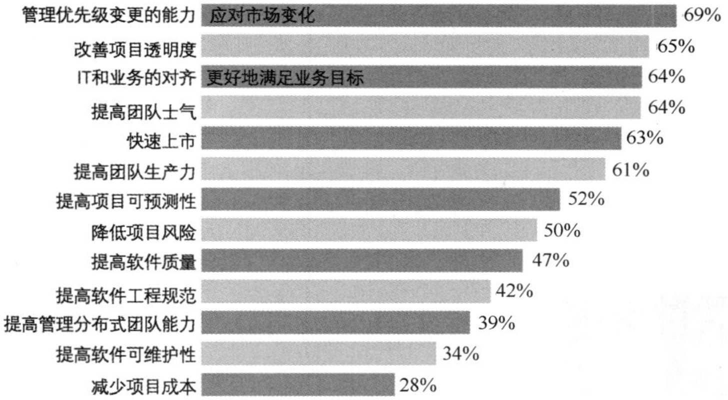

图 1-9　敏捷的收益

资料来源：VersionOne 2019 年第 13 次年度敏捷状态报告。

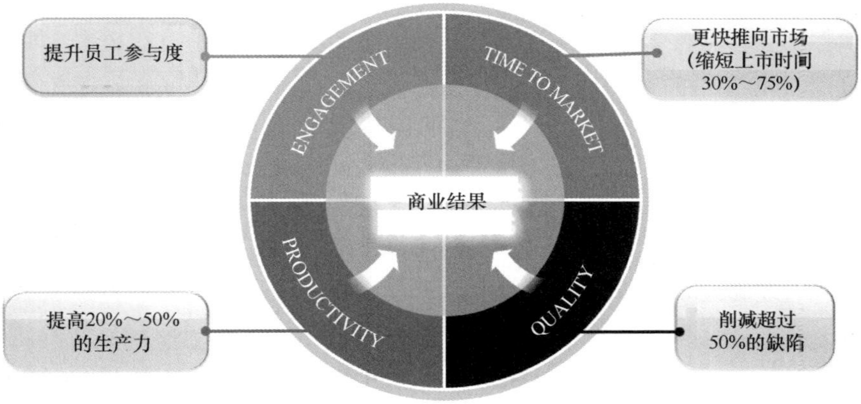

图 1-10　规模化敏捷的收益

资料来源：规模化敏捷框架 SAFe 白皮书。

第 2 章 敏捷是什么

2.1 敏捷历史

软件工程和项目管理的历史要从 1910 年说起，美国福特汽车公司（简称“福特”）的大规模生产将泰勒先生的科学管理方式发扬光大，其特点是大规模、大批量的“推动式”流水线过程。而与之相对的是 1950 年启动的丰田 TPS 生产系统，逐步演进到 1986 年的精益生产，其特点是小规模、小批量的“拉动式”过程。相应的软件工程方法在借鉴生产系统流水线的理念后，在软件开发领域遇到了很多问题。温斯顿·罗伊斯（Winston W. Royce）博士于 1970 年发表论文《管理大型软件系统的开发》，指出从需求、分析、设计、编码、测试到运维按照预定义好的、顺序的阶段来进行软件开发，这种方式是有风险的。他建议各阶段之间要有反馈，甚至各阶段尽可能做两遍。但行业人士忽视了温斯顿先生的警示，仅记住了这种软件开发模式——瀑布模式，还将其进行了大规模的传播和使用。温斯顿先生因此篇论文被视为瀑布式开发的鼻祖。

1986 年，竹内弘高和野中郁次郎在哈佛商业评论中发表了题为 *The New New Product Development Game* 的文章，他们指出，传统的职能筒仓“接力式”的、阶段式的开发模式已经不能满足快速灵活的市场需求，而整体或“英式橄榄球式”重叠各阶段的方法（团队作为一个跨职能的整体在内部传球并保持前进）也许可以更好地应对当前激烈的市场竞争。受此文章的启发，肯·施瓦伯（Ken Schwaber）和杰夫·萨瑟兰（Jeff Sutherland）于 1995 年正式发布了 Scrum 框架，而同期其他的“轻量级”开发方法也如雨后春笋般涌现出来，如极限编程（Extreme Programming，XP）、特性驱动开发（Feature Driven Development，FDD）、自适应软件开发（Adaptive Software Development，ASD）及动态系统开发方法（Dynamic Systems Development Method，DSDM）等。

2001 年 2 月，17 位曾经经历过瀑布式文档与计划驱动的重量级软件开发流程的软件工程专家，带着各自的“轻量级”开发方法，在美国犹他州的雪鸟滑雪场进行了一场求同存异的聚会，他们将这些轻量级方法的共性，抽象和统一到了一个共同的价值观和原则上，这就是最终形成的《敏捷宣言》，也就是敏捷运动的开端。随后各种新的敏捷方法不断涌现，如精益软件开发、看板方法、大规模敏捷框架 SAFe 和 LeSS、DevOps 等。

回顾瀑布开发模式的发展，不得不提到 CMMI 和 PMP。美国卡耐基梅隆大学软件工程学院 SEI 应美国国防部的要求，对如何规范国防部的软件开发项目进行了研究，于 1991 年发布 CMM 软件能力成熟度模型，对瀑布开发模式的大规模推广和应用起到了推动作用，直到 2010 年发布的 CMMI1.3 才纳入了部分对敏捷的支持，2018 年 3 月 28 日发布的 CMMI2.0 明确提出对敏捷的支持。美国项目管理协会（PMI）从 1984 年推出第一次项目管理专业人士资格认证 PMP 开始，再到 1996 年项目管理知识体系（Project Management Body of Knowledge，PMBOK）第一版的发布，一直以“瀑布式”的项目管理方法为核心，直到 2011 年推出敏捷管理专业人士认证（Agile Certified Practitioner，PMI-ACP），才正式开始拥抱敏捷项目管理。从 CMMI 和 PMP 的演进历程来看，敏捷已经是大势所趋。

项目生命周期模型可以划分成 4 类。

（1）预测型生命周期（Predictive）——这种方法需要提前进行大量的计划工作，然后一次性执行，执行是一个连续的过程。

（2）迭代型生命周期（Iterative）——这种方法允许对未完成的工作进行反馈，从而改进和修改该工作。

（3）增量型生命周期（Incremental）——这种方法向客户提供多个已完成的、可立即使用的可交付成果。

（4）敏捷生命周期（Agile）——这种方法既有迭代也有增量，频繁交付，便于根据反馈不断完善交付成果。

项目生命周期的特点如表 2-1 所示。

表 2-1　项目生命周期的特点

方法	需求	活动	交付	目标
预测型	固定的	整个项目执行一次项目活动	交付一次	管理成本
迭代型	动态的	不断重复项目活动直到正确	交付一次	解决方案的正确性
增量型	动态的	每个增量执行一次项目活动	频繁较小的交付	速度
敏捷	动态的	不断重复项目活动直到正确	频繁较小的交付	通过频繁交付和反馈来交付客户价值

资料来源：PMI《敏捷实践指南》。

2.2 敏捷全景图

敏捷已经从最早的软件开发领域扩展到企业的方方面面。成为敏捷型组织，具备业务敏捷性，实现持续交付和最大化业务价值，不但需要 Doing Agile（进行敏捷运作），还需要 Being Agile（以敏捷思维为牵引变得越来越敏捷）。Doing Agile 就是有纪律地遵守一些敏捷实践流程，从而缩短学习曲线（Learning Curve），形成习惯，积累经验并建立对敏捷的认知；而 Being Agile 就是在敏捷价值观和敏捷原则的指导下，不断尝试、探索适合自己环境的实践和工作方式，坚持不懈地持续改进。所以，敏捷需要 Doing 和 Being 的知行合一，知中有行，行中有知，以知为行，知决定行，知不弃行，行不离思，慎思之，笃行之。

敏捷全景图如图 2-1 所示，包括道、法、术、器四个层面。“道”是敏捷价值观，即对工作方式的普世认知和信念，是价值标准，决定思想决策模式和行为方式，这里主要是指《敏捷宣言》；“法”是敏捷原则，既是实现价值观的最根本的战略、方法、指导方针、思路，也是规则和规律，同时也是一种规范性约束指导，这里主要是指敏捷 12 原则；“术”是敏捷方法和实践，即战术、技术、具体的手段、具体的活动方式等，同一种实践可能会被不同的敏捷方法使用；“器”是敏捷工具，即支撑和提高效率及敏捷性，把复杂问题简单化，把手工操作自动化和智能化，例如，目前在业界热度比较高的 DevOps 方法，其落地的关键就是通过工具链以自动化的形式实现需求快速上线。

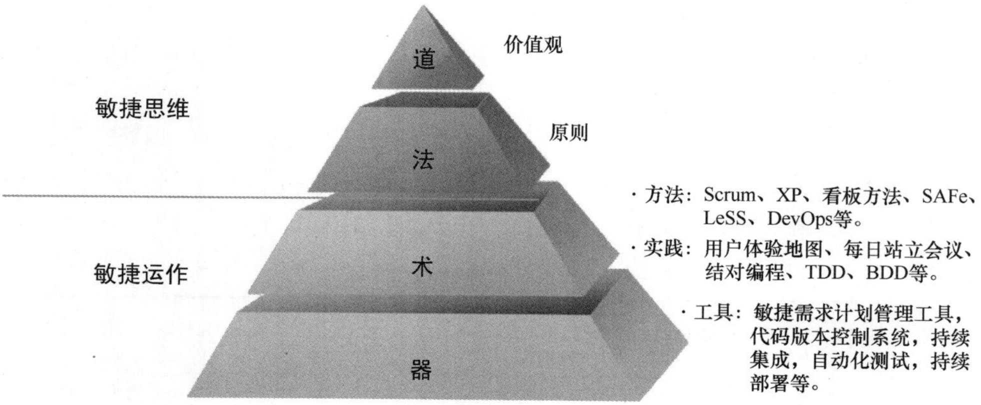

图 2-1 敏捷全景图

建议所有准备实施敏捷的组织与个人，一定要从思维层面透彻理解敏捷之“道”，这样才能用好敏捷之“术”。

2.3　敏捷价值观

如前文所讲，2001 年，有 17 位大师共同签署并发表了《敏捷宣言》，如图 2-2 所示。

图 2-2　《敏捷宣言》

资料来源：摘自敏捷宣言网站（http://agilemanifesto.org/iso/zhchs/manifesto.html）。

在敏捷中，我们并未否定流程、工具、文档、约定、计划的重要性，我们依然要有流程，只是希望不要完全依赖流程与工具；不是不写文档，而是只写有用的文档，只写够用的文档；不要只关注文档，而要更加关注最终交付物是否能为客户带来价值，能为客户解决问题；不是不做约定与谈判，而是要更注重双赢；不是不做计划，只是要做小的计划；不做一成不变的计划，计划要能及时响应外部变化。

2.4　敏捷原则

《敏捷宣言》背后有十二个原则，如图 2-3 所示，句首关键字可帮大家抓住要点。

图 2-3　敏捷十二原则

资料来源：改编自敏捷原则（http://agilemanifesto.org/iso/zhchs/principles.html）。

（1）我们最重要的目标，是通过持续不断地及早交付有价值的软件来使客户满意。

- 客户满意和有价值的软件是关键词。要确保我们开发的软件产品能够给客户带来真正的价值，这完全取决于在开发期间与客户的密切合作。产品需求管理是确保客户需求在开发期间被正确理解的关键。我们应该集中精力在对客户最有价值的工作上。
- 尽早并持续交付的能力是满足客户的关键。及时交付部分功能比需要很久才能交付全部功能更好，至少我们应该给客户一个选择。

（2）欣然面对需求变化，即使在开发后期也一样。为了客户的竞争优势，敏捷过程掌控变化。

- 我们的目标是开发出能够实现客户价值的产品，接受变化是为了更好地帮助客户解决问题并带来收益，要支持这种变化的发生。
- 变化体现了团队和产品负责人在敏捷开发过程中的工作方式，使我们站在客户角度，考虑什么是客户最需要的。

（3）经常交付可工作的软件，相隔几个星期或一两个月，倾向于采取较短的周期。

- 开发周期和发布周期完全不同。无论发布周期多长，但我们的目标是短开发周期。发布周期的长度依赖于业务决策，并且和客户的期望紧密相关。
- 短开发周期的频繁交付缩短了反馈周期并增强了学习。频繁交付还能让团队及早暴露问题，从而能够及时消除问题，增加了敏捷性和灵活性。

（4）业务人员和开发人员必须相互合作，项目中的每一天都不例外。

- 只要在业务和研发之间建立起桥梁，我们就能从中受益。
- 业务人员和产品管理人员需要知道市场状况、客户需求和客户的价值，开发团队需要知道产品和技术可行性。如何将这两方面有机结合？这需要我们每天都相互合作，一起做出睿智的决策。

（5）激发个体的斗志，以他们为核心搭建项目。提供所需的环境和支援，辅以信任，从而达成目标。

- 知识类工作（如软件开发）是由拥有技能和激情的人组成的，每项工作都依赖知识型工作者的思考和决策。
- 为了激发每个知识工作者的斗志和创造力，在目标及边界框定的情况下，自由发挥聪明才智才是最重要因素。要让角色去适应人而不是让人去适应角色，采取任何需要的行动来达成目标。

（6）不论团队内外，传递信息效果最好、效率最高的方式是面对面的交谈。

- 面对面交谈在开发中尤为重要。不同角色工作成果的隔空传递，常常导致信息的遗漏、误解、不一致等后果。当然，最有效的沟通方式是面对面的基于白板的讨论。
- 当我们看到人们彼此交谈时，信息更多以听的形式被传递。文档（虽然它很重要）不能代替交谈，将每件事都写下来简直是不可能的。我们不应该只依靠文档来传递重要信息。

（7）可工作的软件是进度的首要度量标准。

- 瀑布开发模式下的阶段性进度，体现的仅仅是工作活动推进的进展，没有体现成果（可工作的软件）的进展。因为客户是为可工作的软件付费的，而不会为工作活动或者阶段买单。
- 跟踪有多少功能已经实现、集成、测试是一种更可靠的进度度量。因为这些功能可以在测试环境或者预发环境中演示，体现了真正的进展。

（8）敏捷过程倡导可持续开发。责任人、开发人员和用户要能够共同维持其步调稳定延续。

- 我们的目标应该是消除高负荷工作并保持可持续的速度工作（如不加班工作），否则很难保证工作动力和成果。敏捷过程倡导每一个迭代都交付有质量保证的产品增量。
- 不可持续的、步调不稳定的高负荷冲刺，可以达成里程碑的时间目标，但往往带来质量问题，它牺牲了团队及软件系统的长期收益。人们越疲劳，创造力就越低，代码越乱、越复杂，架构越难以演进。

（9）坚持不懈地追求技术卓越和良好设计，敏捷能力由此增强。

- 任何技术负债（代码缺陷、架构缺陷、临时解决方案、架构老化）都会使开发变慢。
- 我们不应该让技术负债积压，要持续地做重构，修复发现的缺陷，持续关注已经实现的架构的质量。

（10）以简洁为本，它是极力减少不必要工作量的艺术。

- 这种简洁原则既适用于产品的功能特性也适用于架构和流程。
- 多余的、“镀金”的功能不要增加。所谓的可复用性、可扩展性架构，若是非必要的，尽量不要增加。所有流程步骤应该时刻面临挑战（例如，这步真的需要吗?谁会读这个文档？）。

（11）最好的架构、需求和设计出自自组织团队。

- 架构、设计和需求会随着团队工作的展开不断涌现，并且团队会从做事的过程中学到很多。一些前置需求、架构和设计工作是需要的，但是不能把它们定义在纸面上进行传递。
- 架构师和系统工程师是自组织团队的一部分，不要成为“孤岛”。团队中的任何成员都可以提出任何问题，并主动澄清、提供建议，甚至马上采取行动。

（12）团队定期地反思如何能提高成效，并依此调整自身的举止表现。

- 软件开发是经验性过程，需要定期持续地计划、执行、检查、调整。

- 花时间反思和从经验中学习能够促进持续开发，毕竟“检查与调整”是敏捷三大支柱（另一个是透明）的重要组成。

2.5　敏捷方法

我们将在后续章节介绍以下方法：Scrum 框架、看板方法、XP、SAFe、LeSS 及 DevOps 等。各方法的核心特点如表 2-2 所示。

表 2-2　各方法的核心特点

方法	特点
Scrum 框架	面对一个 5～11 人的小团队，关注管理实践，核心是迭代
看板方法	面对各级团队，关注管理实践，核心是采用看板、限制在制品及拉动式工作，通常搭配其他各种方法，如 Scrum、XP 等
XP	极限编程，关注工程实践，通常各种方法都与之搭配，适合各种规模的组织
SAFe	规模化敏捷框架，面对成百上千人的组织，采用系统思维，自顶向下对整个组织进行设定，核心是将组织现有的各角色映射到预定义好的敏捷角色中，并逐步演进工作方式
LeSS	大规模 Scrum，面对成百上千人的组织，采用以少为多的原则，自底向上最大化自组织团队，核心是强调解耦并最小化团队，强调不要盲目扩展 Scrum 规模
DevOps	开发运维一体化，除了采用敏捷文化、敏捷运作，核心是打通部门墙，再以工具链提升各方面协作效率

2.5.1　Scrum 框架

Scrum 一词来源于英式橄榄球，是争球的一种方式，Scrum 框架借用这个词比喻产品开发团队是一个整体协作的团队，共同进行冲刺，达成团队目标。

Scrum 是基于试验性过程（经验主义）的框架，用来解决不确定性复杂问题和开发复杂产品。试验性过程的 3 个支柱分别是透明、检查、调整，Scrum 依赖这 3 个支柱。5～11 人的 Scrum 团队作为一个整体，以一种迭代、增量式的方式来优化对未来的预测并控制风险。

Scrum 框架如图 2-4 所示。Scrum 框架包含 3 个角色：产品负责人（Product Owner，PO）、开发团队（Development Team）和 Scrum Master；3 个工件（Artifact，或交付物）：产品待办列表（Product Backlog，PBL）、迭代待办列表（Sprint Backlog，SBL）和潜在可发布产品增量（Potential Shippable Product Increment，PSPI）；5 个事件（Event，或活动）：迭代（在 Scrum 中称为 Sprint，冲刺）、迭代计划会议（Sprint Planning）、每日站立会议（Daily Scrum）、迭代评审会议（Sprint Review）、迭代回顾会议（Sprint Retrospective）；5 个价值观：承诺、勇气、专注、开放、尊

重。在日常实践中，为了帮助团队梳理产品待办列表，为下一个迭代做好准备，通常会在迭代过程中加入一个会议，即产品待办列表梳理会议（Product Backlog Refinement）（见图 2-4 中的活动 3）。

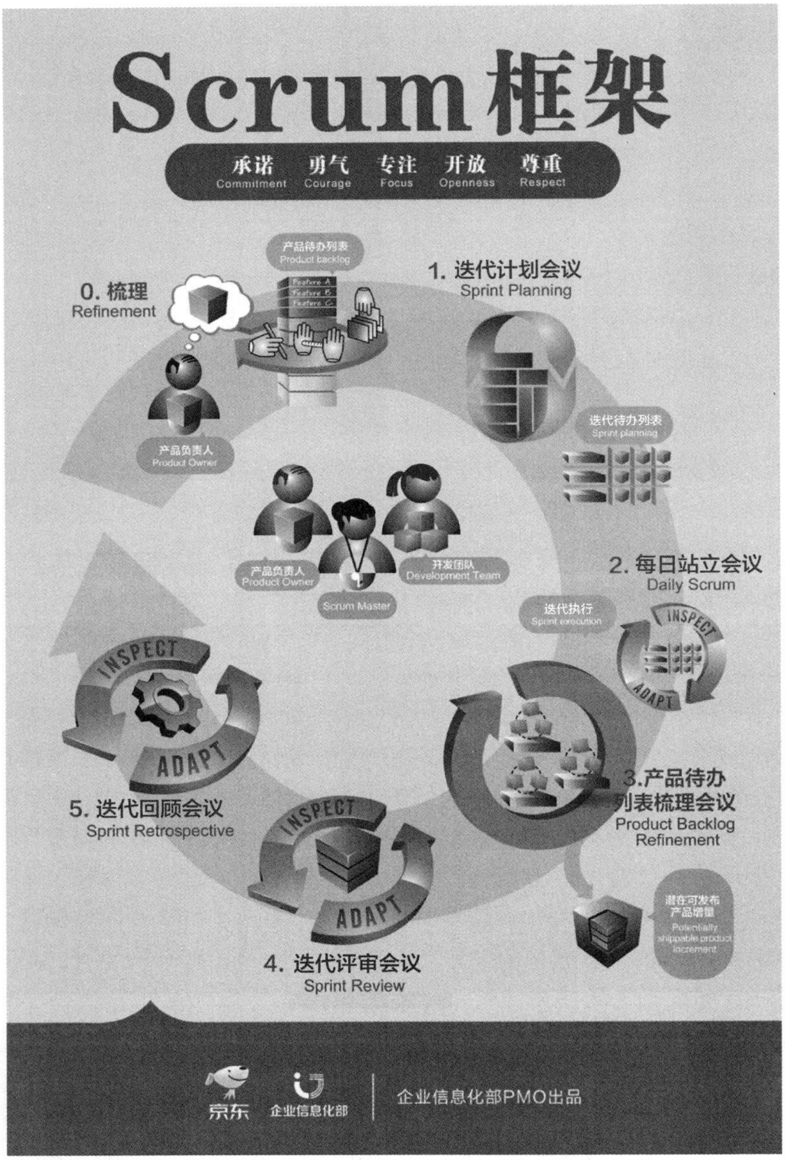

图 2-4　Scrum 框架

资料来源：改编自《Scrum 精髓》（https://innolution.com/resources）。

2.5.1.1　Scrum 的 3 个角色

Scrum 团队由产品负责人、开发团队和 Scrum Master 组成。Scrum 团队是面对面同地办公、跨职能的自组织团队。自组织团队自己选择如何以最好的方式完成工作，而不是由团队之外的人来指导。跨职能团队拥有完成工作所需的全部职能、技能，不需要依赖团队之外的人。

产品负责人负责最大化产品价值和投资回报率（Return On Investment，ROI），具有产品的决策权。从为什么开始，建立产品愿景和路线图，是产品待办列表的唯一负责人，持续增加、删除、修改或细化产品待办事项，并根据业务、用户反馈，为最好地实现业务目标，将产品待办列表排定优先顺序。决定版本发布日期和内容，接受或退回工作成果。回答产品的"为什么（Why)"和"是什么（What)"问题，确保做出正确的产品。

开发团队负责在每个迭代结束时交付潜在可发布并且真正"完成"的产品增量（经过测试的、可运行的代码）。开发团队由 5～9 人组成，他们是面对面同地办公的，同时是全职的、自组织的，成员是跨职能的，包括具备交付产品所需的各种技能（如视觉交互设计技能、前端技能、后端技能、测试技能等）的专业人士。他们决定工作量、迭代的容量及迭代交付的产品增量，同时持续自我改进，回答产品"如何开发和构建（How)"问题，确保正确、高效地交付产品。

Scrum Master 负责将所有相关角色的思维方式顺利转变成敏捷思维，并确保按照 Scrum 框架顺利运作。Scrum Master 是一个服务型领导（Servant Leader），为团队提供培训、辅导、引导、教练等服务并以此来布道，并保护团队迭代过程不受干扰从而专注迭代交付目标，帮助团队暴露、移除障碍和浪费，引导团队形成迭代回顾的习惯，推动团队持续改进。

Scrum 角色的职责和候选人如表 2-3 所示。

表 2-3　Scrum 角色的职责和候选人

角色	职责	候选人
产品负责人	Why & What	产品经理
开发团队	How	包含交互设计人员、开发人员和测试人员等负责交付的人员
Scrum Master	布道和引导团队按照 Scrum 运作	开放、积极的项目经理、开发或测试人员等

2.5.1.2　Scrum 的 3 个工件

为了使 Scrum 团队有效进行迭代，需要提前准备好迭代的输入，以利于在迭代开始前决定即将进行的迭代内容，最后在迭代结束的时候交付计划的内容（潜在可发布的产品增量）。迭代前的输入是 Scrum 的第一个工件，即产品待办列表；迭代计划要开发的内容是 Scrum 的第二个工件，即迭代待办列表；迭代的产出效果是第三个工件，即产品增量（Increment）。

1. 产品待办列表

产品待办列表动态包含符合产品愿景的各种功能和对用户有价值的其他工作（如探索、基础设施、架构、重构、缺陷等）。开发团队要完成的任何工作都会体现在产品待办列表中，并由产品负责人全权负责。这些工作项/条目，称为产品待办事项（Product Backlog Item，PBI），通常 PBI 以用户视角，采用用户故事（User Story）格式进行描述。一个好的产品待办列表应符合 DEEP 原则，包括以下几点。

（1）详略得当的（Detailed Appropriately）——将接下来在迭代中要完成的用户故事放在列表顶部，其工作量小（开发+测试少于 1～2 周），并且足够确定和详细。而不着急开发的、优先顺序次之的，也就是在未来的迭代中要完成的用户故事，其工作量较大，内容粗略，放在列表中下部。

（2）做过估算的（Estimated）——产品待办列表不仅仅是一份工作列表，还是一个用于规划的列表，未来任何一个版本的条目都需要估算，这可以帮助产品负责人根据“ROI=价值/规模”进行排序。估算是粗粒度的，通常采用相对估算，单位是故事点（Story Point），对于排在列表顶部、优先级高的估算要比较准确，排在之后的不必过于精确，而排在未来版本之后，靠近列表下部的可能规模非常大，可以不必估算。

（3）涌现的（Emergent）——产品待办列表不是静止的。随着对用户、问题、方案假设等的反馈和了解的深入，产品待办列表中的用户故事会增加、减少或重新调整优先级，产品本身也在持续打磨和演进。

（4）排列优先级的（Prioritized）——产品待办列表应该按照条目的价值或者 ROI，由上至下、从高到低排序。优先级不仅仅是“高、中、低”，而是在列表中一个挨着一个排成一列。团队应根据顺序依次进行开发，从而使正在开发的产品或系统尽早实现客户价值，以此最大化价值交付。

产品待办列表 DEEP 原则如图 2-5 所示，产品待办列表冰山如图 2-6 所示。

2. 迭代待办列表

迭代待办列表是一组为当前迭代选出的产品待办事项/用户故事，同时加上交付产品增量和实现迭代目标的计划。其是团队如何完成迭代的预测，包括迭代目标、选择的用户故事，以及如何完成用户故事的任务（如开发前端任务、开发业务逻辑任务、设计和修改数据库任务、编写测试用例任务、执行测试任务等）。任务需要被估算成理想小时，最好为一天以内，通常为 2～6 小时。迭代待办列表使开发团队用来达成迭代目标的所有工作变得清晰可见。为了确保持续改进，一般至少包括一项在先前迭代回顾会议中确定下来的高优先级改进事项。迭代待办列表如图 2-7 所示。

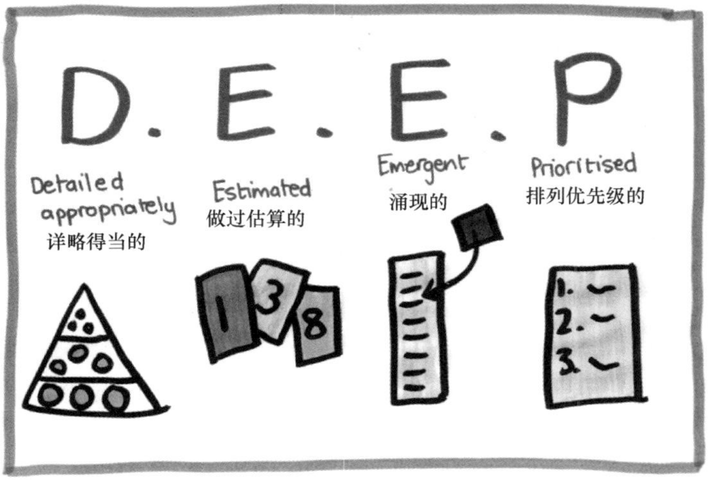

图 2-5　产品待办列表 DEEP 原则

资料来源：Growing Agile: A Coach's Guide to Mastering Backlogs，（https://leanpub.com/MasteringBacklogs/read）。

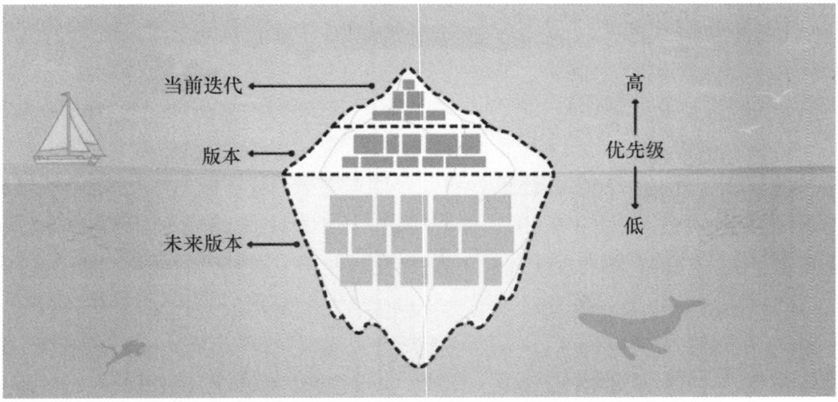

图 2-6　产品待办列表冰山

资料来源：迈克·科恩（Mike Cohn）（https://www.mountaingoatsoftware.com/blog/why-your-product-backlog-should-look-like-an-iceberg）。

迭代待办列表存活于当前迭代中，是团队承诺要完成的。承诺的用户故事列表在迭代期间不可以更改，但从用户故事拆分而来的具体任务，则是不断涌现的，可以增减或者修改，该列表由开发团队全权负责。

3. 产品增量

产品增量是迭代完成的所有待办事项的总和，以及之前所有迭代所产生的增量的价值总和。在迭代的最后，新的增量必须是“完成”的，这意味着它必须可用并且达到了 Scrum 团队“完成”的定义的标准。

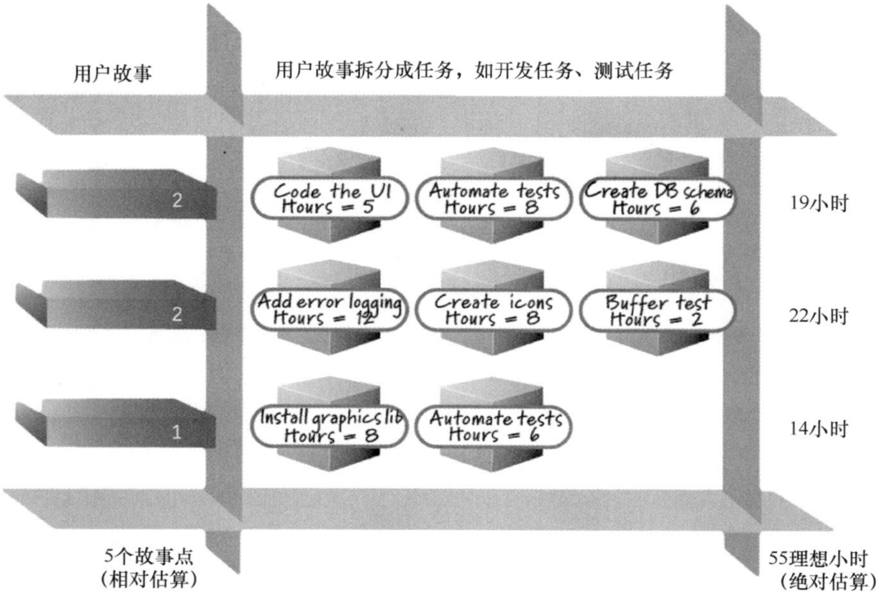

图 2-7　迭代待办列表

资料来源：改编自《Scrum 精髓》（https://innolution.com/resources）。

产品增量是迈向愿景或目标的一步，所以又被称为潜在可发布产品增量。潜在可发布是关于软件质量的陈述，而不是关于软件价值或可销售性的陈述。当产品可能要发布时，意味着一旦产品负责人根据业务需要进行业务决策后，决定将产品上线，那么这个增量就可以上线（发布到生产环境中）。

通常发布是和迭代解耦的，可以在迭代边界发布产品增量，也可以在迭代中间，产品负责人根据业务决策发布已经“完成”的部分迭代待办列表事项。

2.5.1.3　Scrum 的 5 个事件

Scrum 使用固定的事件来产生规律性，将不可预测的、不确定的事件，变成规律性的、预定义好的事件，从而提高透明性、减少开销和提高效率。所有事件都是有时间盒限定的（Time-boxed），也就是说将每个事件限制在最长的时间范围内。时间到了，事件就结束。

Scrum 的 5 个经典事件包含迭代、迭代计划会议、每日站立会议、迭代评审会议、迭代回顾会议。除此之外，如前文提到的，在实践落地过程中，还有一个产品待办事项列表梳理会议。各会议的时间以迭代日历的形式可视化，如图 2-8 所示。

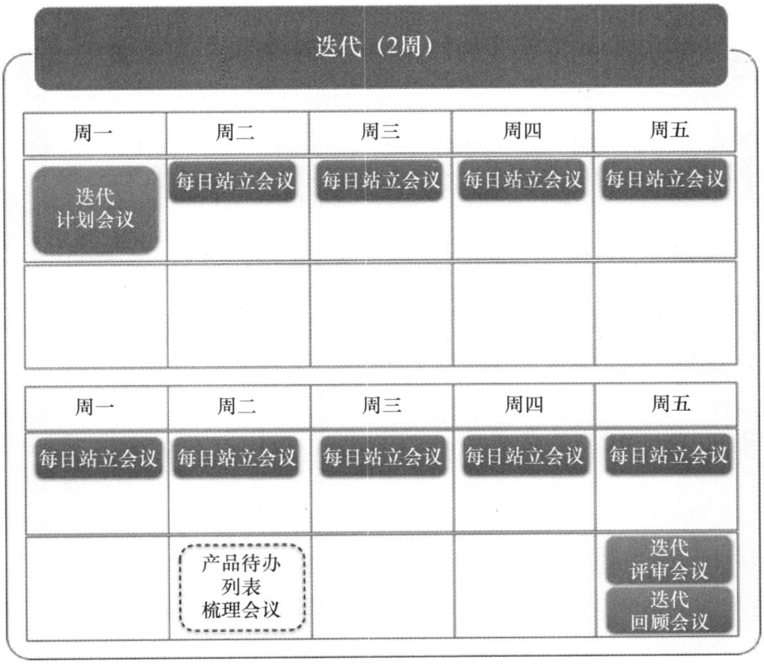

图 2-8　迭代日历

迭代除了本身作为一个事件，还是其他所有事件的容器。对于一个迭代时间盒，迭代执行前需要规划迭代要完成什么，即迭代计划会议；迭代执行过程中需要跟踪进度、处理风险以便检视和调整，即每日站立会议；迭代执行结束后需要对产品增量进行检视和调整，即迭代评审会议；对团队工作方式进行检视和调整，即迭代回顾会议。

1. 迭代

为了表达整个团队全力以赴完成有价值（Outcome）而不是有产出的（Output）的迭代目标，Scrum 将迭代称为冲刺。迭代是 Scrum 的核心，其长度（持续时间）为 1～3 周，在这段时间内构建一个“完成”的、可用的和潜在可发布的产品增量。在前一个迭代结束后，下一个迭代紧接着立即开始。迭代时间盒如图 2-9 所示。

团队在持续迭代开发产品时，不能一次迭代 2 周、一次迭代 1 周、一次迭代 3 周等，迭代的长度需要保持一致，这样才能保证迭代的步调和节奏，使团队的开发有可持续性，并且在做迭代计划时，可以参考过去的迭代速率。

在迭代期间，不能做出有害于迭代目标的改变，不能降低目标的质量；另外，随着掌握的信息量的增加，产品负责人与开发团队之间对迭代范围内要做的事可能会重新协商。

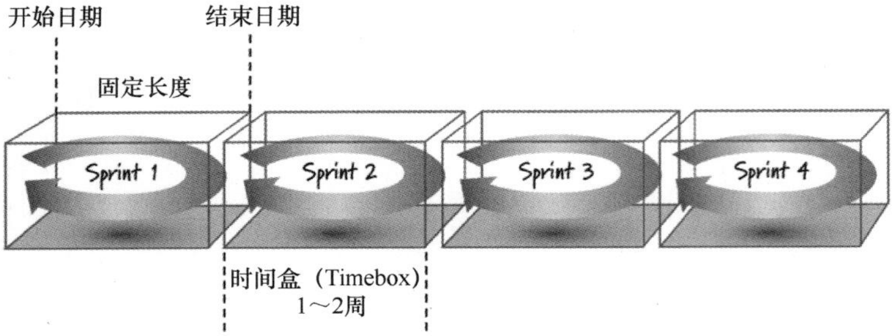

图 2-9　迭代时间盒

资料来源：改编自《Scrum 精髓》（https://innolution.com/resources）。

迭代目标是当前迭代通过实现产品待办列表要达到的目的。它为开发团队提供指引，使得团队明确为什么要构建产品增量。迭代目标在迭代计划会议中确定。开发团队必须在工作中时刻谨记迭代目标。为了达成迭代目标，需要实现相应的功能和实施所需的技术。如果所需工作和预期的不同，开发团队需要与产品负责人沟通协商产品待办列表的范围。

2. 迭代计划会议

在迭代计划会议中，计划在迭代中要做的工作。这份工作计划是由整个 Scrum 团队共同协作完成的。迭代计划会议是限时的，一周迭代计划会议最多 2 小时，两周迭代计划会议最多 4 小时。Scrum Master 要确保会议顺利举行，并且每个参会者都理解会议的目的。Scrum Master 要引导 Scrum 团队遵守时间盒的规则。

迭代计划会议回答以下问题：

（1）What——接下来的迭代交付的产品增量中要包含什么内容？

（2）How——要如何完成交付增量所需的工作？

所以，迭代计划会议按照这两个问题分成两部分，如图 2-10 所示。

（1）迭代计划会议第一部分：这次迭代能做什么？

开发团队预测在这次迭代中要开发的功能。产品负责人讲解迭代目标，以及达成该目标所需完成的产品待办列表项。整个 Scrum 团队协同工作来理解迭代的工作。

迭代计划会议的输入是产品待办列表、最新的产品增量、开发团队在这个迭代中时间容量的预测，以及开发团队的以往迭代速度。开发团队自己决定选择多少产品待办列表项。只有开发团队可以评估接下来的迭代可以完成多少工作。在迭代计划会议中，Scrum 团队还草拟一个迭代目标。迭代目标是这个迭代通过实现产品待办列表项要达到的目的，同时它也为开发团队提供指引，使得开发团队明确开发产品增量的目的。

开发团队在进行估算的时候，通常采用的是敏捷估算，它是一种相对估算方式，即故事点的方式。

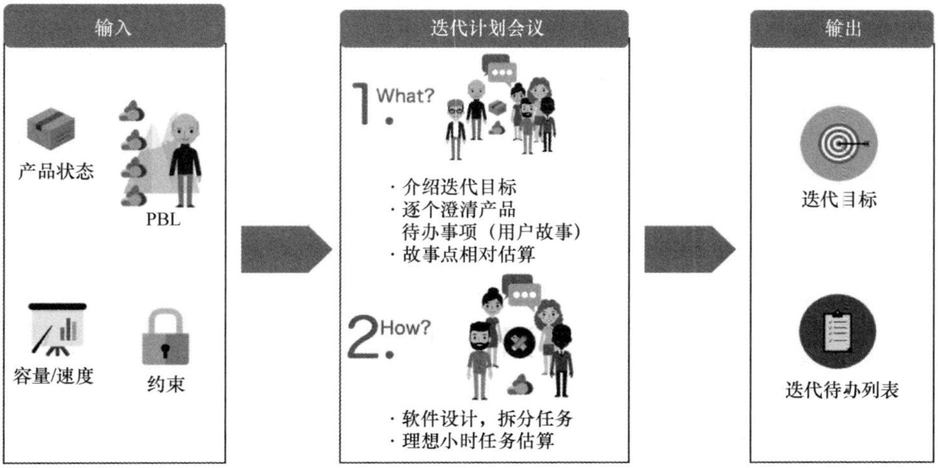

图 2-10　迭代计划会议

资料来源：改编自 Ashley-Christian Hardy（https://medium.com/@achardypm/sprint-planning-remember-it-s-a-sprint-not-a-marathon-f673a1509e0d）。

（2）迭代计划会议第二部分：如何完成所选的工作？

在设定了迭代目标并选出这个迭代要完成的产品待办列表项之后，开发团队将决定如何在迭代中把这些功能构建成“完成”的产品增量。这个迭代中所选出的产品待办列表项，加上交付它们的计划，就形成了迭代计划之后的工件，即迭代待办列表。

开发团队通常从产品设计开始，将用户故事分解成任务。任务有不同的大小，或者不同的预估工作量。开发团队在进行估算的时候，通常采用的是理想小时方式，即某个任务在不考虑打断、依赖、障碍的时候，全身心投入完成任务所需的小时数。

在迭代计划会议的最后，开发团队规划出在迭代内所要做的工作（通常以一天或更短时间为一个单位）。开发团队自组织地领取迭代待办列表中的任务，领取任务在迭代计划会议和迭代期间按需进行。

3. 每日站立会议

每日站立会议增进交流沟通，发现开发过程中需要移除的障碍，凸显并促进快速地做决策，提高开发团队的认知程度。这是一个进行检视与适应的关键会议。

每日站立会议是开发团队的一个以 15 分钟为时间盒的事件。在每日站立会议上，开发团队为接下来的 24 小时的工作制订计划。通过检视上次每日站立会议以来的工作，预测即将到来的迭代工作来优化团队协作和效能。每日站立会议在同一时间、同一地点面对面举行，以便降低复杂性。每日站立会议如图 2-11 所示。

图 2-11　每日站立会议

资料来源：Ashley-Christian Hardy（https://medium.com/@achardypm/daily-stand-up-the-art-of-standing-up-and-talking-66abeca3e84e）。

开发团队通过每日站立会议来检视完成迭代目标的进度，并检视完成迭代待办列表的工作进度趋势。每日站立会议优化了开发团队达成迭代目标的可能性。每天，开发团队应该知道如何以自组织方式协同工作以达成迭代目标，并在迭代结束时开发出预期中的产品增量。

会议的结构由开发团队设定。如果会议专注于达成迭代目标的进展，开发团队可以采用不同的方式进行。有些开发团队会以问题为导向来开会，有些开发团队会基于更多的讨论来开会。以下为示例：

（1）昨天，我为帮助开发团队达成迭代目标完成了什么？

（2）今天，我为帮助开发团队达成迭代目标计划准备做什么？

（3）是否有任何障碍在阻碍我或开发团队达成迭代目标？

开发团队或者开发团队成员通常会在每日站立会议后立即聚到一起进行更详细的讨论，或者为迭代中剩余的工作进行调整或重新计划。

4. 迭代评审会议

迭代评审会议是一个不需要准备 PPT、不需要花多少准备时间的非正式会议，它发生在迭代结束的时候，团队将集成过的、经过测试的产品增量在测试环境（甚至预生产/类生产环境）演示给产品负责人和业务方，用来检视所交付的产品增量，产品负责人接受或拒绝完成的成果，同时根据业务方和产品负责人对产品增量的反馈，按需调整产品待办列表。迭代评审会议如图 2-12 所示。

图 2-12　迭代评审会议

资料来源：https://www.solutionsiq.com/learning/blog-post/6-common-misconceptions-and-anti-patterns-of-the-sprint-review-meeting/。

即使每个用户故事已经在迭代期间被产品负责人验收过，或者部分用户故事在迭代期间已经上线，仍然需要举行迭代评审会议，不过目的已经转变成团队对产品增量的整体和系统性的认知和反馈，以及团队对迭代交付成果的庆祝。当然，从时间上来说，花费的时间可能大大缩短。

5. 迭代回顾会议

迭代回顾会议是 Scrum 团队检视自身工作方式并创建下一个迭代改进行动计划的机会。迭代回顾会议发生在迭代评审会议结束之后、下个迭代计划会议之前。迭代回顾会议如图 2-13 所示。

图 2-13　迭代回顾会议

资料来源：http://freescrumtraining.org/the-key-processes/。

在迭代回顾会议中，Scrum 团队对当前迭代的工作方式，包括敏捷实践、Scrum

框架、团队的个体、人与人之间的关系、与其他团队的协作、过程、工具等，进行回顾，保持做得好的方式，停止或避免不好的方式，以及对需要改进提升的方面提出下一个迭代可落地的改进行动计划，作为改进故事放入产品待办列表。

Scrum 团队能否真正敏捷起来，真正可以依赖的抓手就是迭代回顾会议。团队要确保此会议的持续发生，那么无论是 Doing Agile 还是 Being Agile，团队都有机会通过自己践行 Scrum 的心得体会，持续改进。通常遵循先僵化（严格遵守 Scrum 框架及其他敏捷实践）、后优化（在基本框架范围内进行各种微调、组合和尝试）、再突破（融会贯通之后，形成适合团队自己的工作方式）的模式。

2.5.1.4 Scrum 的 5 个价值观

Scrum 价值观如图 2-14 所示。当承诺、勇气、专注、开放和尊重五大价值观为 Scrum 团队所践行与内化时，Scrum 透明（Transparency）、检查（Inspection）和调整（Adaptation）三大支柱成为现实，并且在每个人之间构建了信任。Scrum 团队成员通过 Scrum 的角色、事件和工件来学习和探索这些价值观。

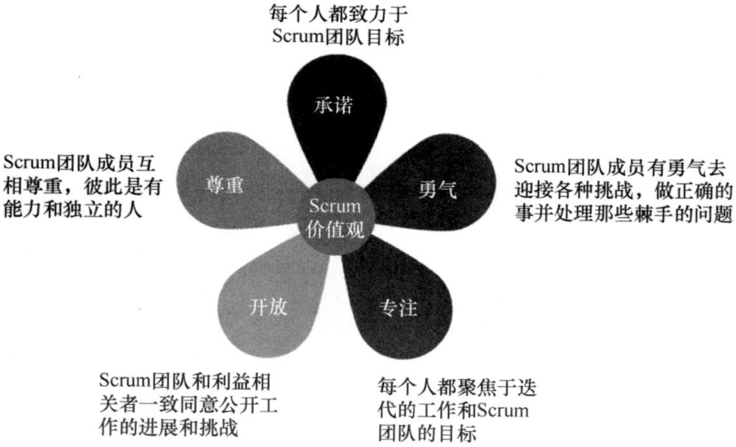

图 2-14 Scrum 价值观

（1）承诺（Commitment）——团队在迭代开始的时候做出承诺，并在迭代期间尽全力履行承诺。一旦发现未预测到的障碍有可能影响目标的达成，团队需要立即公开透明上报升级问题。

（2）勇气（Courage）——Scrum 团队成员有勇气去迎接各种挑战，做正确的事并处理那些棘手的问题。

（3）专注（Focus）——一段时间内只专注于少数几件事情。Stop Starting，Start Finishing（未开始的工作暂缓开始，已经开始的工作聚焦完成）。团队的能力（精力）是有限的，在有限能力和有限时间范围内，专注于最有价值的事情，以取得更好的成果，完成迭代工作，达成迭代目标。

（4）开放（Openness）——在团队中公开工作的进展和挑战，即可视化、透明，这样可以很容易地暴露风险问题和障碍。另外，透明也是尊重、信任的基础。

（5）尊重（Respect）——Scrum 团队成员相互尊重，彼此是有能力和独立的人。他们是坐在一起的、长期稳定的，这有助于加深彼此的尊重和了解。

2.5.2　看板方法

看板（Kanban）有以下两个含义。

（1）信号卡——Kanban 一词来自日文，出自丰田生产系统（Toyota Production System，TPS），也就是后来的精益生产（Lean Production），本意是信号卡片。在一个生产线上，当下游工序需要上游工序生产的工件的时候，下游工序凭借信号卡片向上游领取需要数量和种类的工件。通过“看板”这个信号卡片向上游传递信息流，拉动了从上游向下游的物料流，最终交付用户的价值，而拉动生产的源头是用户的需求，这就形成了拉动式生产系统。

（2）可视化的板（Kanban Board）——本质上是一个板子，通常是白板或者物理墙面，也称作看板墙，将任何需要关注的重要信息可视化出来，如价值观、规章制度、团队成员画像、项目计划、开发流程、工作项状态、软件架构、业务流程图等。

借用丰田生产系统的看板和拉动系统的概念，看板方法将其应用在软件开发中，定义了一个增量和渐进的改变技术开发和组织运营的方法。它的核心机制是限制在制品数量的拉动系统，通过它暴露系统运作或流程中的问题，并激发协作以改进系统。看板方法激发协作改进系统如图 2-15 所示。

图 2-15　看板方法激发协作改进系统

资料来源：《看板方法：科技企业渐进变革成功之道》。

看板的设计是跟团队的协作流程息息相关的。通常，一个典型的产品研发团队看板如图 2-16 所示，将一切可视化，同时对在做的事项数量加以限制。

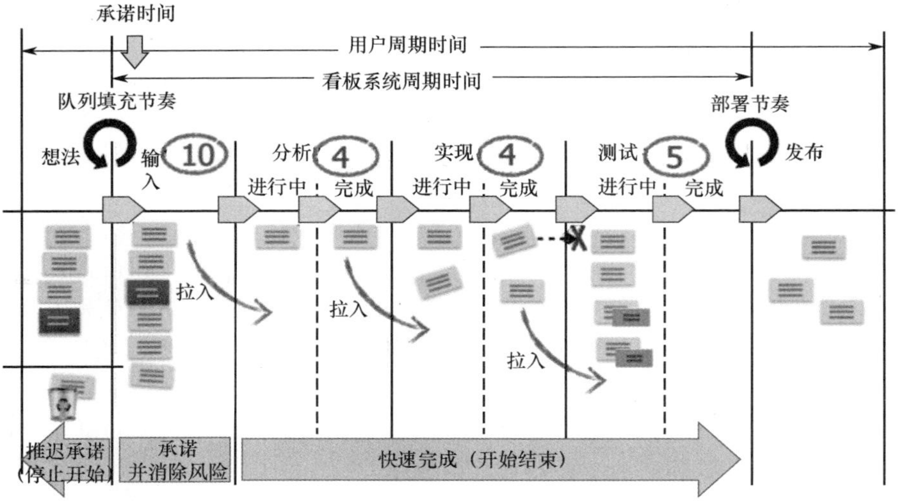

图 2-16　一个典型的产品研发团队看板

2.5.2.1　看板方法六项基本原则

（1）从现有工作方式开始（Understand）——看板方法比较容易启动的就是这一点，在任何实质的变革之前，首先从既有的流程开始，通过将隐藏在大脑中的流程可视化出来，再在协作中发现问题，也就是变革的契机。同时，尊重现有的角色、职责和头衔，对事不对人，尊重团队可以聚焦问题解决和价值交付。

（2）对追求渐进式变革达成共识（Agreement）——为了降低变革带来的阻力，设定变革是渐进式的，统一利益相关者的认知和目标，同意持续、迭代、渐进、增量的变化，形成变革的动力，促进变革的发生。

（3）鼓励各层级的领导力（Leadership）——没有特定的领导者，鼓励团队自我管理，每个人积极、主动关心改善，通过发挥个体领导力，代替指定的负责人在各层面自动自发、主动出现改进推动者。同时，领导者必须以身作则，并创造容忍失败的实验文化。

（4）聚焦客户（Value）——理解客户是谁，他们要求我们提供什么，以及他们对服务水平的期望。以客户为中心，满足他们的需求和期望，为客户创造价值。

（5）管理工作，让人们围绕它自组织（Flow）——围绕价值的流动，将无形的工作进行可视化管理，专注于客户，而不是管理可见的人和时间，知识工作者可以自我组织更高效地完成工作。

（6）演进规则改进客户和业务成果（Improve）——流程可以简化为这样一种

概念，即它们只是一套规则。规则决定了服务交付系统的特征。演进规则以提高客户满意度和业务成果。

2.5.2.2　看板方法六大实践

（1）可视化工作和流程——采用价值流图（Value Stream Mapping，VSM）的流程活动图（Process Activity Mapping），识别团队现有流程。确定看板的范围，例如，从想法创意开始到上线结束，在看板墙上从左到右可视化工作的流程步骤及状态、工作项类型及其负责人、优先级、开始日期、结束日期、障碍、服务类别、工作项卡片颜色等信息。京东电子看板“乐哦”系统可视化工作和流程如图 2-17 所示。

图 2-17　京东电子看板“乐哦”系统可视化工作和流程

（2）显示化规则——将整个流程流转的规则显示化出来，如不同的服务类型、加速泳道、拉动的标准、完成的定义、队列填充的节奏、部署的节奏、不同角色或者不同团队协作的机制、流程的每个步骤的输入和输出规则、在制品限制（圈中数字）等。看板方法中的显示化规则如图 2-18 所示，京东电子看板“乐哦”中显示化的规则如图 2-19 所示。

（3）限制在制品/进行中的工作（Work In Progress，WIP）——根据利特尔法则，平均等待时间 = WIP ÷ 交付速率，为了减少等待时间，需要设置在制品限制。在流程中的每个步骤，设定团队最多可以并行处理的工作项的数量，这样限制在制品将把存在的问题暴露出来。通过暴露问题并解决流动中的瓶颈（如工作项移动缓慢、某列中有很多报事贴、阻塞或等待较长时间等），同时也可以避免超载的发生，保证团队的专注，聚焦在价值从左边到右边的快速流动。看板中每列使用数字限制在制品如图 2-20 所示，京东电子看板“乐哦”中的在制品限制如图 2-21 所示。

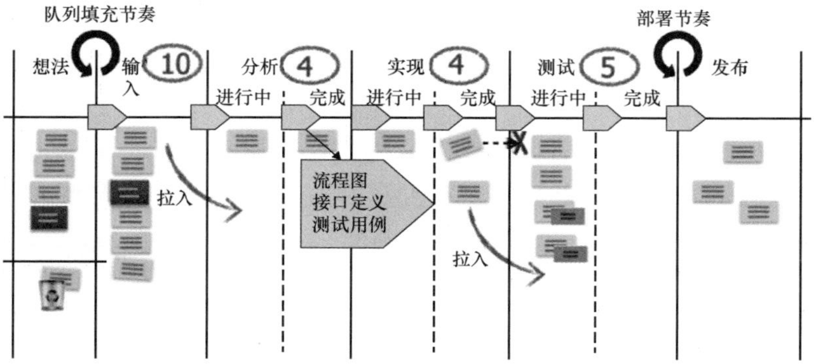

图 2-18　看板方法中的显示化规则

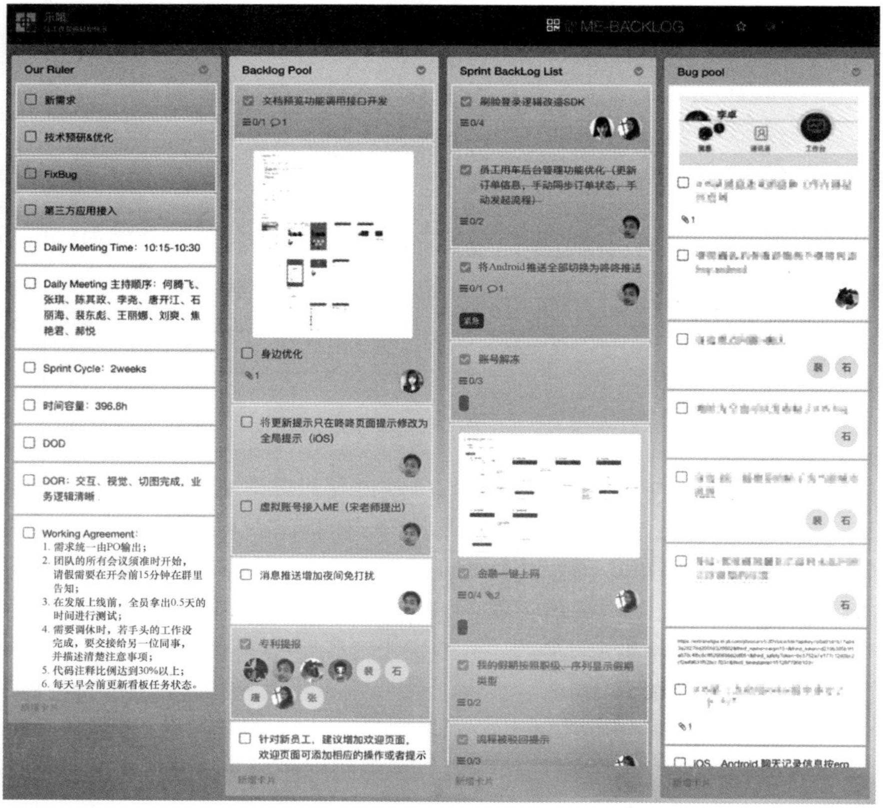

图 2-19　京东电子看板“乐哦”中显示化的规则

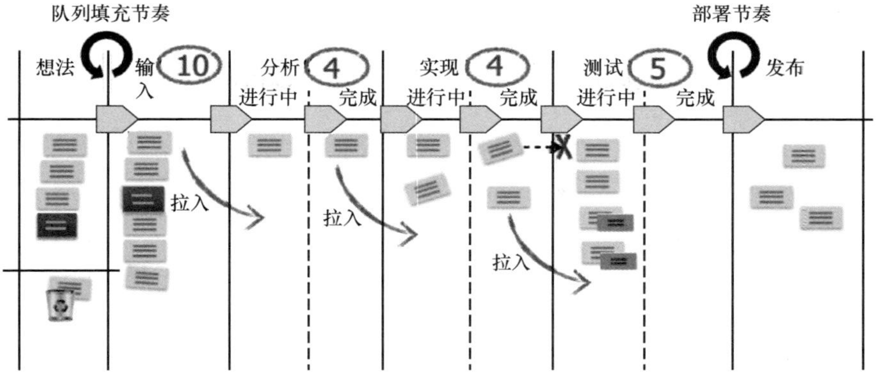

图 2-20　看板中每列使用数字限制在制品

图 2-21　京东电子看板“乐哦”中的在制品限制

（4）度量和管理流动——采用累积流图（Cumulative Flow Diagram，CFD）、周期时间分布图（Lead Time Distribution Chart）、周期时间控制图/散点图（Lead Time Control Chart）等工具来度量看板系统的数据，通过统计工作项的平均周期时间、交付速率（WIP÷平均周期时间）、吞吐量（完成条目的数量），以及流动效率（增值工作时间÷周期时间）来帮助管理看板系统的流动性。累积流图、周期时间分布图及周期时间控制图如图 2-22 所示，看板系统的流动效率如图 2-23 所示。

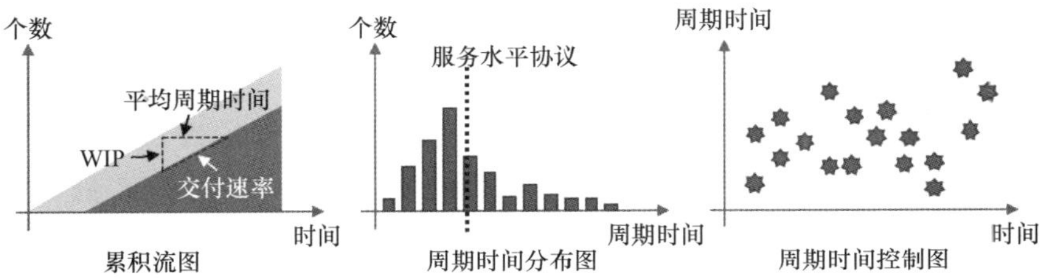

图 2-22　累积流图、周期时间分布图及周期时间控制图

（5）建立反馈环——持续改进需要实现反馈闭环，来理解实际和期望的差距。反馈环实践包含：

① 每日站立会议——每天对产品/服务进展反馈。

② 服务交付评审——每 2 周对产品/服务、工作方式进行反馈。

③ 运营回顾——每个月/季度的运营反馈，如客户满意度调查、产品最新进展、工具、环境、组织结构、度量数据等。

④ 及时会议——对工作方式反馈，看板系统能力的回顾和评估。

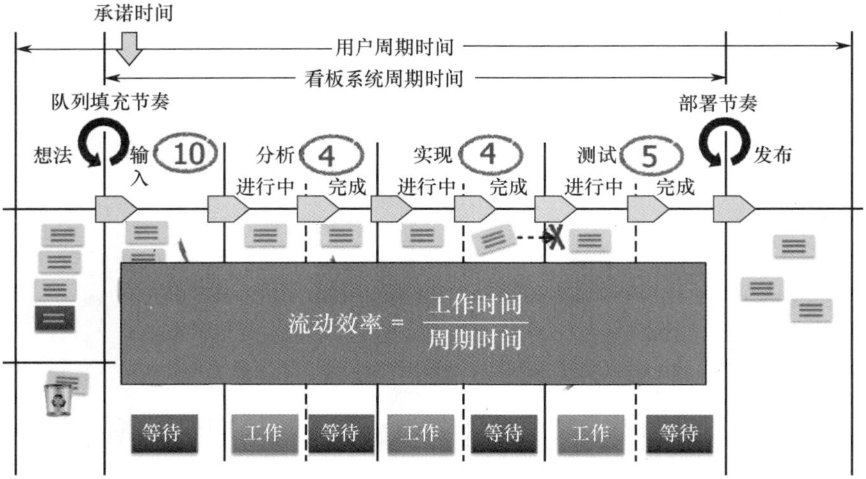

图 2-23 看板系统的流动效率

（6）在协作和试验中持续演进（引入模型和科学方法）——有了反馈之后，经过分析，制订改进试验，落地具体的改进行动，再持续这个循环，来持续演进工作方式。通过引入约束理论（移除瓶颈）、精益思想（消除浪费、加速价值流动）、戴明博士的统计过程控制（Statistical Process Control，SPC）（降低变异性）等模型及科学方法（假说—试验—结论），可以更系统性、更高效地演进工作方式。

2.5.3 XP

极限编程（Extreme Programming，XP）是一个敏捷软件开发框架，旨在开发更高质量的软件，专注编程技术、清晰沟通还有团队协作的实践。XP 是关于软件开发工程实践的最具体的敏捷框架。XP 中极限的含义是尽力而为，然后处理结果。它将常识性的原理和实践应用到了极致，如以下几点。

（1）如果代码评审是好的，那么我们会持续评审代码（结对编程）。

（2）如果测试是好的，那么所有人都应该始终进行测试（单元测试），甚至包含客户验收测试。

（3）如果设计是好的，那么我们将把它当作每个人的日常事务的一部分

（重构）。

（4）如果简单是好的，那么我们将始终把系统保持为支持其当前功能的最简单的设计（简单设计）。

（5）如果集成测试重要，那么我们将在一天内多次集成并测试（持续集成）。

（6）如果迭代周期短些好，那么我们将使迭代时间非常非常短——秒、小时，而不是周、月或年。

2.5.3.1　XP 价值观

（1）沟通（Communication）——软件开发本质上是一项团队运动，它依靠沟通将知识从一个团队成员转移到团队中的其他人。XP 强调了恰当的沟通方式的重要性，例如，借助白板或其他绘图机制进行面对面的讨论。

（2）简单（Simplicity）——简单意味着“什么是最简单的工作？”这样做的目的是避免浪费，只做一些绝对必要的事情，例如，尽可能简化系统的设计，以便更容易维护、支持和修改。简单性也意味着只满足所了解的要求；不要试图预测未来。因为今天做得简单一些，明天在需要的时候再多花些时间改进，要比今天做得很复杂，但以后再也用不到好很多。

（3）反馈（Feedback）——通过不断反馈之前的工作，团队可以确定需要改进的领域并修改他们的实践。反馈也支持简单设计，团队会构建一些功能，收集有关的设计和实施的反馈，然后再调整产品。XP 团队致力于在尽可能快的情况下，产生尽可能多的反馈。尽量将反馈的周期缩短为分钟或小时，而不是周或月。越早知道，就可以越早调整。

（4）勇气（Courage）——是面对恐惧时的有效行动。勇气表现为基于其他价值观的行动偏好，因此其结果对团队是无害的。例如，如果你知道问题是什么，那你就去做吧；需要有勇气提出降低团队效率的组织问题；需要有勇气停止做一些不起作用的事情，并尝试其他的做法。即使很难接受，你也需要有勇气接受反馈并采取行动。

（5）尊重（Respect）——团队成员需要相互尊重，以便彼此沟通、提供和接受反馈，并共同确定简单设计和解决方案。团队成员关心彼此、关心项目和产品，每个人对团队的贡献都应该得到尊重，每个人都是重要的。

2.5.3.2　XP 实践

XP 实践包含三个闭环的圈，如图 2-24 所示，最里面的环围绕个人如何编码和设计；中间的环围绕作为团队如何协作编码和集成；最外围的环面对客户如何协作、计划和交付。

在 XP 实践中，有一个实践称为系统隐喻（System Metaphor），含义是为了使整个团队所有人对未来要开发出的软件的模块、架构，有一个更容易、更直观、更提纲挈领、更宏观的理解，所采用的一个比喻代表系统未来的景象，譬如说电商网站的“购物车”就是一个隐喻，是指具有超市购物车的那种功能。这个实践比较难以理解，也不是很直观，同时业界在采用 XP 实践的时候，结合 Scrum 把 XP 当成工程实践，所以本书没有将其包含在 XP 的实践全景图中。XP 实践全景图如图 2-24 所示。

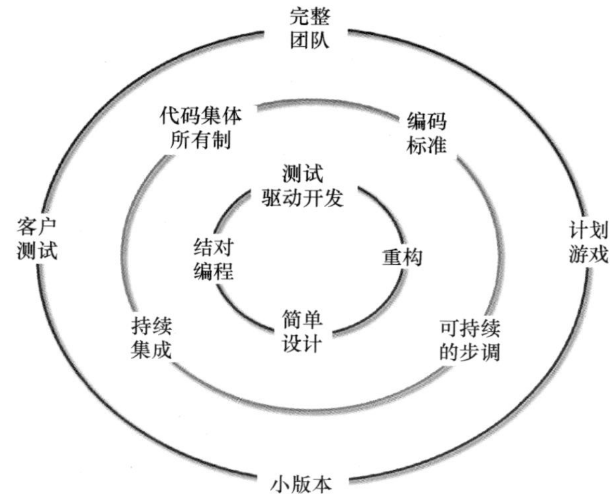

图 2-24　XP 实践全景图

（1）完整团队（Whole Team）——XP 团队是一个跨职能团队，拥有项目或产品成功所必需的各种技能和视角的人，包括现场客户（On-site Customer）或者真实用户（Real Customer Involvement）、开发人员和测试人员等。如果客户不能和团队天天工作在一起，那么需要客户定期参与计划会议，同时需要业务代表（Business Representative）来代表客户，也被称为产品经理（Product Manager），统称为客户（Customer）。客户负责提供和编写需求（用户故事）、排定需求优先级、调整需求范围等以此掌控产品方向。团队面对面地坐在一起办公（Sit Together）；为了促进透明的面对面沟通，会建立信息化工作空间（Informative Workspace），通常采用可视化或者信息雷达的方式将产品、架构、计划、进度等展示出来；团队每周工作 40 小时，充满活力地工作（Energized Work）。

（2）计划游戏（Planning Game）——XP 团队按每周周期（Weekly Cycle）进行迭代计划会议（Iteration Planning），同时按照季度周期（Quarterly Cycle）进行发布计划会议（Release Planning）。发布计划是当前对发布内容及日期的快照，当计划赶不上变化的时候，就更新这个计划，以便反映客户最新的期望。使用故事（Story）作为客户或用户可见、有意义的功能单元进行计划，故事也被称为用户故事（User

Story），这些故事旨在从用户视角简要描述用户希望能够使用产品及与产品交互的功能及目标，并在团队实现特定故事时，提醒团队进行更详细的对话。

（3）小版本（Small Releases）——每个版本都应尽可能小，包含最有价值的业务需求，并且通过增量部署（Incremental Deployment），甚至每日部署（Daily Deployment）来尽可能地频繁发布到终端用户手中，这意味着需要在每个迭代结束后交付给客户经过测试的、可以运行的软件，以便客户进行评估或者发布给用户。

（4）客户测试（Customer Tests）——作为呈现每个所需功能的一部分，XP 客户针对每个用户故事定义了一个或多个验收测试（Acceptance Test），以判断该功能是否能正常运行。团队构建这些验收测试用例的脚本，并使用它们向自己和客户证明该功能是否正确实现。自动化非常重要，因为在时间紧迫的情况下，会跳过手动测试。

（5）简单设计（Simple Design）——XP 团队使他们的设计尽可能简单，仅仅关注本次迭代中要完成的用户故事，团队更愿意在迭代中不断地演进系统的设计，甚至每天都考虑系统设计来进行增量设计（Incremental Design），力求使得系统设计适应当天的系统需求。XP 中的设计不是一次性的事情，也不是一个前瞻性的事情，它是一个永远持续的事情。同时，XP 团队对他们根据未来需求调整设计的能力充满自信。良好的设计至关重要，这就是为什么在整个开发过程中如此关注设计。

（6）结对编程（Pair Programming）——所有的代码都是由两个程序员并排坐在一起，使用同一台机器、同一个键盘和同一个鼠标编写的。这种做法是确保使用键盘和鼠标的程序员思考编码的最佳途径，另一名程序员偏重于从战略性的角度思考并评审所有代码，从而实现更好的设计、更好的测试和更好的代码。结对的关系要经常变换，每天至少要改变一次，从而结对编程还可以极大促进知识在团队中的传播。

（7）测试驱动开发（Test Driven Development）——也叫作测试先行编程（Test-First Programming），在改变任何产品代码之前先编写一个自动化测试代码。极限编程痴迷于反馈，在软件开发中，良好的反馈需要良好的测试。首先编写一段单元测试代码，由于它要测试的产品功能代码还不存在，所以它会运行失败；然后编写产品功能代码使测试通过。

（8）重构（Refactoring）——就是在不改变代码外部行为的前提下，对其进行一系列小的改造，消除重复代码，保持代码的高内聚和低耦合，使得产品功能代码更简单，未来添加新的代码更简单，从而达到防止代码腐化、支持简单设计的目的。同时，应用测试驱动开发，确保每次产品功能代码的改动，其对应的单元测试脚本都得以通过，并且随着设计的发展，没有功能被破坏掉。

（9）持续集成（Continuous Integration）——团队的成员经常集成他们的工作，通常每个成员每天至少集成一次，这导致每天发生多次集成。每次集成都通过自动化的构建（包括测试）来验证，从而尽快地检测出集成错误。XP 团队提倡一旦代码发生改变就签入单个代码库（Single Code Base），也就是一个主干，并立刻触发自动化的测试，并应用十分钟构建（Ten-Minute Build），即在十分钟之内自动地构建整个系统和运行所有的测试。

（10）代码集体所有制（Collective Ownership）——团队中的任何人都可以随时改进系统的任何部分、任何代码。如果系统出了问题，修复它并没有超出我现在所做的范围，我应该继续修复它。这意味着所有代码都可以获得许多人的关注，从而提高代码质量并减少缺陷。这也意味着所有的代码都是共享的代码（Shared Code）。

（11）编码标准（Coding Standard）——XP 团队遵循通用的编码标准，因此系统中的所有代码看起来都像由一个非常称职的人编写的。标准的细节并不重要，重要的是所有代码看起来都很熟悉，以支持代码集体所有制。

（12）可持续的步调（Sustainable Pace）——也称为团队可持续性（Team Continuity），团队长期、持久地参与产品开发中，能够以长期、可持续的速度努力工作。可持续就像马拉松赛跑，这样可以保持一定程度的松弛（Slack）。在任何计划中，都要包括一些小任务，如果你落后了，这些任务就可以取消，但不影响最初的承诺，毕竟，履行你的承诺在任何时候都是很重要的。而相反的是全速赛跑，因为死亡行军（Death March）既没有生产力也没有高质量的代码，也不能兑现承诺。

2.5.4 SAFe

规模化敏捷框架（Scaled Agile Framework，SAFe）解决成百上千、成千上万人的组织如何敏捷的问题，它是一个可扩展的、可配置的框架，帮助组织在尽可能短的前置时间内，以最好的质量、最大化的价值，可持续地交付新的产品、服务和解决方案。

SAFe 来源于四大知识体系：

（1）精益产品开发——包括精益思想、丰田生产系统、精益生产、精益产品开发流、精益创业、看板方法、精益用户体验等。

（2）敏捷开发——包括敏捷开发宣言里的敏捷价值观、敏捷十二原则、Scrum、极限编程等。

（3）DevOps——包括持续交付流水线、按需发布等。

（4）系统思考——全局考虑由个人、团队、项目群和业务部门等所构成的组织系统，以及由组织所开发的软件系统，并避免局部优化。

SAFe 包含精益企业的 5 种核心能力，而每种能力其实也代表了 SAFe 框架中的一个构造块，SAFe 全景图如图 2-25 所示。

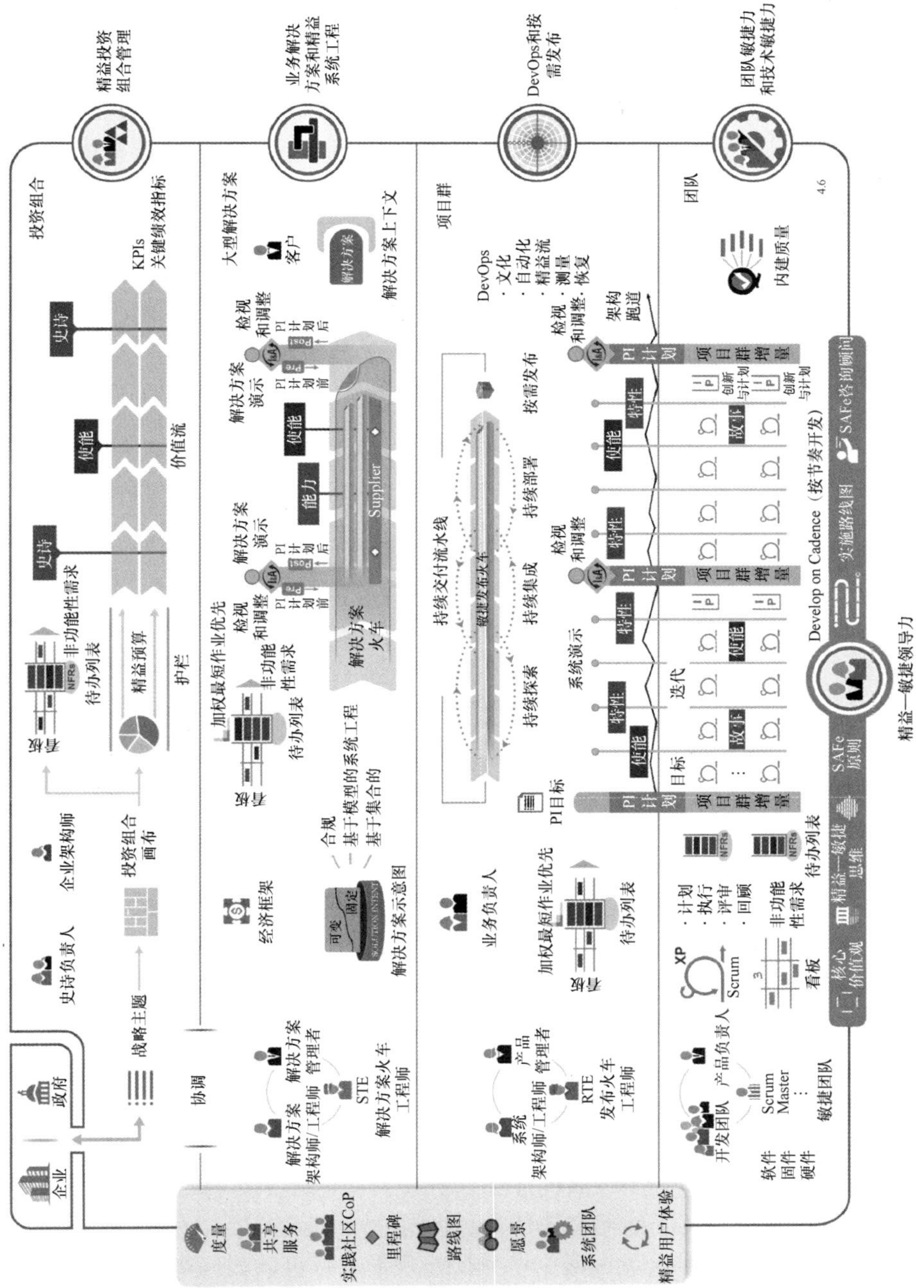

图 2-25　SAFe 全景图

资料来源：《SAFe 白皮书》（https://www.scaledagile.com/resources/safe-whitepaper/）。

（1）SAFe 框架的基础构造块，位于全景图的底部，带来“精益—敏捷领导力（Lean-Agile Leadership）”能力。

（2）团队层（Team），带来“团队敏捷力和技术敏捷力（Team and Technical Agility）”能力。

（3）项目群层（Program），带来“DevOps 和按需发布（DevOps and Release on Demand）”能力。

（4）大型解决方案层（Large Solution），带来“业务解决方案和精益系统工程（Business Solutions and Lean Systems Engineering）”能力。

（5）投资组合层（Portfolio），带来“精益投资组合管理（Lean Portfolio Management）”能力。

2.5.4.1 精益—敏捷领导力

企业成功的最终责任，以及由此带来的对工作方式的任何重大改变，都取决于精益—敏捷领导者。所以精益—敏捷领导力是 SAFe 的基础，它描述了精益—敏捷领导者如何通过授权个人和团队以达到最大的潜力，来推动和保持组织变革和运作卓越。他们通过学习、展示、培训和辅导 SAFe 的价值观、精益—敏捷思维和原则，以及实践来做到这一点。

如图 2-26 所示，精益—敏捷领导者需要转变思维，由命令控制型领导转变成服务型领导，来开发和发展人才。精益—敏捷领导者是终身学习者和老师，领导者首先必须被培训，然后成为这些精益的思考方式和运作方式的培训师。同时，SAFe 咨询顾问采用 SAFe 实施路线图，引领整个组织的敏捷转型。

图 2-26　精益—敏捷领导力

资料来源：https://www.scaledagileframework.com/lean-agile-leadership/。

1．体现核心价值观

（1）协调一致（Alignment）——当管理层和团队都统一到一个共同的使命上时，所有的精力都是用来帮助客户的。在成百上千人的团队环境中，协调一致使所有相关人员都对齐和理解了使命的意图，并使各团队能够对目标、计划和团队间的依赖达成一致，专注于如何完成任务。

（2）内建质量（Built-in Quality）——内建质量实践可以提高客户满意度，并提供更快速、更可预测的价值交付。在规模化场景中，每个小团队的代码都需要内建质量，以此为基础，才能使多个小团队集成的代码具有内建质量。没有内建质量，在可持续的最短前置时间内，最大化价值这个精益目标是无法实现的。

（3）透明（Transparency）——通过可视化所有相关工作，透明建立信任。信任使团队可以做出快速的、去中心化的本地决策，得到更高级别的授权，并且获得员工更高的参与度。同时，透明可以简化复杂的产品开发流程，降低协调成本，充分利用群体智慧及自主的个体，让一线本地各团队利用透明的信息直接解决问题，而不需要转交到其他人或者升级到管理层。

（4）项目群执行（Program Execution）——为了实现更广泛的变革，整个开发价值流（从概念到发布）必须变得更精益、更能响应变化来支持创新、速度和敏捷性。项目群是落地执行的核心，它需要有纪律、有规范地执行，并且按照敏捷发布火车的方式持续进行迭代开发和交付。领导者参与项目群执行，积极消除障碍和消极因素。

2. 拥抱精益—敏捷思维

精益—敏捷思维在 SAFe 的精益之屋（House of Lean）和敏捷宣言里有很好的体现，如图 2-27 所示。

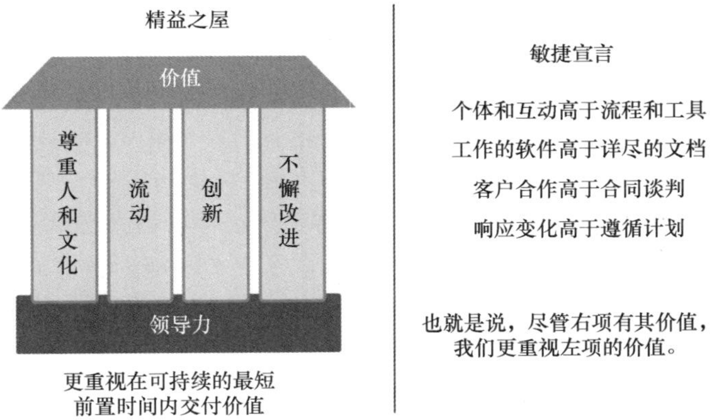

图 2-27　精益—敏捷思维

资料来源：https://www.scaledagileframework.com/lean-agile-leadership/。

（1）精益思维——精益之屋说明了精益思维的各方面。屋顶代表了创造价值的目标，而 4 个支柱则体现了对人与文化、流动、创新和坚持不懈地改进，以支持这一目标。精益—敏捷的领导力提供了基础，是精益思维落地的基石。

（2）拥抱敏捷——敏捷宣言提供了一个价值体系和 12 条原则，这对成功的敏捷开发至关重要。SAFe 采用跨职能敏捷团队，并建立在敏捷的价值观、原则之上。每个领导者都必须支持和加强敏捷的意图和实践。

3．应用 SAFe 原则

SAFe 的实践以 9 个基本原则为基础，这些原则启发了框架中的所有概念，如下所述。

（1）采取经济视角（Take an economic view）；

（2）运用系统思考（Apply systems thinking）；

（3）假设可变性，保留多种选项（Assume variability，preserve options）；

（4）通过快速、集成的学习周期，进行增量式构建（Build incrementally with fast，integrated learning cycles）；

（5）基于可工作系统客观评估的里程碑（Base milestones on objective evaluation of working systems）；

（6）可视化和限制在制品（WIP），减少批次规模，并管理队列长度（Visualize and limit WIP，reduce batch sizes，and manage queue lengths）；

（7）应用节奏，通过跨领域计划同步（Apply cadence，synchronize with cross-domain planning）；

（8）释放知识工作者的内在动力（Unlock the intrinsic motivation of knowledge workers）；

（9）去中心化的分散决策（Decentralize decision-making）。

4．SAFe 配置

精益—敏捷领导者通过 SAFe 实施路线图引领组织的敏捷转型，同时认证 SAFe 咨询顾问（Certified SAFe Program Consultant，SPC）作为内部的变革推动者进行 SAFe 的布道，并辅导团队按照 SAFe 的实践来运作。

SAFe 是一个可扩展、可配置的框架，每个组织在敏捷转型的时候，都可以根据业务需要来适配框架，即将 SAFe 的各层级或者 5 种能力进行组合。如图 2-28 所示，SAFe 提供了 4 种开箱即用的配置来支持需要小型团队的简单系统的开发，以及需要成百上千、成千上万人的复杂系统或解决方案的开发。

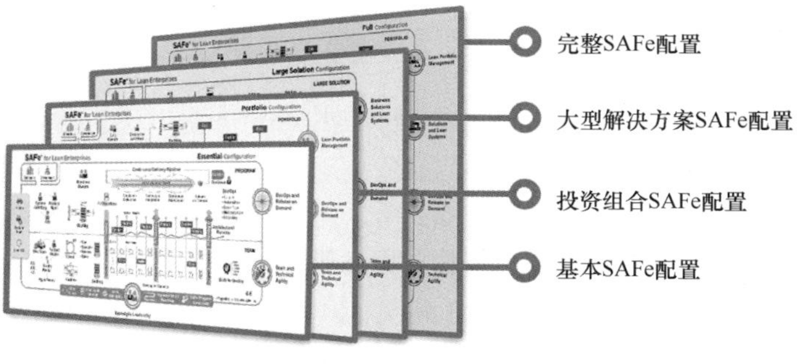

图 2-28　SAFe 的 4 种配置

资料来源：《SAFe 白皮书》（https://www.scaledagile.com/resources/safe-whitepaper/）。

（1）基本 SAFe（Essential SAFe）——框架的核心，也是实施 SAFe 最简单的起点，适合百人级别的系统开发。这是所有其他 SAFe 配置的基本组成部分，由团队层和项目群层组成，为企业带来“精益—敏捷领导力”“团队敏捷力和技术敏捷力”“DevOps 和按需发布”等核心能力。

（2）大型解决方案 SAFe（Large Solution SAFe）——用于开发最大和最复杂的解决方案，通常需要多个敏捷发布火车（Agile Release Train，ART）和供应商，适合上千人的解决方案开发。它由团队层、项目群层和大型解决方案层组成，为企业带来“精益—敏捷领导力”“团队敏捷力和技术敏捷力”“DevOps 和按需发布”“业务解决方案和精益系统工程”等能力。

（3）投资组合 SAFe（Portfolio SAFe）——围绕价值的流动组织敏捷开发，通过一个或多个价值流，帮助投资组合执行与企业战略保持一致，适合成百上千人的多个系统的开发。它由团队层、项目群层和投资组合层组成，带来“精益—敏捷领导力”“团队敏捷力和技术敏捷力”“DevOps 和按需发布”“精益投资组合管理”能力。

（4）完整 SAFe（Full SAFe）——SAFe 框架最全面的版本。它支持那些需要投资组合管理的企业，适合上千人的大型集成解决方案开发。它包括 SAFe 的所有层级：团队层、项目群层、大型解决方案和投资组合，集成和带来所有的 5 种核心能力。

每种配置都由全景图左侧的“跨层级面板”（Spanning Palette）支持，包含所需的角色和工件等元素。

2.5.4.2　团队敏捷力和技术敏捷力

团队敏捷力和技术敏捷力，指的是团队层需要具备的能力，如图 2-29 所示。

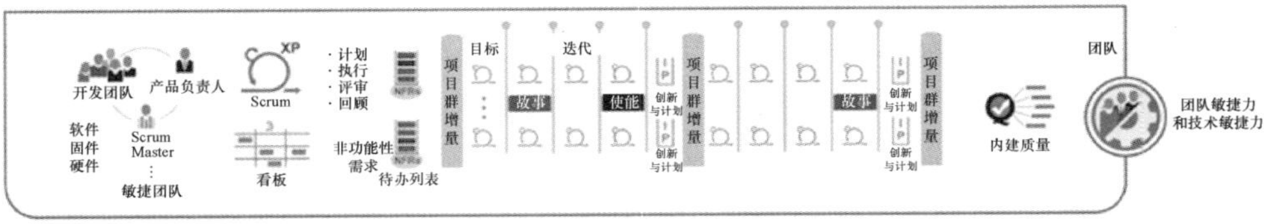

图 2-29　SAFe 团队敏捷力和技术敏捷力

资料来源：https://www.scaledagileframework.com/。

每个敏捷团队都是跨职能自组织的团队，包括产品负责人、开发团队和 Scrum Master，按照 Scrum 执行为期 2 周的迭代或者采用看板方法进行交付，形成团队敏捷力。另外，采用内建质量实践形成技术敏捷力，如敏捷建模、设计模式、极限编程相关代码质量实践、测试驱动开发 TDD、行为驱动开发 BDD 等。

2.5.4.3 DevOps 和按需发布

DevOps 和按需发布能力，体现在项目群层，围绕价值交付的价值流来组织多个敏捷团队（5～9 人），这些敏捷团队构成一个大的敏捷团队（50～125 人），形成了敏捷发布火车。SAFe DevOps 和按需发布如图 2-30 所示。

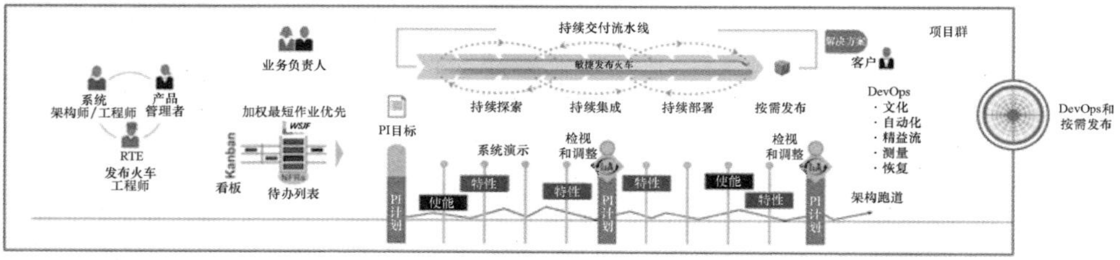

图 2-30　SAFe DevOps 和按需发布

资料来源：https://www.scaledagileframework.com/。

ART 采用项目群增量（Program Increment，PI）时间盒，通常包含 5 个 2 周迭代。其中，4 个迭代是对软件系统进行迭代；第 5 个迭代进行创新和对下一个 PI 时间盒的规划，称为创新与计划迭代（Innovation and Planning，IP）。敏捷发布火车上的所有人（上百人）一起在一个大房间里进行为期 2 天的会议——PI 计划会议（PI Planning），来规划这 4 个迭代。

PI 计划会议将所有的利益相关者统一到一个共同的技术和业务愿景中，授权团队协作制订出达成目标的最佳计划。PI 计划采取总分总的方式，首先所有人面对统一输入共同开会，然后每个小的敏捷团队并行地规划自己团队的 4 个迭代，在过程中团队与团队之间直接进行对话、协调、同步团队间的依赖和计划，在最后汇总的时候，每个团队面对所有其他团队展示自己的计划。SAFe PI 计划会议议程如图 2-31 所示。

1. 第一天议程

（1）业务背景——高级管理人员/业务线负责人描述业务的当前状态，并介绍现有解决方案在多大程度上满足当前客户需要。

（2）产品/解决方案愿景——产品管理者介绍当前的愿景、下一个 PI 的目标，以及特性（Feature）的优先级。如果有多个产品经理，可能每个人都需要针对他们负责的领域，进行愿景和高优先级特性的陈述。

（3）架构愿景和开发实践——系统架构师/工程师介绍架构愿景，包括通用基础设施的新架构、大规模重构，以及系统级的非功能性需求。此外，高级开发经理可能会对下一个 PI 要推进的敏捷工程实践进行介绍，如测试自动化、DevOps、持续集成和持续部署等实践。

（4）计划背景和午餐——发布火车工程师介绍会议的流程和预期结果。

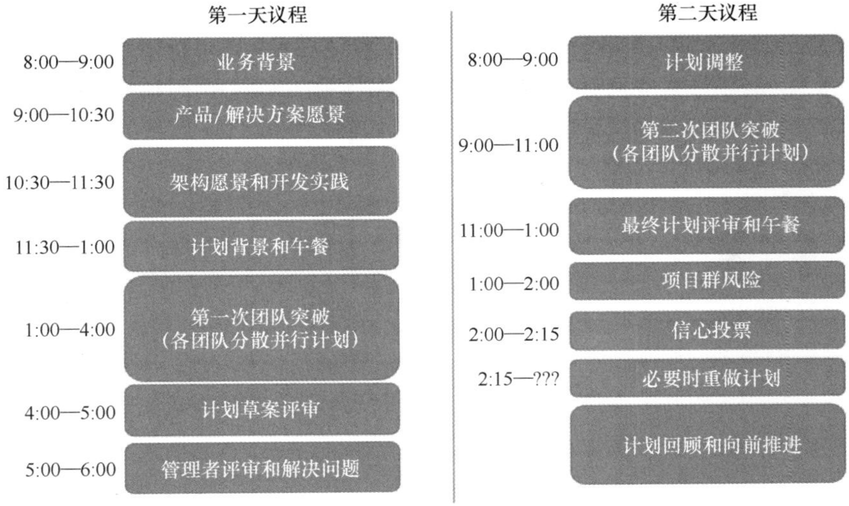

图 2-31　SAFe PI 计划会议议程

（5）第一次团队突破——每个敏捷团队针对 4 个迭代，分别对每个迭代估计迭代的容量（速度），并确定需要实现特性（Feature）的故事（Story）。按照故事的优先级，将故事规划到 4 个迭代，并识别风险和依赖，起草团队的初始 PI 目标。

（6）计划草案评审——所有团队重新聚在一起评审各组计划，每个团队依次展示团队的 PI 计划，包括每个迭代的速度（容量）、负载、PI 目标、项目群风险和障碍。

（7）管理者评审和解决问题——管理者、产品经理、产品负责人、敏捷发布火车工程师、Scrum Mater 及团队代表等关键利益相关者留下来，一起评审范围、资源约束、瓶颈、过度依赖、过度承诺，以及团队负载不均衡等挑战，为了解决这些问题，做出必要的决策。

2. 第二天议程

（1）计划调整——第二天，在会议开始时管理者描述范围、优先级、计划和里程碑及人员的任何变化。

（2）第二次团队突破——团队继续根据前一天的议程进行规划，进行适当的调整。最终确定迭代计划和 PI 目标，整合项目群风险、障碍，以及依赖关系。所有特性及跨团队依赖更新到如图 2-32 所示的 Program Board（项目群看板）上。业务负责人对 PI 目标的业务价值打分（1～10 分）。

（3）最终计划评审和午餐——每个团队向其他所有团队展示他们的计划，说明他们的迭代速度（容量）和负载、带有业务价值的 PI 目标、项目群风险和障碍。

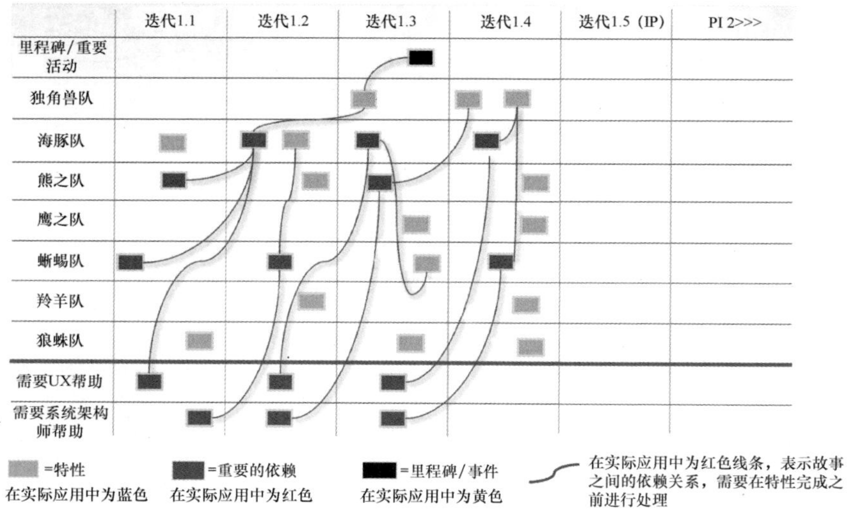

图 2-32　SAFe Program Board

资料来源：《SAFe4.0 参考指南》。

（4）项目群风险——在计划期间，团队已识别可能影响目标达成的项目群级风险和障碍。这些问题是团队层不能解决的问题，需要在整个敏捷发布火车前解决。讨论每项风险或障碍，并划分为以下 ROAM 类别中的一类：

① 已解决（Resolved）——团队同意该问题不再是一个问题。

② 已承担（Owned）——该风险无法在会议上解决，但会有负责人会后跟踪处理。

③ 已接受（Accepted）——有些风险就是事实或者可能发生的问题，必须被理解和接受。

④ 已减轻（Mitigated）——团队可以制订一个计划来缓解影响。

（5）信心投票——每个团队用“五指拳”对他们实现项目群 PI 目标的信心进行投票。一根到五根手指代表不同的信心程度。如果信心投票平均少于三根手指，那么计划需要重新调整；任何人如果伸出一根或两根手指，就需要给其机会在所有人面前指出风险。

（6）必要时重做计划——如有必要，团队需要重做他们的计划，直到达到较高的信心程度。在这种情况下，达成一致和承诺比遵守时间盒更有价值。

（7）计划回顾和向前推进——最后，发布火车工程师 RTE 引导对 PI 计划会议的简要回顾，讨论哪些做得好、哪些做得不好，以及下次可以做得更好，以此持续改进 PI 计划会议。

敏捷发布火车在迭代过程中，采用自动化的持续交付流水线，进行持续探索、持续集成和持续部署，并在业务需要的时候，按需发布。SAFe 持续交付流水线如图 2-33 所示。

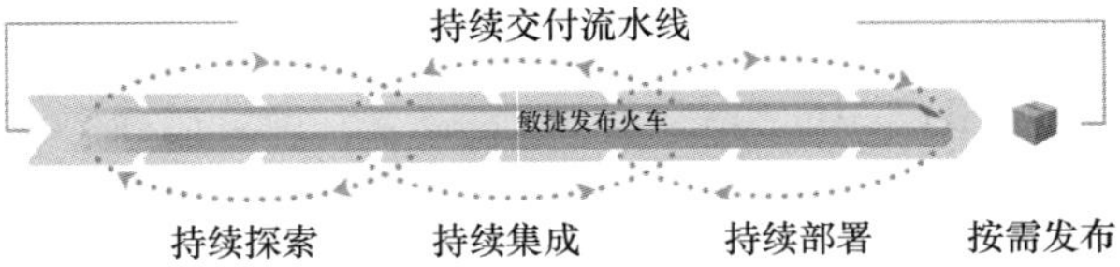

图 2-33　SAFe 持续交付流水线

资料来源：https://www.scaledagileframework.com/。

2.5.4.4　业务解决方案和精益系统工程

业务解决方案和精益系统工程能力体现在大型解决方案层，当需要成千上万人开发最大和最复杂的解决方案时，通常需要多个敏捷发布火车和供应商，如图 2-34 所示。

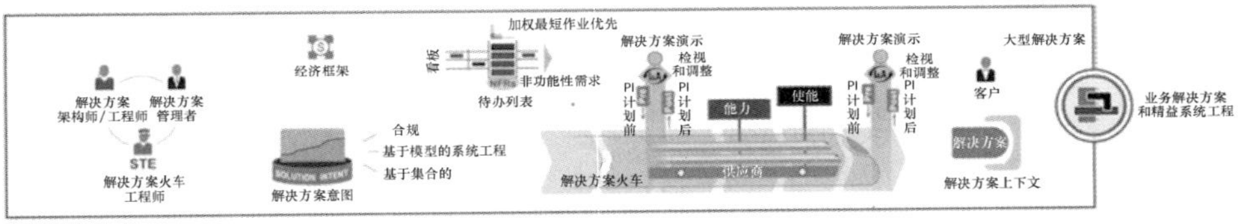

图 2-34　SAFe 业务解决方案和精益系统工程

资料来源：https://www.scaledagileframework.com/。

大型解决方案对于航空航天和国防、汽车和政府等行业比较常见，并且通常会采用精益系统工程（System Engineering）来综合考虑不同组件、固件、硬件之间的关系，以及整体的建模设计和迭代。如图 2-35 所示的 SAFe 解决方案火车示例，包含了终端设备、云端方案、第三方供应商提供的软件包、第三方供应商提供的汽车感应器，以及自研的无人驾驶汽车等。

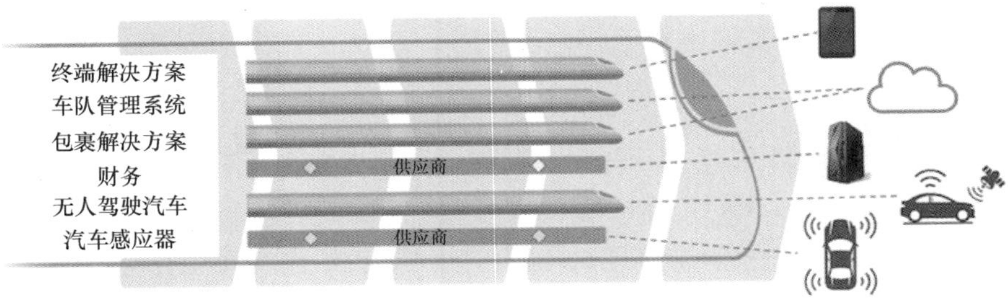

图 2-35　SAFe 解决方案火车示例

资料来源：https://www.scaledagileframework.com/business-solutions-and-lean-systems。

业务解决方案和精益系统工程能力进一步提供了 8 个实践：

（1）采用 ART 来构建解决方案组件和能力，多个 ART 交付的内容组成了解决方案。

（2）使用解决方案火车来构建和集成解决方案，以此聚焦解决方案整体的交付。

（3）在解决方案意图（Solution Intent）这个存储库（解决方案意图的详细信息，包括非功能性需求、接口定义、架构，以及每个 ART 需要开发的需求等）持续优化系统规格说明书。已经实现的功能更新在存储库中，未实现的功能是可变的，随着迭代不断打磨。

（4）运用多个地平线（Horizon）规划近期比较详细和固定的内容，以及未来中期和长期比较粗略和变化的内容，通常采用解决方案路线图，以及解决方案火车和 ART 的 PI 路线图的方式来规划当下和远景。

（5）解决方案架构师采用演进架构方式代替前期大量设计，但是也持续进行轻量级的、刻意的架构设计，来支持解决方案的规模化、模块化、重用性和服务化。

（6）应用“系统的系统（Systems of Systems）”思维管理供应商，将其视为交付一个系统的、虚拟的 ART，和交付其他系统的组织内部的 ART，一起纳入交付整体解决方案的解决方案火车内进行管理。

（7）应用持续集成，在 PI 周期内多次部分或者完整地集成解决方案，在 PI 结束的时候进行完整的端到端解决方案集成。

（8）持续每个迭代都处理合规关注点，代替一次性的发布前关注内控合规要求。

2.5.4.5 精益投资组合管理

精益投资组合管理（Lean Portfolio Management，LPM）能力体现在投资组合层，每个 SAFe 投资组合，围绕价值的流动，通过一个或多个开发价值流，将战略与执行保持一致，如图 2-36 所示。

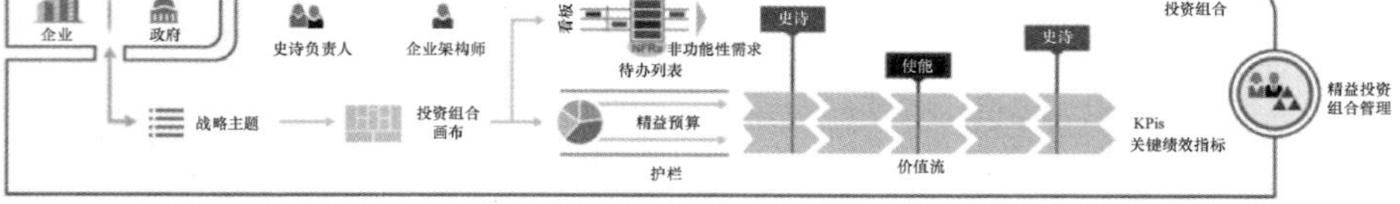

图 2-36　SAFe 精益投资组合管理

资料来源：https://www.scaledagileframework.com/。

投资组合层为价值流定义战略主题，通过战略主题形成实施战略的较大规模的举措，即史诗（Epic），并采用滚动式的精益预算为价值流上交付解决方案的人员和资源提供资金。

2.5.5　LeSS

大规模 Scrum（Large-Scale Scrum，LeSS）是应用于共同开发统一产品的许多团队的 Scrum。LeSS 研究的是如何在大规模环境中，尽可能简单地应用 Scrum 的原则、规则、要素和目的。LeSS 的核心仍然是采用 Scrum，在尽量不增加角色的前提下，考虑在一个产品、一个产品待办列表、一个产品负责人下，多团队如何进行迭代。大规模 Scrum 包含两个框架，一个是小型 LeSS（支持 2～8 个团队，8～81 人），一个是巨型 LeSS（支持 8 个以上团队）。

2.5.5.1　LeSS 原则

LeSS 原则如图 2-37 所示，LeSS 的十大原则可以分成 4 类。

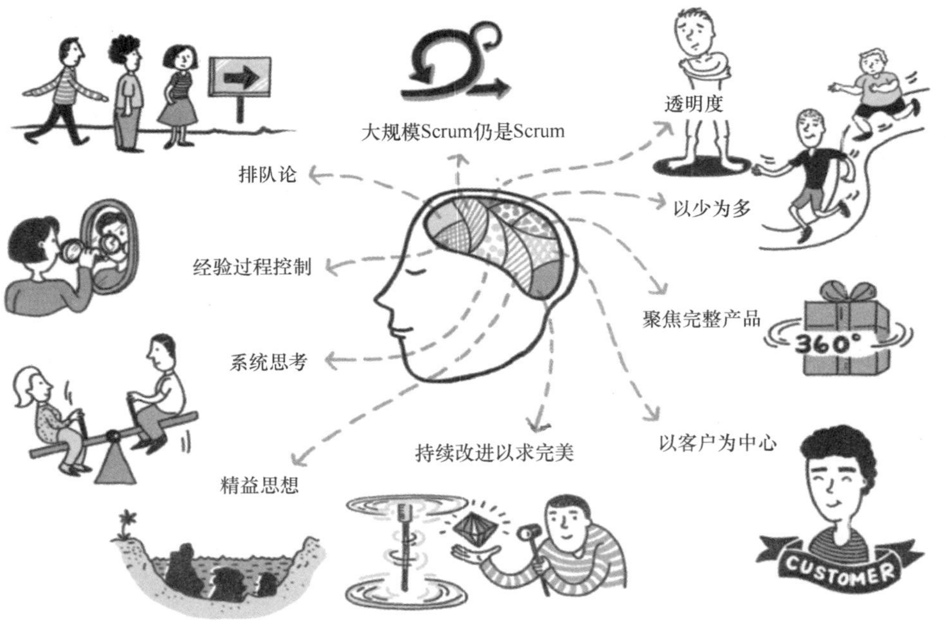

图 2-37　LeSS 原则

资料来源：https://less.works/zh-CN/less/principles/index.html。

1．单一产品

（1）聚焦完整产品（Whole Product Focus）——一个产品待办事项列表、一个产品负责人、一个可交付产品、一个迭代，无论是 3 个团队还是 33 个团队。

（2）以客户为中心（Customer Centric）——识别付费客户眼中的价值和浪费，从他们的角度减少周期时间，增加与真实客户的反馈回路。每个人都了解他们今天的工作与付费客户的关系。

2. 按 Scrum 迭代

（1）大规模 Scrum 仍是 Scrum（Large-Scale Scrum is Scrum）——LeSS 是纯粹的 Scrum，Scrum 有什么，LeSS 就有什么。

（2）透明度（Transparency）——基于客观的、有形的“完成”条目、短周期、协同工作、共同定义，以及对工作场所恐惧的消除等，使工作进展、风险、问题等变得更加透明。

（3）经验过程控制（Empirical Process Control）——持续检查和调整产品、过程、行为、组织设计和实践。

3. 消除浪费持续改进

（1）持续改进以求完美（Continuous Improvement towards Perfection）——为“完美”目标做无尽的谦虚和激进的改进试验。

（2）精益思想（Lean thinking）——精益思想屋的基础是管理者作为老师，来应用和教授精益思想及管理改进；支柱是尊重人和持续挑战现状来改进的心态；屋顶是精益思想的目标，即朝着“完美”目标前进。

4. 组织和运作设计

（1）以少为多（More with Less）——更少的流程，团队会有更多的学习；更少的浪费和开销，团队可以产出更多的价值；更少的角色、工件、特定部门，团队会更自主、更负责任、具有远大目标，以及可以离客户更近。

（2）排队论（Queue Theory）——在动态变化环境中，小批量规模、短队列及限制在制品，带来较短周期时间（快速交付价值），以及减少变异性。

（3）系统思考（System Thinking）——观察、理解和优化整个系统而不是局部优化，并使用系统建模来探索系统的动态。避免将重点放在个人和单个团队的效率或生产力上。客户关心的是整体上从概念到盈利的周期时间，而不是单个步骤，局部优化一个部分并不一定能对整体产生积极影响。

2.5.5.2 小型 LeSS

小型 LeSS 框架如图 2-38 所示，与 Scrum 一致，针对多个小团队做了最小化的扩展。

1. 小型 LeSS 的 3 个角色

（1）只有一个产品负责人——所有的优先级排序都通过产品负责人，但是澄清尽量由团队和客户 / 用户及利益相关者直接进行。这也正是为什么只有一个 PO 的原因。

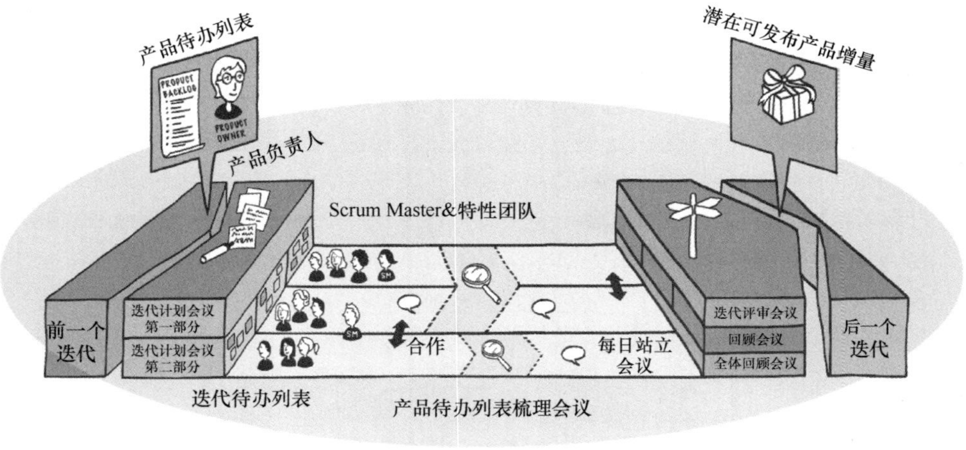

图 2-38　小型 LeSS 框架

资料来源：https://less.works/zh-CN/less/framework/index.html。

（2）2～8 个特性团队，每个团队 3～9 人——每个团队是自管理的、跨职能的、在同一地点的、长期的。

（3）每 1～3 个团队设置 1 个 Scrum Master，共 1～8 个 Scrum Master。Scrum Master 是一份专职和全职工作，不只关注一个团队，而是整个组织系统。

注：LeSS 包含的人员共 8～81 人。

2. 小型 LeSS 的 3 个工件

（1）一个且只有一个产品待办列表；

（2）每个团队有自己的迭代待办列表；

（3）一个且只有一个潜在可发布产品增量。

3. 小型 LeSS 的事件

（1）迭代（Sprint）——有一个产品层面的 Sprint，而不是每个团队有不同的 Sprint。每个团队同时开始和结束一个 Sprint。每个 Sprint 产出一个集成的完整产品。

（2）迭代计划会议（Sprint Planning）——小型 LeSS 计划会议与 Scrum 的迭代计划会议的目的，以及要解决的问题是一样的，也分为两个部分，只不过具体的形式有所变化来适应多团队的情况，如图 2-39 所示。

- 迭代计划会议第一部分（Sprint Planning 1，SP1）——由所有团队成员或者团队、产品负责人、Scrum Master 参加，他们一起试探性地选择每个团队将在下一个 Sprint 工作的待办事项，以及定义各团队的迭代目标。团队会识别一起合作的机会，并澄清最终的问题。

✧ 迭代计划会议第二部分（Sprint Planning 2，SP2）——由各团队并行地执行，来决定如何完成所选择的待办事项。对那些相关性强的条目，也经常采用在同一房间内进行多团队迭代计划会议，即并行地进行 SP2。

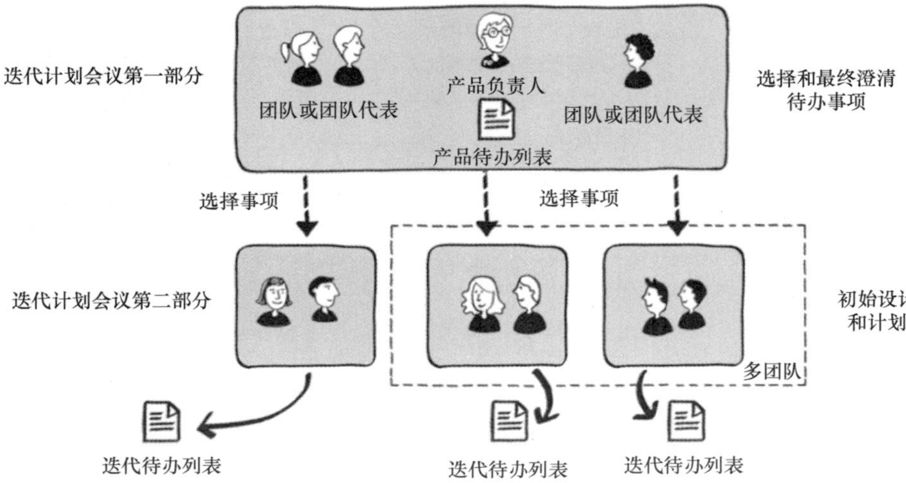

图 2-39　LeSS 迭代计划会议

资料来源：https://less.works/zh-CN/less/framework/sprint-planning-one.html。

（3）每日站立会议（Daily Scrum）——每个团队有自己的每日站立会议。跨团队协调由团队决定。每日站立会议倾向于分布式和非正式协调而非集中式协调。

（4）产品待办列表梳理会议（Product Backlog Refinement，PBR）——团队利用研讨会的机会与用户和利益相关者澄清后续要做的待办事项，包括拆分大的待办事项、澄清待办事项直到准备好可以迭代开发、采用相同的单位进行相对故事点估算等。LeSS 产品待办列表梳理会议如图 2-40 所示。

✧ 总体产品待办列表梳理（Overall Product Backlog Refinement）——决定将由哪个团队来做哪些待办事项，并做进一步的深度梳理。参加人员：团队代表或者所有团队成员、产品负责人、Scrum Master 或者领域专家等。

✧ 单团队产品待办列表梳理（Team-level Product Backlog Refinement）——和 Scrum 一样，参加人员为单团队所有成员、Scrum Master，没有 PO，但是有用户、客户或者利益相关者等。

✧ 多团队产品待办列表梳理（Multi-team Product Backlog Refinement）——两个或者多个团队的所有成员、Scrum Master、用户、客户或者利益相关者一起梳理一组相关的待办事项。从每个团队抽取人员组成临时混合小组，在同一个房间的不同区域并行进行梳理，“30 分钟”时间盒之后，每个区域留下一两个人，小组其他所有成员轮转到下一个区域进行梳理。留下来的人通常包括客户、用户或其他利益相关者。之后合起来分享见解和协调。

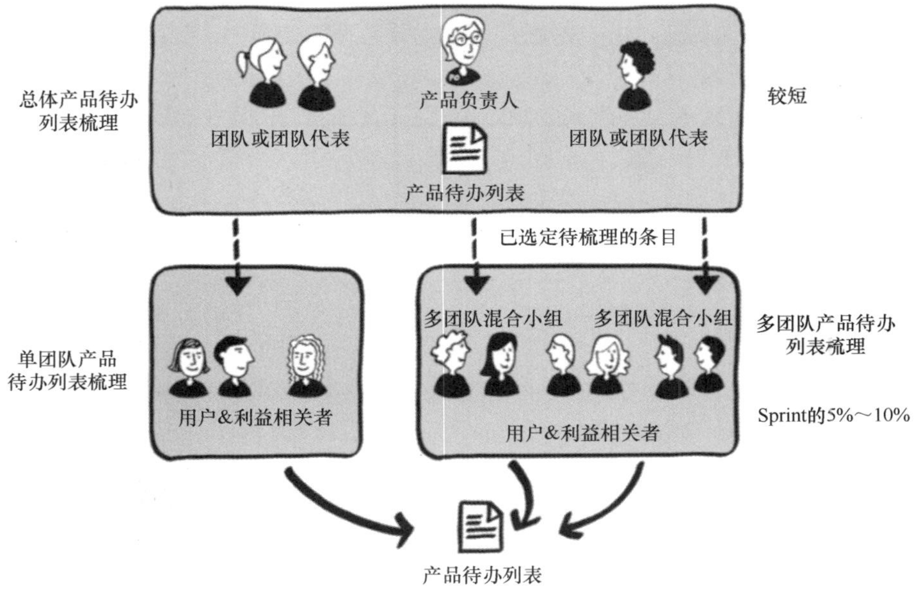

图 2-40　LeSS 产品待办列表梳理会议

资料来源：https://less.works/zh-CN/less/framework/product-backlog-refinement.html。

（5）初始产品待办列表梳理会议（Initial Product Backlog Refinement，IPBR）——初始 PBR 针对一个产品仅做一次初始 PBR。在第一次迭代之前，或者在第一次转型到 Scrum 的时候，进行初始 PBR，来定义愿景、发现待办事项、拆分大的条目、澄清待办事项直到准备好可以迭代开发及完成的定义（DoD）。参加人员：产品负责人、Scrum Master、所有团队所有成员、客户、用户、领域专家等。

（6）迭代评审会议（Sprint Review）——小型 LeSS 的迭代评审会议和 Scrum 一样，在迭代结束的时候对潜在可交付的产品增量进行评审。参加人员：产品负责人、Scrum Master、小 Scrum 团队所有成员、客户、用户、领域专家等。LeSS 迭代评审会议如图 2-41 所示。

可以采用迭代评审集市（Sprint Review Bazaar）方式。

- ✧ 分散方式探索：各团队并行在同一个房间内不同区域分别演示潜在可交付的产品增量，和产品负责人、用户、客户及利益相关者讨论。
- ✧ 聚合方式决定产品方向：全体人员对下一个迭代的方向，讨论变更和新的创意等。

图 2-41　LeSS 迭代评审会议

资料来源：https://less.works/zh-CN/less/framework/sprint-review.html。

（7）回顾会议（Retrospective）——在迭代结束的时候对工作方式进行迭代回顾。首先每个团队都召开自己的团队回顾会议（Team Retrospective），与 Scrum 的迭代回顾会议一致。之后，进行全体回顾会议（Overall Retrospective），这个会议由产品负责人、所有的 Scrum Master、各团队代表和管理者（如果有的话）参加。LeSS 迭代回顾会议如图 2-42 所示。

图 2-42　LeSS 迭代回顾会议

资料来源：https://less.works/zh-CN/less/framework/sprint-review.html。

2.5.5.3　巨型 LeSS

当开发一个产品所需要的人数超过 8 个团队时，就需要巨型 LeSS 框架。巨型 LeSS 包含了多个并行的小型 LeSS。巨型 LeSS 全景图如图 2-43 所示。

2.5.6　DevOps

DevOps（Development 和 Operations 的组合词）是一种软件开发方法，它将软件开发（Dev）与信息技术运维（Ops）相结合，以缩短系统开发生命周期，同时根据业务目标频繁地交付特性、修复和更新。DevOps 运维一体化如图 2-44 所示。

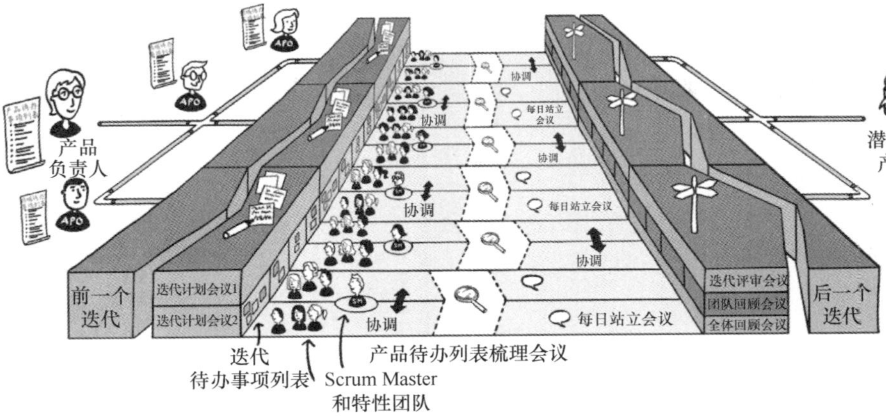

图 2-43　巨型 LeSS 全景图

资料来源：https://less.works/zh-CN/less/less-huge/index.html。

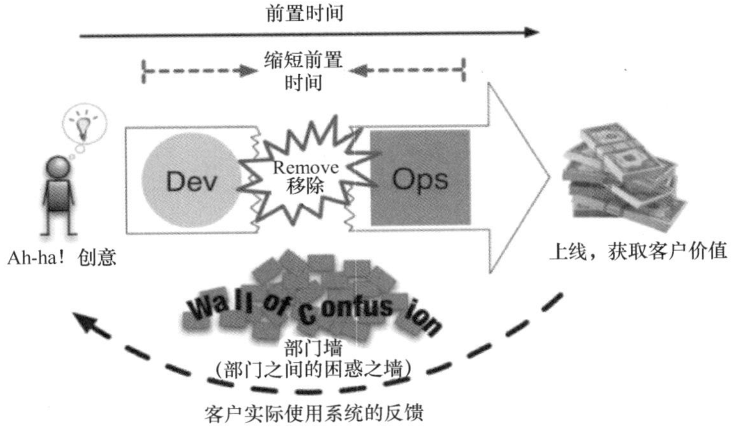

图 2-44　DevOps 运维一体化

资料来源：达蒙·爱德华兹（Damon Edwards）（https://www.slideshare.net/CiscoDevNet/devnet-2015-dev-ops-kaizen）。

DevOps 的原则和实践与敏捷方法一致，从宏观的“敏捷”角度来说，DevOps 是敏捷的一种方法，与其他敏捷方法不同的是：聚焦于打破开发和运维之间的障碍，也就是打破开发和运维的部门墙，形成开发运维一体化，以及具有更多的运维方面的敏捷实践。

DevOps 的精髓是 CALMS：

（1）Culture（文化）——拥抱变革，促进协作和沟通；

（2）Automation（自动化）——将人为干预的环节从价值链中消除；

（3）Lean（精益）——使用精益原则促使高频率循环周期；

（4）Metrics（指标）——度量每个环节，并通过数据来改进循环周期；

（5）Sharing（分享）——与他人分享成功与失败的经验，并从中不断学习改进。

2.5.6.1 DevOps 原则

DevOps 有 3 个原则，或者说有 3 种方式，第一种是流动，第二种是反馈，第三种是持续学习与实验，如图 2-45 所示。

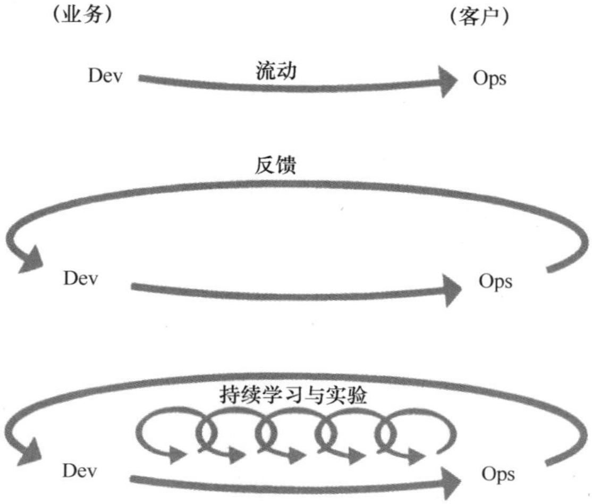

图 2-45　DevOps 的 3 个原则

资料来源：《DevOps 实践指南》（http://www.ituring.com.cn/book/tupubarticle/20858）。

1. 流动（Flow）原则

流动原则加速了从开发到运维到客户的交付工作，实现了从开发到运维的工作快速地从左向右流动。为了最大限度地优化工作流，需要将工作可视化，减小每批次大小和等待间隔，通过内建质量杜绝向下游传递缺陷，并持续地优化全局目标。

通过加快技术价值流的流速，缩短满足内部或者外部客户需求所需的前置时间，尤其是缩短代码部署到生产环境所需的时间，可以有效地提高工作质量和产量，并使企业具有更强的外部竞争力。

相关的实践包括持续构建、集成、测试和部署，按需进行环境搭建，限制在制品数量，构建能够安全地实施变更的系统和组织。

2. 反馈（Feedback）原则

反馈原则使我们能建设出更安全、可靠的工作系统。在从右向左的每个阶段中，应用持续、快速的工作反馈机制。该方法通过放大反馈环防止问题复发，并能缩短问题检测周期，实现快速修复。通过这种方式，我们能从源头控制质量，并在流程中嵌入相关的知识。这样不仅能创造出更安全的工作系统，还可以在灾难性事故发生前就检测到并解决它。

及时发现并控制这些问题，直到拥有有效的对策，可以持续地缩短反馈周期和放大反馈环，这是所有现代流程优化方法的一个核心原则，能够创造出组织学习与改进的机会。

3. 持续学习与实验原则（Continual Learning and Experimentation）

持续学习与实验原则打造出一种高度信任的文化和一种科学方法，并将对组织的改进和创新作为日常工作的一部分。建立具有创意和高可信度的企业文化，支持动态的、严格的、科学的实验。通过主动地承担风险，不但能从成功中学习，也能从失败中学习。通过持续地缩短和放大反馈环，不仅能创造更安全的工作系统，也能承担更多的风险，并进行实验帮助自己比竞争对手改进得更快，从而在市场竞争中战胜他们。

作为持续学习与实验原则的一部分，我们也设计我们的工作系统，以便让新知事半功倍，将局部发现转化为全局改进。另外，不管是在哪个环节工作，所有经验都可以持续地积累，组织里的人都可以相互借鉴彼此的经验和智慧。

2.5.6.2 DevOps 持续交付能力

DevOps 持续交付能力，是指通过软件驱动的创新，保证组织抓住市场机会，同时减少反馈到客户的时间。在推进 DevOps 落地时，需要具备 6 种能力（6C），即持续业务规划（Continuous Planning）、协作开发（Collaborative Development）、持续测试（Continuous Testing）、持续发布和部署（Continuous Release and Deployment）、持续监控（Continuous Monitoring）、持续客户反馈和优化（Continuous Customer Feedback and Optimization），如图 2-46 所示。

1. 持续业务规划

当今的业务需要敏捷性，能够快速响应客户反馈。实现此目标的关键是组织正确做事的能力。遗憾的是，面对当今瞬息万变的商业环境，传统产品交付方法过于缓慢，在一定程度上因为这些方法依赖于客户开发和手动流程，而且各团队是孤立运作的。进行快速规划和重新规划并最大限度地提高价值交付能力所需的信息支离破碎、相互矛盾。企业常常由于无法足够早地接收正确的反馈，从而无法实现正确的质量水平，以真正交付价值。

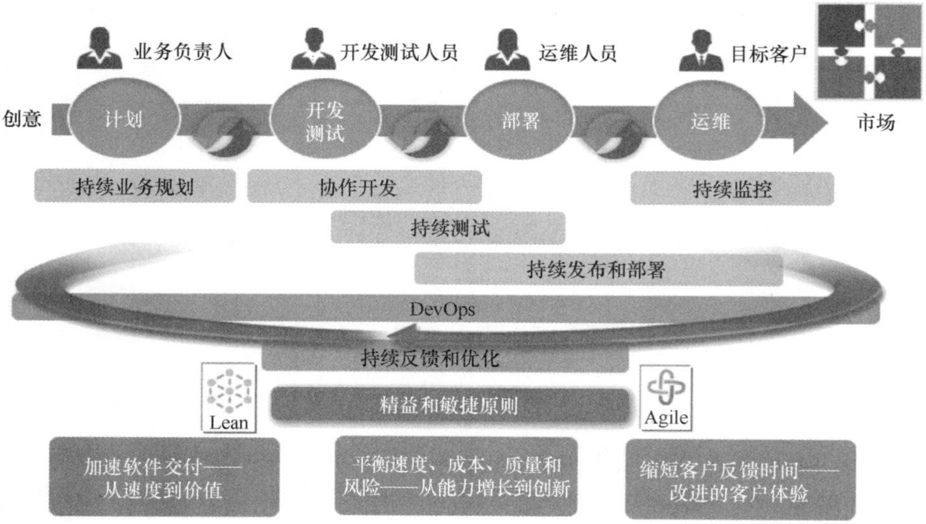

图 2-46　DevOps 6C 交付能力全景图

团队还在艰难地融入可以预示投资优先顺序的反馈，进而作为组织展开协作，在持续交付模型中推动执行工作。对一些团队而言，规划是具有侵扰性并会降低效率的治理开销，而不是支持他们快速交付价值的活动。

更快地交付可实现更高的业务敏捷性，但是还必须对速度进行管理，确保交付正确无误。如果无法确信业务目标、度量和平台的准确性，就无法快速交付软件。

DevOps 有助于协调这些竞争性因素，帮助团队确定共同业务目标，并根据客户反馈持续调整目标，从而提高敏捷性并改善业务成果。与此同时，企业需要对成本进行管理。通过确定并消除开发流程中的浪费，团队可以变得更加高效，并能控制成本。在转向持续交付模型的 DevOps 生命周期各阶段，此方法可帮助团队在所有这些因素之间实现最佳平衡。

持续业务规划根据业务、客户反馈、交付速度、成本管理和浪费消除等影响因素，采用迭代的方式，如迭代计划和发布计划，持续、快速地对业务进行重新规划。

2. 协作开发

企业的软件交付工作涉及多个跨职能团队，包括业务线负责人、业务分析师、企业架构师和软件架构师、开发人员、测试人员、运维人员、安全专家、供应商和合作伙伴。这些团队的实践者在多个平台上工作，并可能处于多个办公地点。协作开发通过向这些实践者提供软件开发和交付的一套通用实践和通用平台，支持他们协同工作。

协作开发包含的一项核心能力是持续集成，在这项实践中，软件开发人员持续或频繁地将其工作成果与开发团队其他成员的成果相集成。具体思路是让开发人员定期将其工作成果与所在团队其他开发人员的成果相集成，进而对集成后的成果进行测试。对于由多个系统或服务构成的复杂系统，开发人员还必须定期将其工作成果与其他系统和服务相集成。定期集成工作成果可以提早发现和暴露集成风险。在复杂的系统中，它还可以暴露已知和未知风险，包括技术和日程相关的风险。

协作开发的另一项核心能力是敏捷团队，如 Scrum 框架的 Scrum 团队包含确保产品方向和价值的产品负责人、高效高质量开发产品的开发团队、确保团队持续改进的 Scrum Master，通过这 3 个角色的协作来进行迭代开发。

3. 持续测试

持续测试意味着在整个生命周期中提早进行持续的测试，从而降低成本、缩短测试周期并实现持续的质量反馈。此流程还被称作左移测试，它强调对开发和测试活动进行集成，确保在产品生命周期中尽早考虑质量问题，而不是留到以后再处理。通过采用自动化测试和服务虚拟化等功能，可以加快此流程。服务虚拟化是一种可模拟生产类似环境的新功能，让持续测试成为可能。

持续测试包含持续的、自动化的单元测试、模块/接口测试、功能测试、性能测试、安全测试等，同时还需要对相关的测试环境和测试数据进行自动化管理。

4. 持续发布和部署

持续发布和部署将持续集成概念推进到下一阶段。支持发布和部署的实践也支持持续交付流水线的创建。持续交付流水线可推动人们将软件高效、自动地持续部署到测试和生产环境。如图 2-47 所示，持续发布和部署的目标是尽快向客户和用户发布新功能。构成 DevOps 技术核心的多数工具和流程可以促进持续集成、持续发布和持续部署工作。持续交付流水线还依赖于基础设施，即代码打包、自动部署、一键发布等实践。

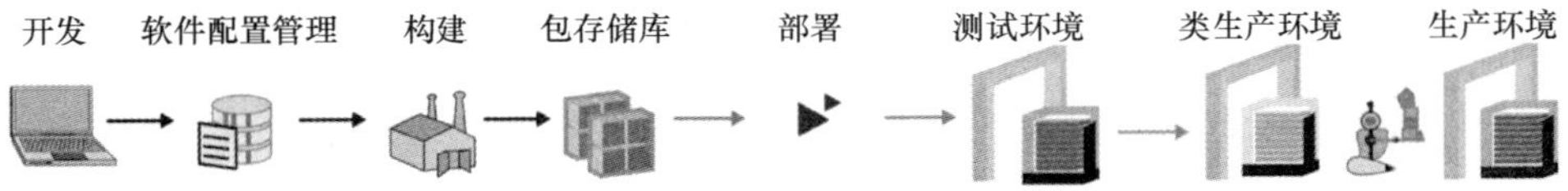

图 2-47　DevOps 持续交付流水线

资料来源：《DevOps 实施手册：在多级 IT 企业中使用 DevOps》。

5. 持续监控

持续监控在交付周期的不同阶段向运维、测试、开发、业务部门人员和其他利益相关者提供关于产品的数据和指标。这些指标并不限于生产环境。此类指标让利益相关者可以增强或调整要交付的功能及所需的业务计划，从而做出响应，如图 2-48 所示。

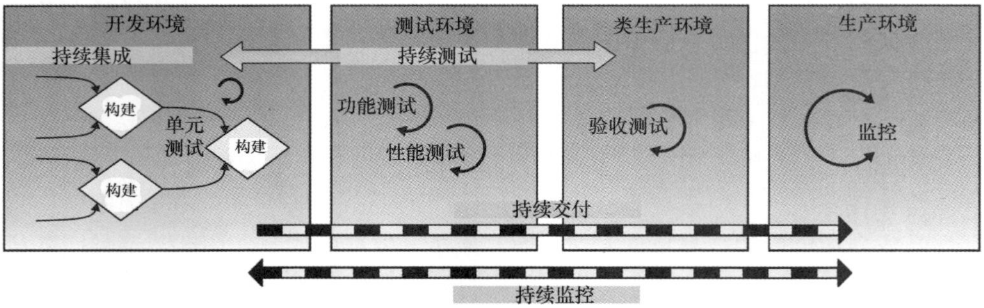

图 2-48　持续监控

资料来源：《DevOps 傻瓜书》。

持续监控依赖于开发产品的时候开发一些运维需求，对监控所需数据进行埋点开发，以便支持用户或系统行为数据的收集。

6. 持续客户反馈和优化

软件交付团队可获得的两类最重要的信息包括客户如何使用产品，以及客户在使用产品的基础上所提供的反馈。新技术让业务可以在客户使用产品的过程中捕获客户行为和客户痛点。此反馈让不同利益相关者可以采取适当的举措，以改善产品及用户体验。业务部门可以调整他们的业务计划，开发团队可以调整所交付的功能，而运维团队可以改进应用部署环境。此持续反馈循环是 DevOps 的基本组成部分，让业务能够更敏捷、更快地响应客户的需要。

第3章

敏捷组织转型四步法

大的组织变革从来都不是一蹴而就的，需要有策略地逐步推进，在保持组织生产力稳定的前提下实现转型。从传统的研发方式步入敏捷研发模式，打造高绩效的敏捷组织，可以参考如图3-1所示的敏捷转型路线图。

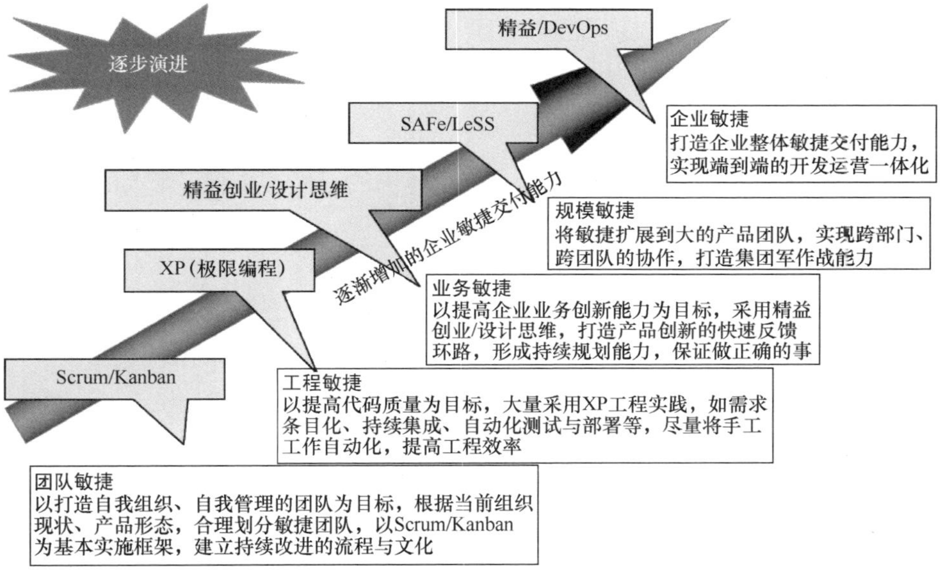

图3-1　敏捷转型路线图

在敏捷转型的过程中，需要注意如图3-2所示的敏捷转型4个关键结合点。

具体说明如下。

（1）从顶向下与从底向上相结合：任何大的组织转型或变革，都需要进行顶层设计，需要得到高层领导的支持；同时，还需要得到底层人员的支持与拥护。

（2）内部教练与外部咨询相结合：对于一个不成熟的组织或团队，其在转型

图 3-2 敏捷转型 4 个关键结合点

过程中一定会遇到很多问题，教练作为一面镜子，可以给予及时的指导，协助团队快速成熟。为了保持持续性，企业需要培养自己的教练；同时，需要吸取外部的最佳实践与经验。

（3）传统模式与敏捷模式相结合：敏捷作为一种研发模式，不一定适用于所有项目，有些项目采用传统的模式可能效率会更高；这两种研发模式可以结合使用。

（4）制度流程与管理工具相结合：好的实践需要传承、固化，离不开制度流程；要想把流程变成人的日常习惯，离不开管理工具，二者必须有机结合。

针对敏捷组织转型，“四步敏捷转型法”在京东企业信息化部、京东商城前台研发部、京东到家、京东旅行等部门的整体转型过程中，得到了充分验证，后文将分享给读者借鉴。

3.1 第一步——培训

对全员进行培训、赋能，让所有人从理念、意识上达成一致，这是转型的重要一步。鉴于此，需要针对不同的角色提供不同的课程，毕竟每个人的关注点是不一样的。“培训”示例如图 3-3 所示。

【针对不同角色制定的培训课程大纲】

针对角色	管理层	项目	产品
培训主题	透视敏捷	Scrum Master训练营	PO训练营
培训大纲	1. 破冰游戏 2. 敏捷价值观与理论基础 3. 敏捷转型收益 4. 主流敏捷方法简介 5. 京东敏捷转型实践分享 6. Q&A	1. 破冰游戏 2. 敏捷价值观与理论基础 3. Scrum框架、角色、会议与交付物 4. 如何做好一个Scrum Master 5. Scrum敏捷项目快速演练 6. Q&A	1. 破冰游戏 2. Scrum框架、角色、交付物 3. 敏捷需求捕获的关键点 4. 敏捷需求捕获By用户故事 5. 用户故事地图 6. Q&A

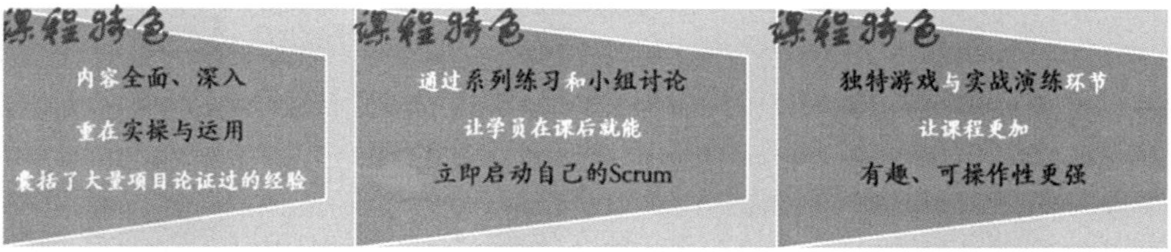

图 3-3 “培训”示例

3.2 第二步——调研定方案

每个组织、每个部门面对的痛点问题不一样，业务也不一样，需要采用有针对性的转型方案，做到有的放矢，方能一击必中。在启动转型前，需要对关键利益干系人进行访谈，了解不同人的目标与关注点，了解业务场景与问题，共同协商制定方案与举措，为达成业务目标服务。“调研定方案”示例如图 3-4 所示。

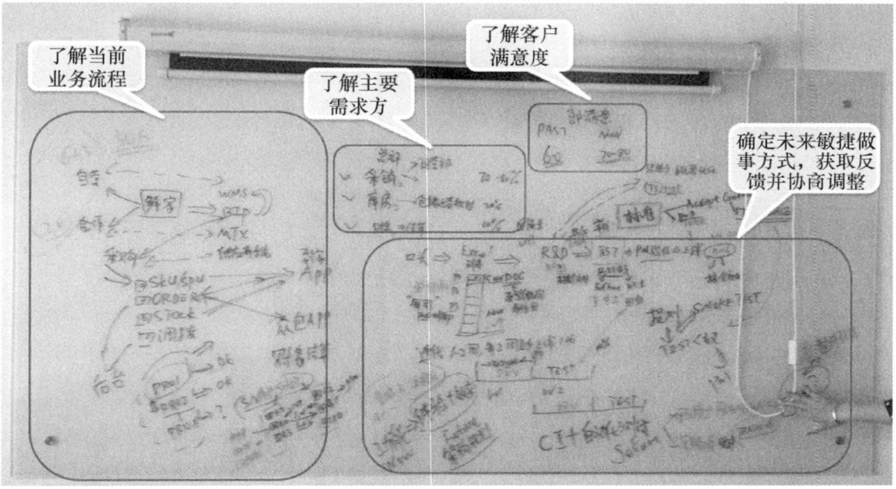

图 3-4 “调研定方案”示例

成立转型决策委员会的目的是统一思想，高举高打，将高层的支持落到实处，同时把控大的方向，毕竟敏捷转型需要从如下几个维度体现收益：缩短产品上市时间、提升交付质量、提高交付效率、提高客户满意度或提升业务指标、降低成本等，这些都是高层关注的维度。通过建立定期沟通机制，可以将最新的进展及效果呈现给高层，同时把在转型过程中需要得到高层支持的举措提出来，及时得到响应，具体如图 3-5 所示。

敏捷转型工作小组是推动组织转型的核心力量，也是负责具体举措落地的关键人物，除了需要敏捷教练提供指导，还需要各部门的接口人收集各自部门的进展与问题，宣传干事负责转型的宣传工作及相关文化的打造，从而实现全方位的覆盖，具体如图 3-6 所示。

敏捷团队的组建是一个艰巨的任务，需要打破传统的部门筒仓，尽量让每一个敏捷团队都是跨职能的特性团队，即能够端到端地完成一个需求或功能的交付，以减少团队间的依赖及转交，避免交接的浪费，加快交付速度。一开始，可以先从虚拟团队做起，各角色成员可以保留各自的筒仓管理条线，但必须让每个成员全职为一个团队工作，并保持稳定，不断推动团队朝自组织、自管理的方向发展，如图 3-7 所示。

举措×：成立转型决策委员会

- 组长：部门负责人
- 成员：各二级部门负责人
- 职责：
  - 制定整体敏捷转型策略
  - 对重大转型事项进行决策
- 沟通机制：
  - 敏捷转型小组按月度进行工作汇报
  - 对于待决策事项，按需发起决策会议

图 3-5　成立转型决策委员会

举措×：成立敏捷转型工作小组

- 组长：×××
- 成员：
  - ××（敏捷转型项目经理）
  - 各二级部门接口人，由二级部门负责人指定
  - 宣传干事：××，负责转型相关的宣传工作
- 教练：王立杰　赵卫
- 职责：负责推动各团队敏捷转型方案落地、流程制度的梳理与执行
- 沟通机制：每周SOS例会

图 3-6　成立敏捷转型工作小组

举措×：建立敏捷特性团队

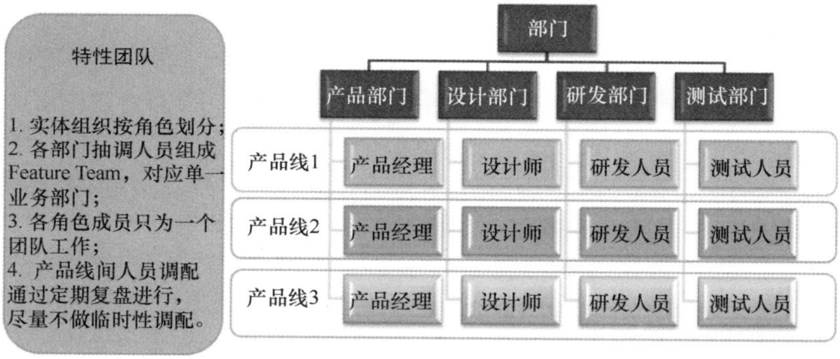

图 3-7　建立敏捷特性团队

所有工作的起点都是需求，管理好需求就可以做到事半功倍，团队就能形成稳定的迭代节奏，并及时响应外部需求。产品负责人作为产品待办列表的唯一负责人，需要驱动相关人员做好需求梳理工作，在迭代计划会前保证达到 DoR（Definition of Ready）状态，即提前协调好外部依赖、UED 工作等；同时一定要定义好清晰的验收标准；做好需求条目化以适应迭代计划与开发，具体如图 3-8 所示。

为了可持续开发，团队需要形成节奏感。根据经验，建议团队选择 2 周迭代机制，毕竟 1 周太短，3 周太长。有了稳定的节奏，才能计算出团队速度，将其用于发布规划，或者在迭代计划时作为选取工作量的参考标准。在多团队协同时，建议多个团队选择相同的迭代周期及起止时间。另外，建议不要把发版日期与迭代结束日期进行绑定，完全可以根据需要在适宜的时机进行发版。例如，虽然团

队的迭代周期是 2 周，但在 2 周内可以实现 4～5 次的发版上线，也就是我们提倡的“按节奏开发，按需要发版”，如图 3-9 所示。

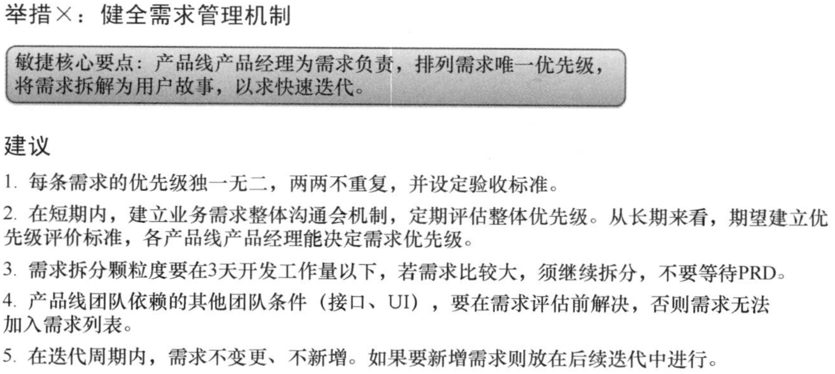

图 3-8　健全需求管理机制

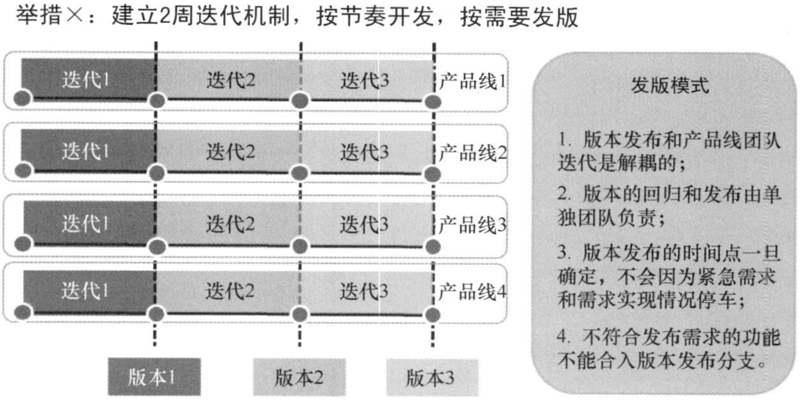

图 3-9　建立 2 周迭代机制

敏捷发布火车（ART）是非常好的一种协同方式，可以有效地将多个团队协同在一起，实现复杂产品的快速迭代。一个 ART 通常由 50～125 人组成，基本可以满足当前业界多数复杂产品的管理需求。对于 ART 的管理，需要有严格的准入制度，就像高铁检票一样，每个子团队都保证质量与效率，才能保证整体的交付质量与效率。ART 一旦确定发版时间，就不应该因任何原因延误，而且火车时刻表应该提前公布，这样所有相关团队都可以自主进行针对性排期。为降低发版风险，可以通过灰度发布等方式缩小影响范围，如图 3-10 所示。

一个 ART 承载的发布内容可能会由多个项目组成，这就属于项目群管理。为了透明化项目群的进展，可以把每个团队的关键交付物及时间节点、相互依赖、外部风险、整体里程碑等内容可视化在一个物理看板上。这样，跨团队的 SOS 会议可以在这个物理看板前开展，更有仪式感，信息也会更融合，如图 3-11 所示。

举措×：建立发布火车并设立准入标准

敏捷核心要点：版本发布和产品线团队迭代解耦，建立发布准入机制，版本不因个别需求而推迟发布。

建议

1. 多团队迭代，逐步建立敏捷发布火车（ART）。
2. 版本发布和产品线团队迭代解耦，不进行强制依赖。
3. 对于紧急需求和bugfix建立准入标准，符合要求可以发布临时版本。
4. 版本计划确定后，所有产品线团队须遵循版本节奏执行计划，不能因个别需求导致版本发布延期。
5. 建立版本回归发布机制（灰度发布+正常发布）。

图 3-10　建立发布火车并设立准入标准

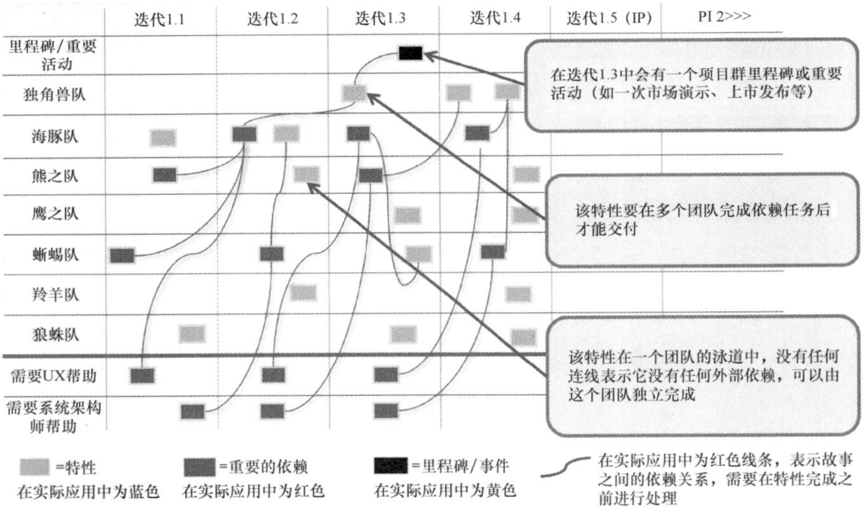

图 3-11　建立项目群看板

持续集成（Continuous Integration，CI）已经成为很多敏捷团队的标准实践，搭建一个 CI 系统越来越容易，但最关键的还是纪律性，如开发人员是否每天至少提交一次代码、每次 CI 失败是否有人及时修复、在失败修复之前是否不再提交新代码、是否能够做到固定频率的集成（如不超过 30 分钟），具体如图 3-12 所示。

团队发布节奏越来越快，单独依赖手工测试的团队已经越来越难以应对当前状况，这就需要提升自动化测试的比例。自动化测试比例也不一定越高越好，要考虑经济合理性。自动化测试也不一定一次性补齐，可以设定策略与计划，从核心关键的回归用例做起，逐步提升比例，具体如图 3-13 所示。

举措×：推进持续集成

敏捷核心要点：建立完善的持续集成机制，提高集成频率，降低代码合并的难度，提高质量。

改进建议

1. 提高集成频率，增加集成成功率的指标。
2. 完善CI系统，针对代码合并进行代码检查、自动化测试等必要步骤。

图 3-12　推进持续集成

举措×：推进自动化测试

敏捷核心要点：提高自动化测试比例，对于新增功能，持续进行自动化测试改造。

常见问题

1. 手工测试占比较高。
   对于新需求，很难在开发周期内转化为自动化测试用例，手工测试占比还是非常高。
2. 测试资源难以有效支撑回归测试。
   单独依赖测试资源进行回归测试，难以满足快速发布需求。

改进建议

1. 拆分回归测试（区分出Core Case），与持续集成相结合，实现回归测试自动化。
2. 设定自动化测试比例，持续提升自动化测试占比。

图 3-13　推进自动化测试

在《敏捷宣言》背后的 12 个原则中，有一个原则强调“面对面的沟通是最有效的沟通方式”，这点尤其重要，这也是强调敏捷团队尽量都是本地团队的原因。一定要为团队创造出这种物理环境与氛围，让大家面对面坐在一起，提高协作效率，这是管理层必须承担的责任。同时，办公行政也要从办公的桌椅布局上给予支持，如拆掉过高的格子间。具体如图 3-14 所示。

敏捷强调团队整体的成功，只有团队目标达成了，才有个人的成功。正所谓“胜则举杯相庆，败则拼死相救”。从特性团队的角度，要增加整体激励，而不过多奖励个人，毕竟个人的过度成功意味着其他个体的失败，具体如图 3-15 所示。

通常，没有度量就没有改进，但度量什么就会得到什么。这就要求不仅要度量结果，还要度量过程。成熟度评估就是在整体度量指标的驱动下，通过对过程的度量，保证改进方向的正确性及实现过程的正确性，如图 3-16 所示。

举措×：调整工作环境

敏捷核心要点：通过产品特性团队集中办公的方式，提高沟通效率，加强团队默契度。

以职能团队划分工作区域，会造成以下问题：

1. 团队成员位置分散，面对面沟通耗费时间比较多。

2. 由于面对面沟通不便，很多问题会通过咚咚、电话、邮件解决，效率很低且容易造成误解。

3. 团队成员作为一个团队的感知很弱，彼此默契度比较低。

建议

1. 在短期内，重点产品线可以利用封闭会议室来解决沟通协作的问题。
2. 从长期来看，希望能进行工位调整，各产品特性成员坐在一起，方便进行沟通。

图 3-14　调整工作环境

举措×：增加对产品特性团队的奖励机制

敏捷核心要点：以整体价值为导向，建立团队集体意识，共同维护团队利益，增加对团队的奖励。

改进建议

1. 建立产品特性团队整体的KPI指标，鼓励团队共同努力。
2. 产品特性团队KPI指标包含产品、研发、测试侧重的指标：业务需求响应速率、有效研发工作量占比、发布上线后Bug占比等。
3. 考核以产品特性团队进行整体评定，一荣俱荣，一损俱损，不单独表扬个人或产品、研发、测试等职能团队。

图 3-15　增加对产品特性团队的奖励机制

举措×：建立基于度量的改进机制

敏捷核心要点：敏捷团队需要不断回顾，持续改进，设定度量指标，可以整体有的放矢。

改进建议

1. 建立可行的度量指标，并根据团队进展进行定期调整。
   - Cycle Time VS Lead Time
   - 线上质量（Post Release Defect）
   - 集成频率、发版速度
2. 通过度量指标，形成成熟度评估，让团队看到差距，不断进步。

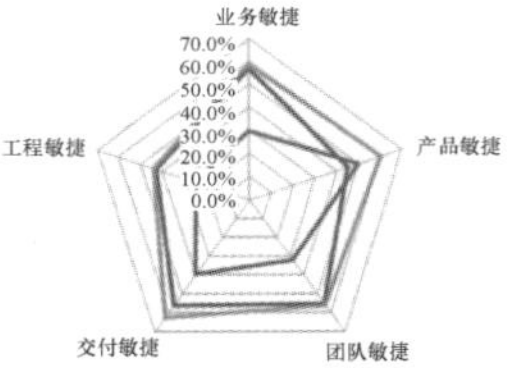

图 3-16　建立基于度量的改进机制

3.3 第三步——通过 MoMoKo 模型推进业务敏捷

为了推进业务敏捷，需要从用户和客户的视角，围绕假设的客户群体、客户痛点、客户解决方案，进行最小可行产品（Minium Viable Product，MVP）探索和实验。如图 3-17 所示，MoMoKo 模型使用影响地图、用户故事地图及看板墙来推进业务敏捷。

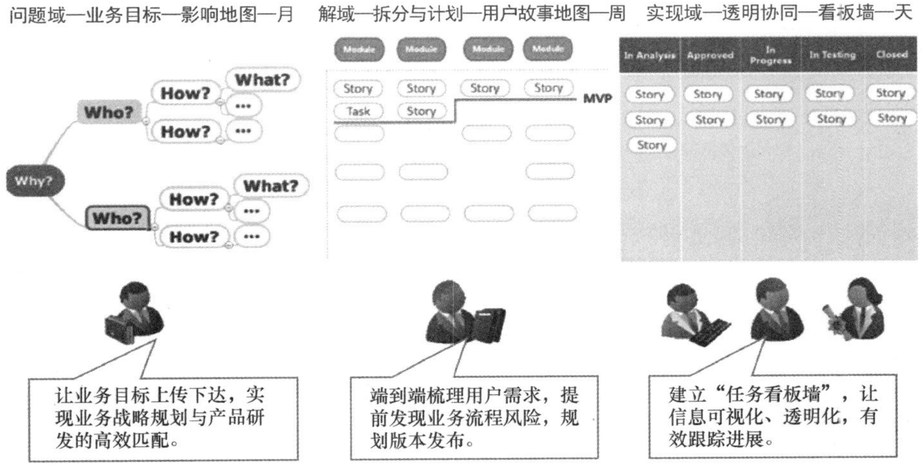

图 3-17　通过 MoMoKo 模型推进业务敏捷

3.3.1 影响地图

3.3.1.1 影响地图要解决什么问题

产品开发的任务是通过交付功能（或服务）达成商业目标，通常这对应组织的两个功能：一部分人关注业务——客户需求和产品目标；另一部分人关注开发——用什么技术及怎样实现。为此，产品开发一直要面对两个挑战：①业务职能和开发职能之间的理解、沟通和协作的隔阂，它带来极大的沟通和管理的耗费；②产品功能和业务目标之间关联的模糊，它导致范围的蔓延及范围与目标之间的不一致。如图 3-18 所示，影响地图有助于应对这些挑战。

影响地图 Why-Who-How-What 结构如图 3-19 所示。

第一层：目标（Why），也就是要实现的业务目标或要解决的核心问题是什么，目标应该具体、清晰和可衡量。

第二层：角色（Who），也就是可以通过影响谁的行为来实现目标，或消除实现目标的阻碍。角色通常包含①主要用户，如产品的直接使用者；②次要用户，如安装和维护人员；③产品利益相关者，也就是虽然不使用产品但会被产品影响或影响产品的人，如采购的决策者、竞争对手等。

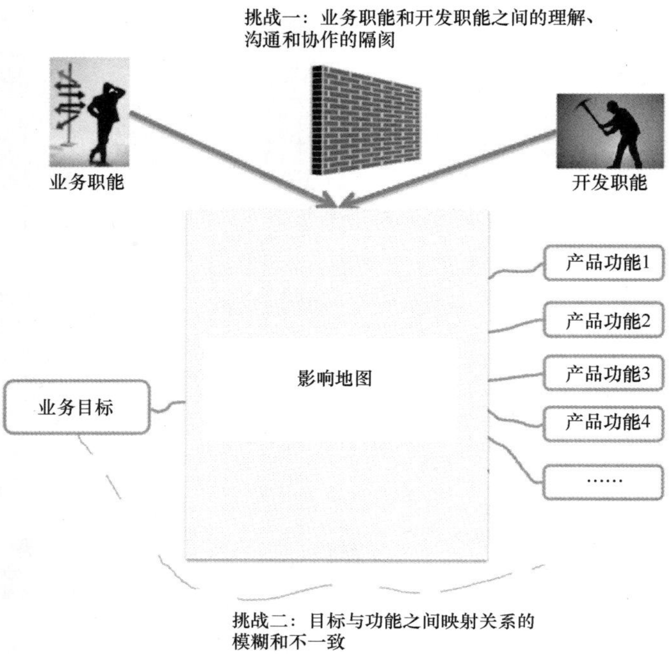

图 3-18　产品开发面临的挑战

资料来源：《精益产品开发》。

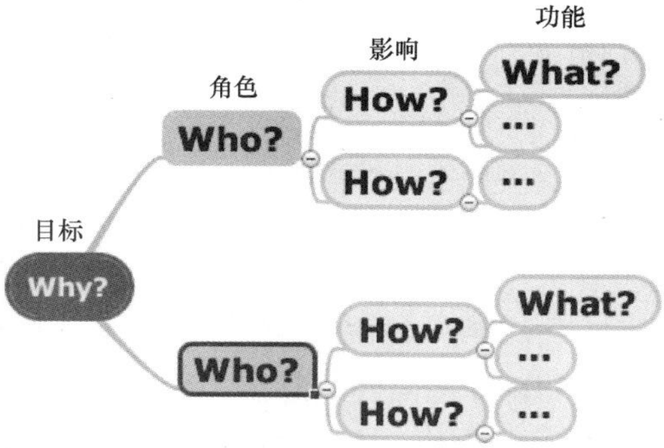

图 3-19　影响地图 Why-Who-How-What 结构

第三层：影响（How），也就是怎样影响角色的行为来达成目标。这里既包含产生促进目标实现的正面行为，也包含消除阻碍目标实现的负面行为。

第四层：功能（What），也就是要交付什么产品功能，它决定了产品的范围。

3.3.1.2　影响地图实例

影响地图相关实例如图 3-20～图 3-25 所示，关键要点是跨职能团队共创、逐层拆解、形成树状结构、叶子节点可以分层并划分优先级、动态执行及调整。

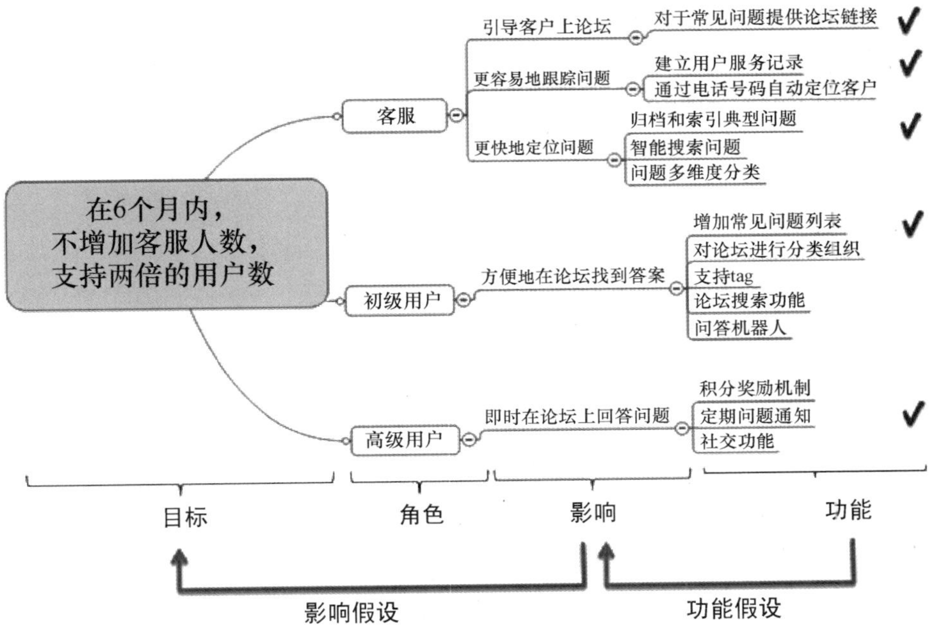

图 3-20　客服中心影响地图实例

资料来源：《精益产品开发》。

图 3-21　京东“一元抢宝”影响地图实例

图 3-22　京东差旅项目影响地图实例

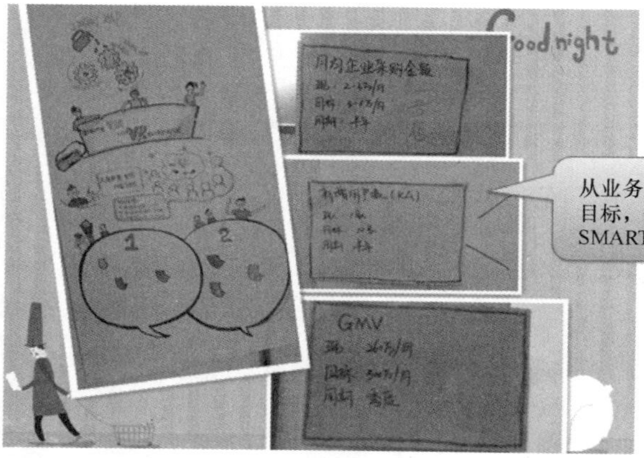

图 3-23　京东差旅项目影响地图目标实例

图 3-24　京东万象项目创新思维工作坊

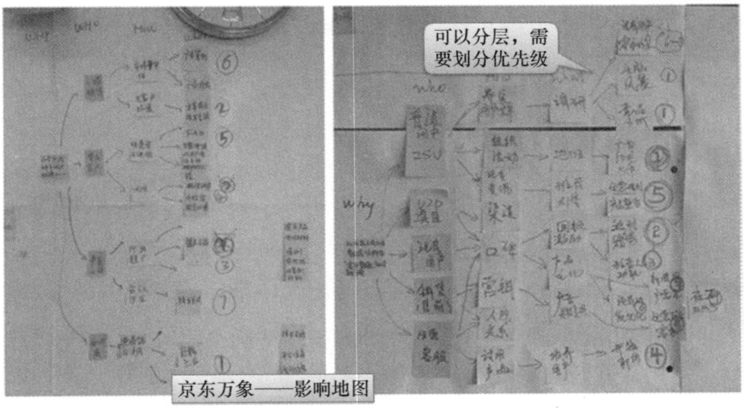

图 3-25　京东万象项目影响地图实例

3.3.2　用户故事地图

3.3.2.1　用户故事地图的关键作用

由于用户故事是以一个个条目按优先级排序的，比较容易陷入“只见树木不见森林”的境地，而用户故事地图可以使我们专注于用户和用户体验，对用户故事进行组织和排序，并且保持产品的全景图。

如图 3-26 所示，用户故事地图将用户故事按照横轴和纵轴重新排序，讲述产品的故事，形成叙事主线。

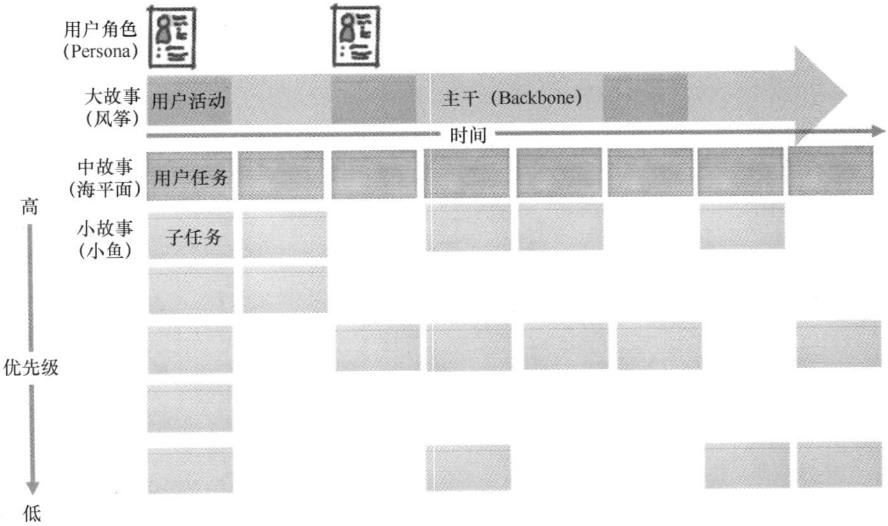

图 3-26　用户故事地图

最上方是不同的用户角色；横向从左到右是用户角色以第一人称讲述的故事（用户活动的优先级或业务流程），纵轴表示每一个步骤实现的细节。

用户故事按照颗粒度和目标抽象程度分为 3 个目标层级：

（1）用户活动（User Activity）——最抽象、最粗粒度、最高层的用户目标，像空中的“风筝”一样，称为摘要级任务（Summary-level Task）。如“管理邮件”。

（2）用户任务（User Task）——较具体、较详细、中层的用户目标，像 “海平面”一样，称为功能级任务（Functional-level Task）。如“管理邮件”按照增删改查维度拆分的“读取邮件、删除邮件、查找邮件、撰写邮件”等。

（3）子任务（Sub-tasks）——最小颗粒度、最具体、最底层的细节、替代、变化和异常等用户目标，像“海平面”任务下的“小鱼”任务一样，称为子任务。如“读取邮件”拆分的子任务：打开基本文本邮件、打开富文本邮件、打开 HTML 邮件、打开附件等。

“摘要”级任务/用户活动代表的是用户的关键行为，这些活动形成了一条叙事主线，构成了用户故事地图的主干（Backbone）。

无论是“风筝”“海平面”，还是“小鱼”，都仅仅是用户目标不同的抽象程度，代表不同颗粒度的用户故事。简单来说，就是将用户故事分成三级，代表大、中、小故事。通常来说，业务逻辑不是特别复杂的系统可以采用比较简单的两个层级的故事地图，如京东 360 评测系统的用户故事地图，如图 3-27 所示。

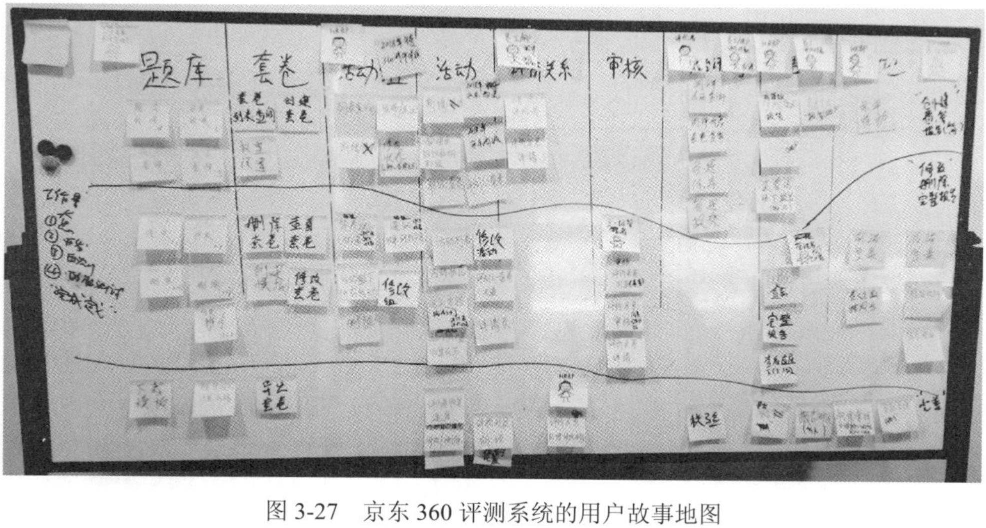

图 3-27　京东 360 评测系统的用户故事地图

3.3.2.2　用户故事地图实例

1. 京东旅行项目群用户故事地图（包含 76 个子项目）

京东旅行项目群用户故事地图的相关内容如图 3-28、图 3-29 和图 3-30 所示。在实际流程中，可用三色小飞机代表状态：红色代表需求已经细化，可以进入开发；蓝色代表开发已经完成，可以进入测试；紫色代表测试已经完成，可以对外发布。在一张地图上，既有了全局视角，又有了需求的进度状态。这样，用户故事地图可以一直保持到项目结束，随时根据外界变化进行调整。

图 3-28　京东旅行项目群用户故事地图全景

图 3-29　京东旅行项目群用户故事地图之版本计划

图 3-30　京东旅行项目群用户故事地图中故事的状态

2. 京东朋友购用户故事地图

在本实例中，用户故事地图上不再是一张张纸质卡片，而是界面原型图。大家围绕业务流程，一边讨论，一边修改，更加直观、高效，如图 3-31 所示。

图 3-31　京东朋友购用户故事地图

3. 京东汽车票用户故事地图

这是一个混合了纸质卡片、界面原型、手绘草图的用户故事地图，内容的形式已经不是最重要的，重要的在于沟通、确认，如图 3-32 所示。

图 3-32　京东汽车票用户故事地图

3.3.3　看板墙

3.3.3.1　可视化项目进展与问题

在敏捷团队协作方面，挂在墙上的“人人可见的大图表”是一种普遍的实践，它被用来共享项目的状态并将之可视化。只有将一切可视化，才能实现项目管理过程的透明化；透明后才能看到问题与风险；有了观察，才能进行有针对性的调整。

最常见的看板墙是任务看板图（Task Kanban Board），如图 3-33 所示。

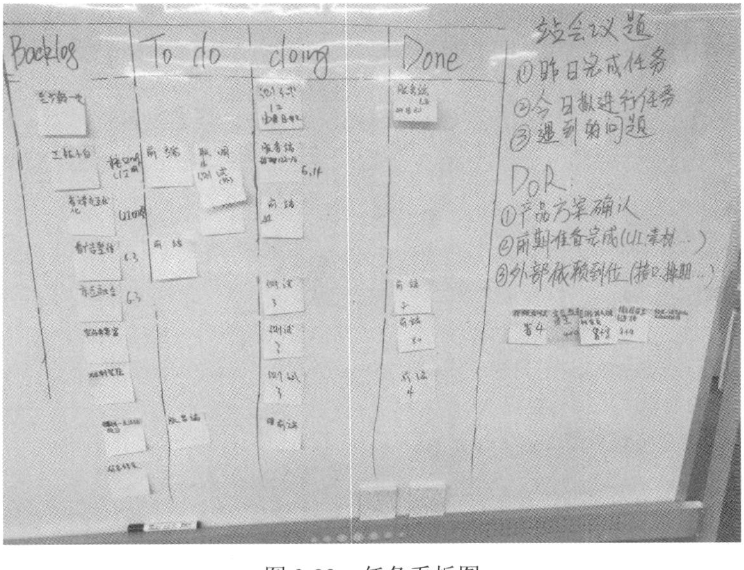

图 3-33　任务看板图

另外，还有特性看板图（Feature Kanban Board）和展示整体进展趋势的燃尽图，如图 3-34 和图 3-35 所示。

图 3-34　特性看板图

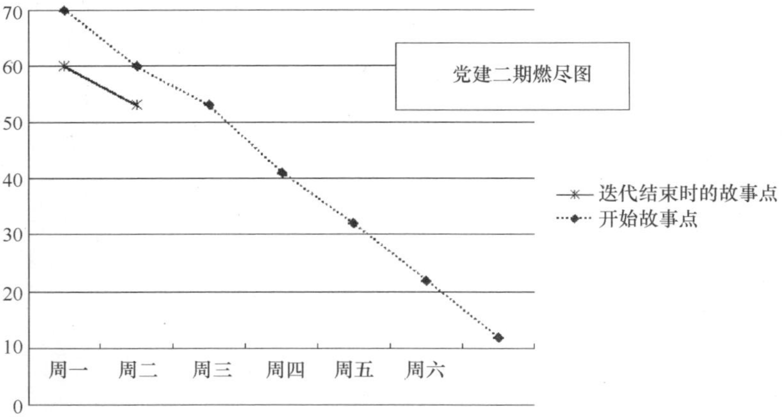

图 3-35　燃尽图

3.3.3.2　看板墙实例

1. 京东到家主数据团队的任务看板墙

用一面墙可视化了 3 个协同团队的日常工作，并展示了 DoD、每日例会的 3 个问题、最近 1～2 个迭代的高优先级需求列表、团队回顾改进行动项、迭代之星等关键内容。京东到家主数据团队任务看板墙如图 3-36 所示。

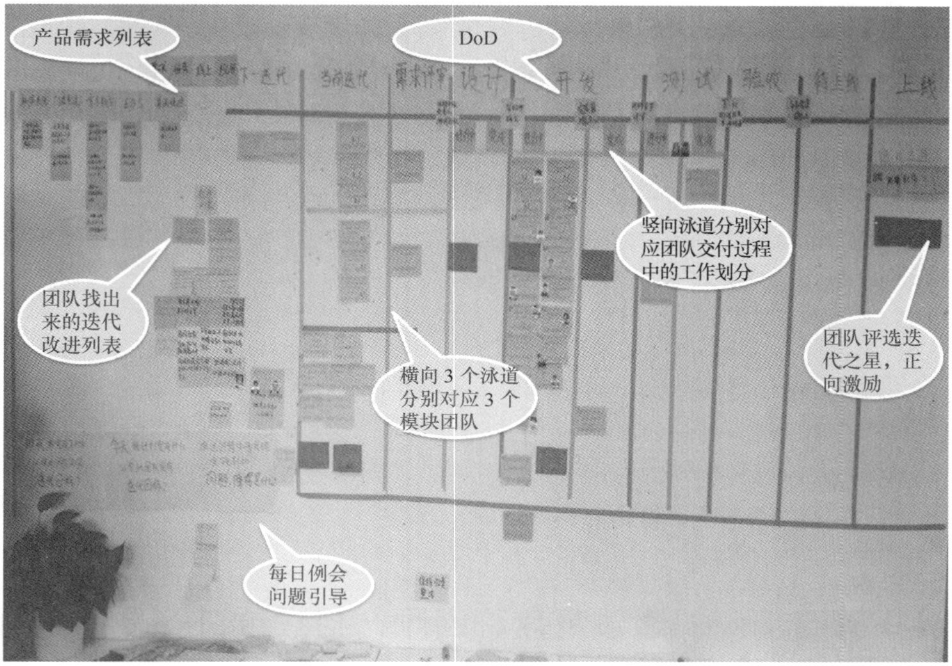

图 3-36　京东到家主数据团队任务看板墙

2. 京麦团队看板墙

京麦团队看板墙如图 3-37 所示，在该实例中，看板墙边就是持续集成状态大屏，实时监控代码提交是否引起了构建失败。

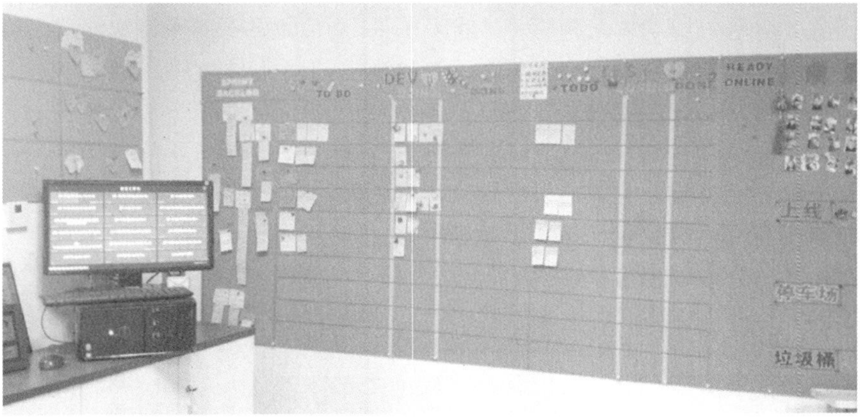

图 3-37　京麦团队看板墙

3. 无人仓机电团队的电子看板

除了物理的看板墙，也可以采用电子看板。如图 3-38 所示，使用京东“乐哦”电子看板管理无人仓机电团队的工作。

图 3-38　无人仓机电团队的电子看板

3.4　第四步——通过复盘、回顾，持续改进

敏捷的核心理念之一是持续改进，建立一个“改进流程的流程”，远比流程本身更重要。

不能因为忙而不做回顾，越是忙，越是要停下来思考。哪些地方做得不足？如何才能提升工作效率？应该尝试什么？哪些事情需要得到高层管理者的支持？这些问题都是需要思考的。

现在敏捷迭代周期越来越短，可能为 1～2 周；如果不能在每次迭代后做一次回顾，那么至少要保证团队一个月做一次回顾，进行集体反思。

1. 行云团队的敏捷回顾

首先，从“令你感动的人或事”出发，让团队将对他人的感谢大声说出来，提倡正能量，激发团队协作意识；其次，思考“我们做得好的地方”，优秀实践要不断保持；最后，思考“值得我们提升的地方”，找出不足，持续改进。如图 3-39 所示为京东行云团队的回顾会议。

2. 价保团队的敏捷回顾

在该实例中，由于回顾的内容较多，开发持续了两个多月，因此使用了时间轴（事件时间线）和心跳图（情绪测震仪）两个小工具来辅助回顾工作。心跳图就是与会人员在过去的历程中的心情变化曲线，其何时高兴，何时郁闷，这对于总结项目的亮点和改进点非常有帮助，比单纯地总结亮点和改进点更生动、更有说服力。价保项目四期的回顾会议如图 3-40 所示。

图 3-39　京东行云团队的回顾会议

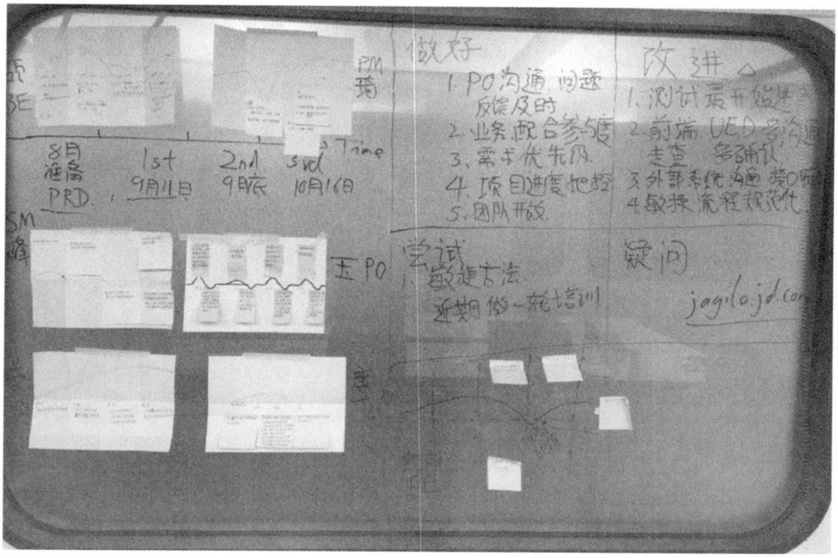

图 3-40　价保项目四期的回顾会议

3. 京东 ME 团队的敏捷回顾

如图 3-41 所示，在正式回顾之前，通过团队成员互画像的形式，进行小团建，最终形成团队画像，从而让回顾会变得轻松、有趣。实践证明，多样化的回顾方式，可以让团队爱上回顾。

图 3-41　团队画像

同时，除了经常采用的回顾三象限（做得好的、做得不好要停止的、需要改进的）方式，也可以尝试使用如图 3-42 所示的团队回顾四象限（做得好、待改进、想尝试、问题困惑）来激发团队激情。

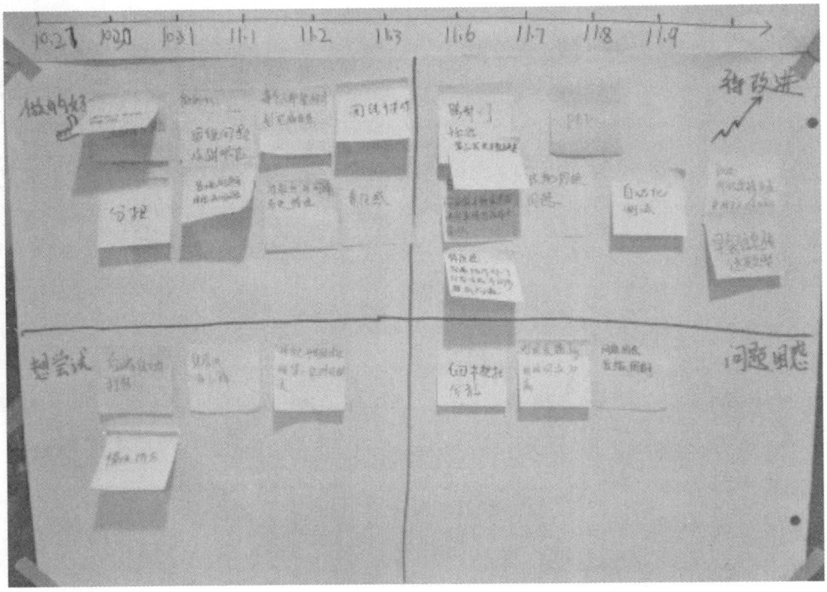

图 3-42　团队回顾四象限

注：图中左上角的“做的好”应为“做得好”。

第 4 章 敏捷转型案例

4.1 京东 360 评估系统 MVP 迭代交付

京东始终关注每一位员工的成长，自 2011 年以来，京东 360 评估已陪伴大家度过了 8 个春夏秋冬，帮助每一位京东人更好地认识与发展自己，背对背评价，面对面交流。京东 360 评估海报如图 4-1 所示。

图 4-1 京东 360 评估海报

京东 360 评估从价值观、能力、专业力和潜力 4 个方面邀请员工本人、上级、下级、同事对自己给予全方位、客观的发展评价。京东 360 评估通过折射员工自己的不同“面”，帮助员工了解自身的优势与不足。在参与评估后，员工将会收获一份反馈报告，它为员工的个人职业发展提供参考与指导，帮助员工在职场进阶之路中迈向新的台阶。京东 360 评估对象如图 4-2 所示。

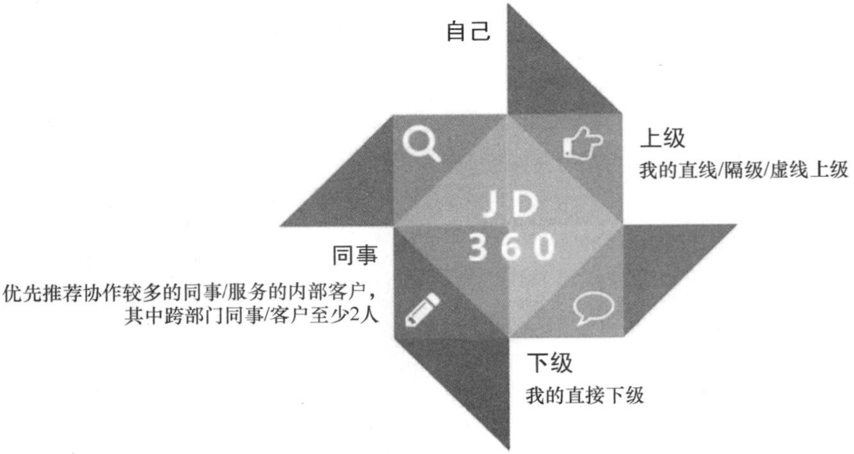

图 4-2　京东 360 评估对象

2018 年 4 月上旬，为了京东每一位人才的发展，360 多棱镜项目开始计划启动。面对时间紧、任务重、方案复杂、技术复杂等挑战因素，京东企业信息化部 360 项目组是怎样做的呢？

通常研发团队会践行京东价值观：战斗战斗战斗，只争第一，践行拼搏精神。但是，研发团队在评估后发现，就算进行更精细化的项目管理并且不断加班也很难保证交付日期，团队在经历多次痛苦之后，开始寻求帮助。虽然敏捷开发不是“银弹”，但是它可以给团队带来巨大的帮助，如采用可视化方式透明展示需求全局、拆解大颗粒度需求、排列需求优先级等。下面，我们一起回顾 360 评估系统研发团队的敏捷之路。

4.1.1　组建围绕价值交付的敏捷战队

在赵卫老师的带领下，360 项目组由传统的业务和研发相分隔的方式，转变成业务闭环的协作模式。敏捷方法采用了 Scrum 框架，如图 4-3 所示。

参考 Scrum 框架，根据团队现状，组建了包含如下角色的敏捷团队。

（1）业务代表（Business Representatives）：负责产品方向，回答为什么及解决什么问题。

（2）产品负责人（Product Owner）：负责产品方案设计，解答产品是什么、对软件系统有何需求，管理产品待办列表，设计线框图原型等。

（3）开发团队（Development Team）：负责产品实施，进行软件系统设计和实现。成员包括前端开发人员、后台开发人员、视觉设计师、移动端交互设计师、功能/安全/压力测试人员等。

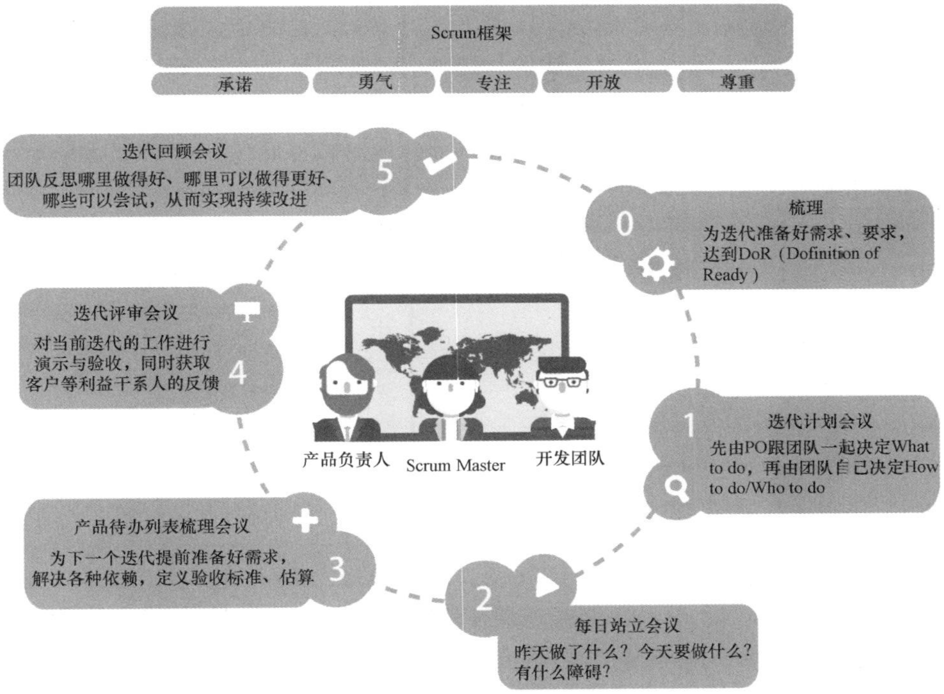

图 4-3　Scrum 框架

（4）Scrum Master：负责引导团队持续改进、敏捷前行。

（5）项目经理：负责项目从需求到上线运营的端到端的协调和管理，包括立项、跨部门协调、团队障碍消除及风险缓解等。

如图 4-4 所示，敏捷团队的核心角色包含产品负责人、开发团队和 Scrum Master，而业务代表与项目经理是敏捷团队的核心利益相关者。

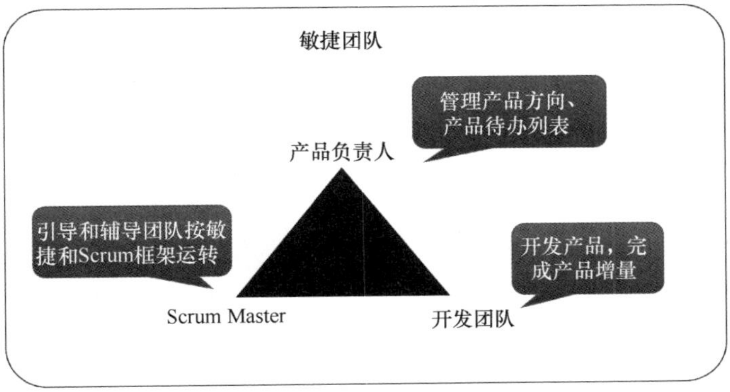

图 4-4　敏捷团队的核心角色

为了更好地统一目标，形成团队合力，赵卫老师带领团队进行了项目的快速启动仪式，包括加深团队成员之间的认知和信任的相互画像环节，高绩效京东战队的精神、氛围、品质讨论环节，以及脑暴团队的名字和 Logo 的环节，形成了团队的文化墙。最终成员确定了团队名字——日月星辰战神队。敏捷团队画像和敏捷团队精神分别如图 4-5 和图 4-6 所示。

图 4-5　敏捷团队画像

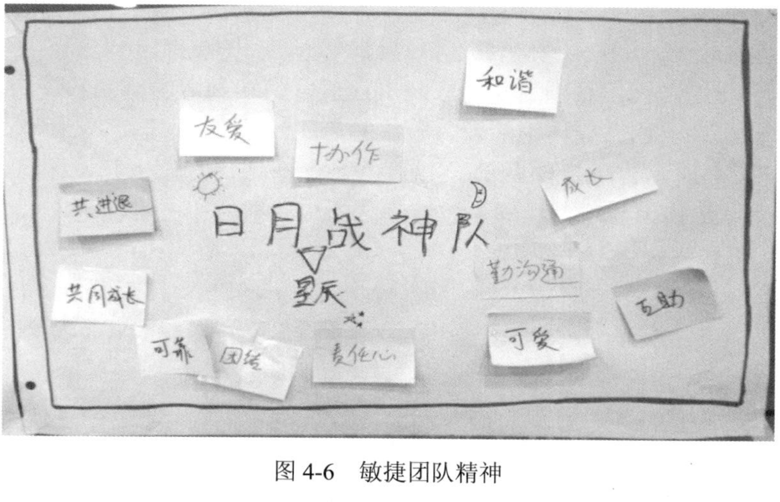

图 4-6　敏捷团队精神

为了更好地促进全员准备好即将进入迭代的需求条目/用户故事，团队讨论了“准备好的定义”（Definition of Ready，DoR），并且，为了进一步准确估算用户故事规模，并保证真正完成，明确了“完成的定义”（Definition of Done，DoD），统一了所有人的认知。敏捷团队的 DoR 与 DoD 如图 4-7 所示。

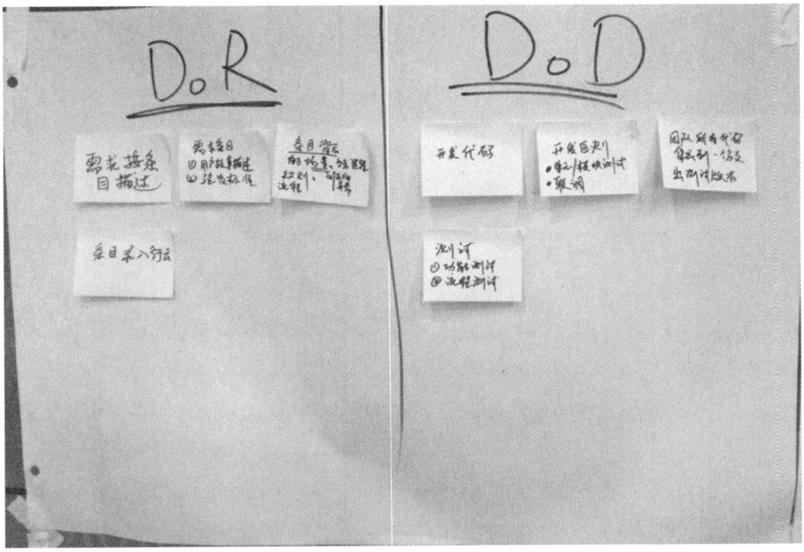

图 4-7　敏捷团队的 DoR 与 DoD

4.1.2　发布计划

在进行团队快速启动之后，针对产品负责人的设计方案，团队在产品负责人的引导下，将需求条目化（将一大堆的需求说明和页面，转化成一个个用户视角化、场景化的需求条目），并采用用户故事地图工具，按照业务流程的方式对需求条目进行组织，并且对每个需求条目进行分类和分解，使需求的颗粒度变得更小，称为用户故事，这样我们就可以将有用户价值的、小颗粒度的用户故事按照优先级排入迭代中。同时，团队决定将迭代周期定为 2 周，既考虑了周期太短导致的工作交付物太少、价值很难体现、团队将会手忙脚乱，又考虑了周期太长导致的较晚的反馈循环、成本的变更和时间的增加。另外，团队确定了发布到生产环境的日期，也就是上线里程碑。

如图 4-8 所示为采用用户故事地图进行计划发布，横向代表业务流程，最上面一行是用户活动或者特性，纵向代表用户的用户故事。

在拆分大颗粒度的需求为小颗粒度的需求，排定优先级后，考虑了用户旅程（业务流程），再加上有限的时间约束，就可以比较容易地进行计划发布（包含多个迭代的计划），先做核心的必要功能，非核心的功能放在后面的迭代中，例如，针对题库管理，按照增、查、改、删操作进行拆分，先做增加题库，后做查询题库，而修改题库、删除题库放在最后做，甚至如果时间来不及，管理员或者程序员在后台进行数据库操作。同时，团队考虑到最小可行产品（MVP），将整体功能规划成 3 个内部迭代版本，这样保证了每个 MVP 都会是一个最小、最核心的可以运转核心业务流程的版本，业务代表和产品负责人就可以不断地进行内部验证，不断打磨。同时，通过基于客观的迭代增量的交付，按照 2 周的迭代周期，规划 4 个迭代，每 2 周更加透明和及时地交付经过测试、可以演示的功能增量，使团队迭代地逼近项目目标，降低风险。

图 4-8　采用用户故事地图进行计划发布

团队在对每个用户故事进行估算时，采用的是计划扑克方式，对每个用户故事的规模大小进行相对估算，单位采用的是故事点，如 0.5、1、2、3、5、8、13、20 等，团队选取一个较小的用户故事，将其规模大小设定为 1 个故事点，然后团队成员一起进行相对估算。在估算时，每个故事都包含开发和测试。

4.1.3　迭代计划

有了全局的故事地图、MVP 和多个迭代的规划之后，团队需要执行迭代，根据每个迭代的结果对迭代计划进行调整，毕竟发布的计划是粗略的计划，需要在迭代中对每个用户故事进一步细化和挖掘，整体计划才会越来越精细和准确，这就是我们常说的持续规划。美国艾森豪威尔将军说过：“Plan is nothing，Planning is everything。”翻译过来就是“计划什么也不是，得持续规划才行”。整个团队在赵卫老师的带领下，进行了第一个迭代的迭代计划会议，而其他几个迭代计划会议，则是在积极主动、爱学习的 Scrum Master 的主持引导下进行的。

首先，产品负责人将本次迭代优先级最高的用户故事向整个团队讲解，在整个团队的不断努力下，团队进一步理解了需求并明确了验收标准，然后再对这个用户故事进行设计，将其拆分成不同的任务。例如，“作为评估对象，我想查看 360 评估报告的概况”，团队将其拆分成了如下任务：数据库任务、计算一级部门 80 分位任务、二级分类分数计算汇总任务、计算题目明细分数任务、生成概况 HTML 报告任务。另外，对每个任务的工作量进行了评估，采用的单位是理想小时。

经过迭代计划会议之后，初始化 Scrum 任务板（Scrum Task Board），团队既使用了物理的便笺条、大白纸和墙，也采用了京东自研发的电子管理系统“行云”（京东研发协同一体化平台，包含高效需求管理、敏捷项目管理、端到端交付流水线、研发效能度量等）。团队迭代任务板和团队电子迭代任务板分别如图 4-9 和图 4-10 所示。

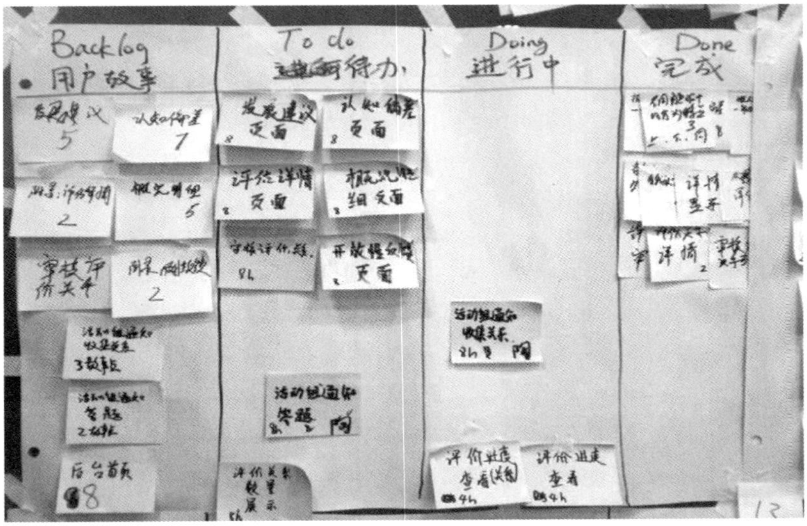

图 4-9　团队迭代任务板

这样的物理 Scrum 任务板可以使团队的规划和进度更加透明，团队里的每个成员都可以一眼看到全局，同时，任何新的变化都可以直接在任务板上更新。而行云系统的使用，可以保留历史、防止信息丢失，同时也可以让所有的利益相关者随时访问所有信息，燃尽图也可以自动绘制出来。

为了专注于高效产出，我们不会在迭代中插入新的需求，所以迭代计划会议也是一个很好的处理需求变更的时机。在第 5 个迭代中，两个巨大的需求变更出现了，一个是要做手机移动端答题，另一个是插入敬业度调查，团队根据业务方和产品负责人定的优先级，优先开发移动端和敬业度调查，将原来规划的其他内容延后。在业务上线日期固定的约束下，敏捷的优势凸显，很好地拥抱了变化，重点交付最核心、对用户最有价值的需求，而一些价值较低的需求可以安排在下一个版本中交付。

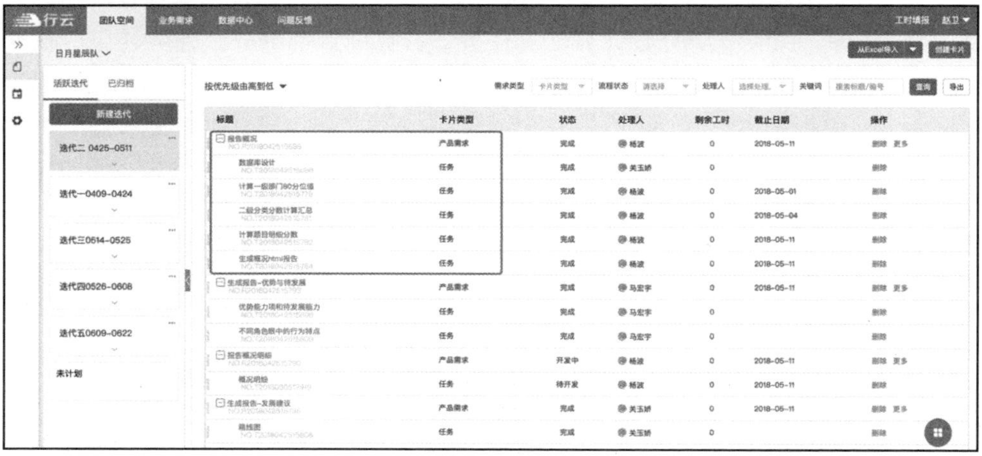

图 4-10 团队电子迭代任务板

4.1.4 每日站立会议

为了更及时、透明地同步沟通进展、计划和障碍，团队约定每天早上 10：00 进行 15 分钟的站立会议，在 Scrum Master 的引导下，每个人迅速回答 3 个问题：昨天我完成了什么、今天计划完成什么、为了完成新的任务我遇到哪些障碍。开完站立会议之后，每个人对整个团队的状况、进展和风险都做到了心中有数，一整天都可以对目标和任务更加明确，从而专心地进行编码，如果遇到障碍，小伙伴们会及时面对面沟通，迅速确定解决办法。团队每日站立会议场景如图 4-11 所示。

图 4-11 团队每日站立会议场景

4.1.5　产品待办事项列表梳理会议

在迭代过程中，为了更好地为下一个迭代计划会议做准备，项目经理、业务代表、产品负责人和开发团队会一起进行产品待办事项列表梳理，详细讨论需求的最新内容、变化及依赖等，如图 4-12 所示。

图 4-12　团队产品待办列表梳理会议场景

4.1.6　迭代评审会议

在第一次迭代评审会议上，业务代表第一次体会到了什么叫迭代的产品增量，因为在短短的 2 周之内，他们就看到了一个可以运行的软件，几个小颗粒度的功能也基本可以运转起来，这在以前是很难想象的。因为研发往往是在项目后期才给业务方进行用户验收测试（User Acceptance Test，UAT），业务方会“吐槽一大堆”研发在上线前改不过来的需求，只能带着不满意就上线了。而这一次，业务方可以在项目早期就进行评审，反馈接受哪些故事，要对哪些故事进行优化等。

团队迭代评审会议场景如图 4-13 所示。

业务代表在上线前也高度赞扬了团队的战斗精神：“JD360 研发天团日月星辰 C 位出道，在上线的大日子，研发还在继续，放弃世界杯加班的研发是真研发！”

图 4-13　团队迭代评审会议场景

4.1.7　迭代回顾会议

为了以后能更高效地工作，整个团队在迭代结束时，还要进行迭代回顾会议，对团队的工作方式进行省思。只有持续改进，才能避免返工和浪费，减少障碍风险，提高效率，以最小的代价前进。团队常规回顾会议场景如图 4-14 所示。

图 4-14　团队常规回顾会议场景

注：图中“做的好”应为“做得好”；“问题困撼”应为“问题困惑”。

整个团队最有意思的一次回顾会议是 360 度赞扬回顾，如图 4-15 和图 4-16 所示。

图 4-15　团队采用 360 度赞赏进行回顾会议场景

360 度赞赏

360 度赞赏是在一个团队里获取开放式赞赏反馈的回顾活动，它对于提升团队士气和增进人际关系非常有用。

活动开展：

1. 给每个参与者纸和笔；
2. 让每个参与者写下他对其他每个参与者的赞赏（推荐时间: 每个参与者 2 分钟)；
3. 让参与者围坐成一个圆；
4. 让其中一个参与者坐到这个圆的中心位置；
5. 围成圆的每个人都应该说出对坐在圆中心位置的参与者的赞赏反馈（完成 360 度）；
6. 轮换圆中心位置的参与者，直到每个人都收到反馈。

360 度赞赏活动激励大家坚持持续的反馈，增进参与者之间的信任，反映和结果往往是相当乐观的，并且团队的士气得到提升。这个活动是基于 360 度反馈设计的。

图 4-16　360 度赞赏议程

资料来源：《趣味回顾会议》（*Fun Retrospective*）。

4.1.8 自动化测试

敏捷快速迭代对测试人员来说是一个极大挑战，在测试新功能的同时，还要兼顾系统原有功能的回归。与传统的瀑布开发相比，敏捷开发的快速迭代，会让纯手工测试人员捉襟见肘、疲于应付。

测试自动化是敏捷项目成功的要素之一。在敏捷测试中，回归测试环节是必需的，而且是非常重要的。随着迭代的增加，系统的功能越来越多，回归测试花费的时间也越来越长，自动化的价值体现也就越来越明显。

在每个迭代中进行小规模的自动化，逐步把稳定的功能用自动化测试实现，缩短回归时间，降低人力成本。将测试人员从回归测试中解放出来，聚焦更为重要的探索性测试，从而既达到了敏捷测试的要求，又保障了产品的质量。

自动化测试的引入和发展，在初期需要花费一些精力和时间，但是从长期来看，自动化的回报还是可期的。

4.1.9 业务方反馈

2018 年 7 月 4 日，京东 360 评估系统正式上线，当即获得了各层领导及用户的高度赞扬，特别是得到了时任京东首席人力资源官的 Rain 总的赞扬：“点赞，手动点，牛，就要打造这样的系统和产品。”

时任人力资源部负责人刘总：“研发的同学们辛苦了！我们开发的系统越来越好，大家的合作越来越顺畅开心，感谢各位！”

企业信息化部负责人 Leo：“Great news！感谢兄弟们的努力！”

人才发展部负责人纪总：“感谢大家过去两个月来加班加点的努力！在测试阶段我们已经收到了良好的反馈！希望今年京东 360 带给大家不一样的体验！辛苦了！”纪总曾在 5 月 16 日的“京东产品经理文化节”上，在所有产品经理面前，高度赞扬了企业信息化部门 360 评估系统“日月星辰战神队”团队，称其披星戴月、小步快跑，和业务部门共同迭代打磨产品，既体现了产品负责人的产品能力及开发团队的战斗精神，又体现了京东互联网敏捷运作模式。

企业应用研发部屈总：“感谢刘总、纪总、Leo 对我人资研发团队的肯定和鼓励，我部将进一步加强各类模式识别算法、数据分析算法在人资系统中的落地使用，及时高效地助力业务快速发展!”

企业信息化部项目管理部负责人：“棒棒哒，用过以前的才更能体会现在的好。”

业务产品经理：“赞！感谢研发兄弟们的辛苦付出和给力支持，期待用户良好的口碑和体验。”

HR：“这次系统真的特别好用，业务反馈都特别好，界面友好度高，便捷、高效，简单易操作，大赞！”

4.1.10　后记

对日月星辰战神队来说，第一个发布里程碑不是终点，而是新的起点，团队现在还在迭代战斗中，不断优化用户体验，修复缺陷，同时也在进行新功能的研发。相信团队通过迭代回顾会议，可以不断发现待提升的事项，从而不断落实，持续改进工作方式。敏捷为团队打开了一扇持续改进的大门，它永远没有终点，只有持续地探索—感知—响应，才能更好地应对 VUCA 时代。

4.2　京东青龙用看板实现高绩效

4.2.1　看板是这么玩儿的

传统的瀑布模式之所以被诟病，核心原因是交付周期长，上线效果差，用户评价低。而所有问题的根源，就在于无法实现产品的持续交付和快速反馈。在本案例中，我们要说明的是敏捷精益管理中的看板部分，如图 4-17 所示，一个普通的任务，在看板里被拆成了 *N* 个状态。把所有的项目需求拆分为一个个落地的产品细化需求，然后根据这些细化需求进行迭代开发，一个迭代往往需要 2 周的时间。

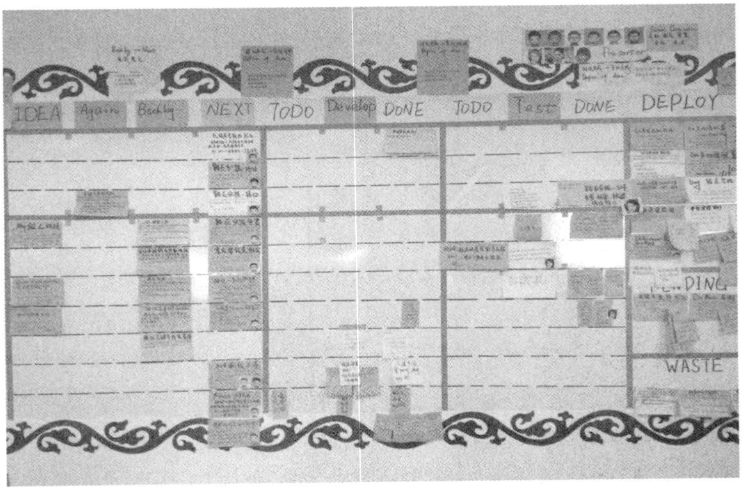

图 4-17　青龙系统看板

从业务需求到可以落地的开发任务，再到可以交付使用的产品，都要经历这样的成长与蜕变。看板使得青龙系统团队（见图 4-18）可以透明地看到整个工作过程，可以更好地跟踪进度，处理风险。

图 4-18　青龙系统团队

1. 从需求到产品，要经历 4 个阶段：IDEA、AGAIN、BACKLOG、NEXT

（1）如果瞬间萌生一个想法——我们要把挪威冰鲜三文鱼送到中国大众的餐桌上，那么应该立即将其记录在 IDEA（想法）一栏中。

（2）当想法开始萌芽时，我们再次细化，“如何保证食材鲜美，口味如一？是否热带水果也可以送？是否查干湖冻鱼也可以？……不仅仅京东自营平台要支持，POP 平台一样也要支持……”，如此一来，需求得以再次升华，这些都体现在 AGAIN（细化）一栏里。

（3）如何结合现有的配送模式使得效益最大化；如何全方位支持；在网站下单后，经过订单流转的各系统，如何有效地识别与控制；如何与财务计费系统打通……这些问题逐一解决后，便形成了初步的需求。待有了推广和落地方案，那么就将其列入 BACKLOG（代办事项）一栏里。

（4）当待办事项逐渐成熟，可以进入迭代中进行开发时，则完成产品的蜕变，挪入 NEXT（后续）栏进行开发实现。NEXT 中的需求一般以用户故事的形式来体现，“作为……我想要……以便于达成……的目的”，这样格式化的用户故事并不是形式主义，而是强迫我们去思考需求背后的目的，促使对需求本身的深度挖掘。

（5）辅以验收标准及截止上线时间。在主要方向的验证点和交付日期明确后，就可以正式进入开发了。

2. 开发阶段分为“TO DO、DOING、DONE” 3 个阶段

（1）在待办事项进入 NEXT（后续）前，需要产品经理、测试和相关开发人员一起对用户故事进行细致的拆分。就业务理解达成共识后，再进一步对架构的设计达成一致，定义好数据库结构及接口，细致到可以着手开发的地步。把大部分开发和产品、测试之间可能存在的分歧在萌芽阶段解决，在这样的前提下写出的测试用例文档往往更加准确。

（2）在 TO DO（待办）阶段，我们要对进入迭代的任务，即 NEXT 栏中的每项内容进行拆分。头脑风暴实现方式、架构设计、数据库建模设计、交互设计都体现在这个阶段。根据细致的讨论，把需求任务拆分为一个个可以安心开发的子任务。每个子任务的周期建议为 1～2 天，这样，风险就可以控制在 2 天以内。

（3）在 DOING（进行中）阶段，把 TO DO 阶段拆分细化后的内容拖过来，进行开发。在开发中有任何问题，会由开发人员主动召集大家讨论，若存在较大的风险或者需求有变化时，则及时变更航道，把影响控制在最小范围内。

（4）在 DOING 完成后，就可以进入 DONE（完成）阶段了。每一个需求点都被拆解为落地的任务，并细化到天，每天在晨会上拖动看板的满足感和成就感是不言而喻的。任务拖入 DONE 就代表已经开发完成，JUnit 自测完成，可以交付测试了。需要配置的运行环境、数据库准备、配置文件准备等都是开发完成范畴之内的。

3. 测试阶段也细分为“TO DO、DOING、DONE”3 个阶段

（1）在 TO DO 阶段，对任务需求的用例进行评估，并整理出测试用例。对于需要性能测试的部分，也尽可能地在这个阶段体现出，以便在以后的测试阶段可以考虑得更周全。

（2）从每一个子任务的测试 DOING 到 DONE，标志着该用户故事测试通过，可以进入上线准备了。

4. DEPLOY、PENDING、WASTE 分别代表上线完成、挂起、垃圾站 3 种状态

（1）由于外部资源的依赖或其他外部资源的介入会引起搁置，故而 PENDING 必不可少，经过产品的推敲和架构的升级，PENDING 的任务可以重回 DEVELOP（开发）或者 TEST（测试）中，同时也能从另一个维度来审视任务的合理性。

（2）任务若被丢弃，则列入 WASTE 一栏。若是由法务、合同等因素引起的，在情理之中；若是由于业务分析不够透彻，接口性能设计不合理，那么在迭代回顾时，就要将其列为需要重点回顾的对象。

4.2.2 加入电子看板

电子看板在青龙研发部得到了很好的应用，在想对一个用户故事增加检查项时，可以直接标示每项的完成结果；当用户故事的截止日期临近，可以进行主动提醒；在异地开站立早会时，不再受地域限制；对于在迭代中被归档的任务，检索更加容易等。电子看板和纸质看板的核心都是敏捷精益的管理方法，两种方式互相补充，缺一不可。青龙系统的电子看板如图 4-19 所示。

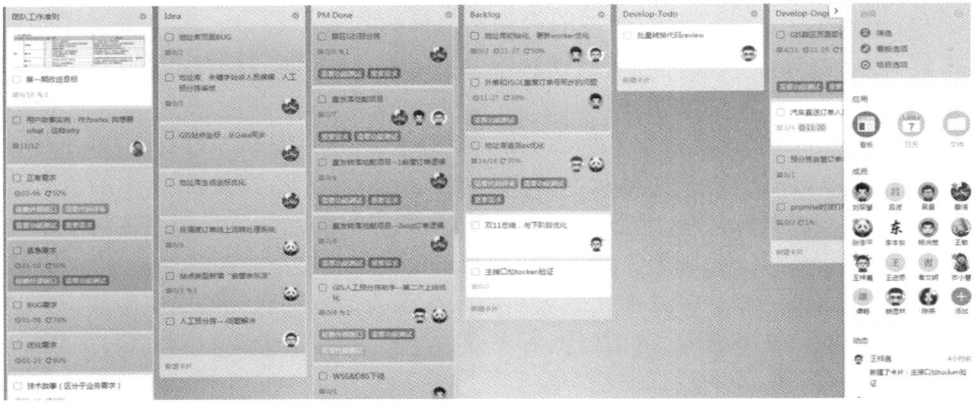

图 4-19　青龙系统的电子看板

如图 4-20 所示，电子看板可以详细记录检查清单，可以对每条内容进行状态和进度跟踪，可以设置每个任务的截止时间，会在到期前自动提醒，帮助每一个团队成员更好地开展工作。每一项任务可以根据紧急程度分为 4 种不同的颜色，根据优先级从上至下地排列，这些都是很好的敏捷体验。

除了使用看板跟踪需求和任务，还可以将团队重要的流程、日程等重要信息进行可视化，形成信息雷达，如图 4-21 所示。

2014 年第三季度与第四季度衔接之时，正是团队转变之时，以此时间段为例做粗略统计。完成小需求个数提升了约 69%，如图 4-22 所示，加班时间更是减少了 50%以上。

敏捷强调的是以用户为中心，主推的是大系统小做、小系统大为的观念。我们通过持续交付，不断积累收获的喜悦，而在每个很小的迭代里不断发起冲刺，团队里的每个人都关心所负责的任务从想法到上线完成，再到运营及用户的反馈，让团队成员真正成为产品的主人。

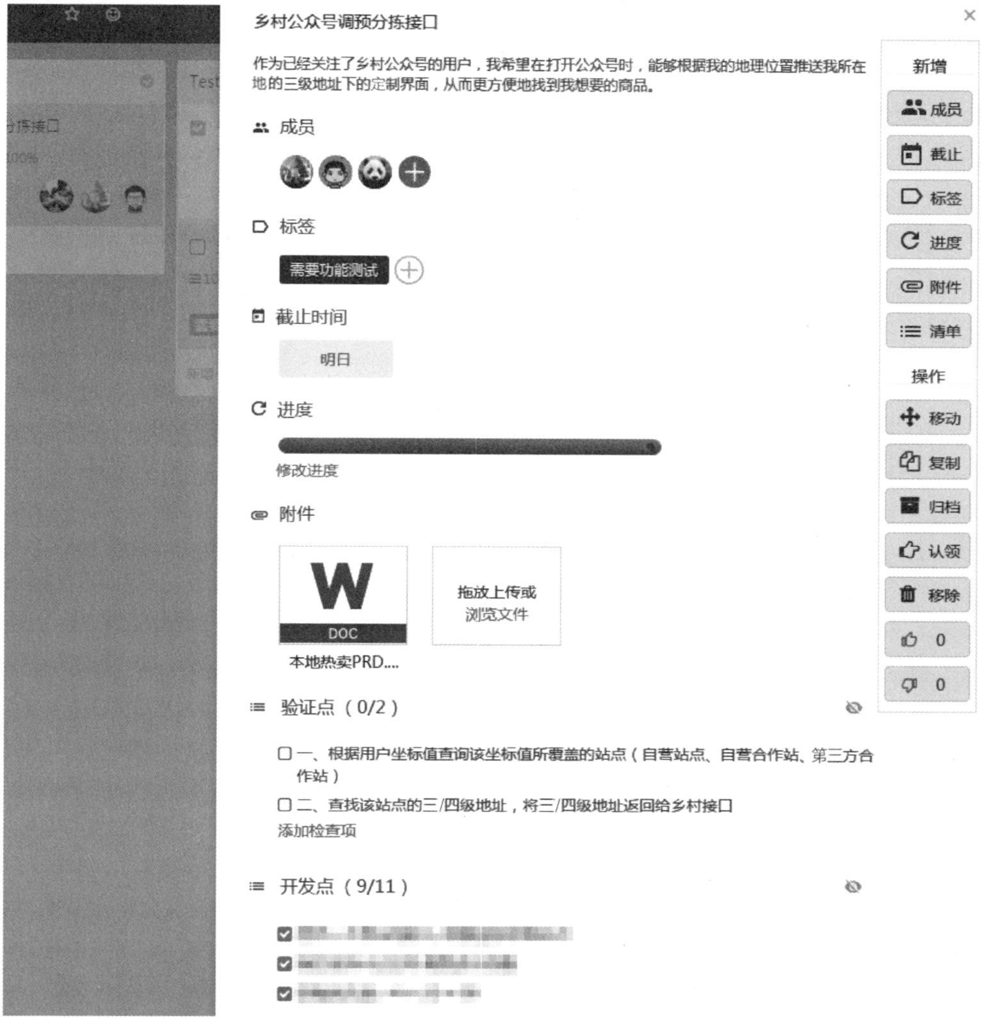

图 4-20　电子看板的卡片可以附加丰富的信息

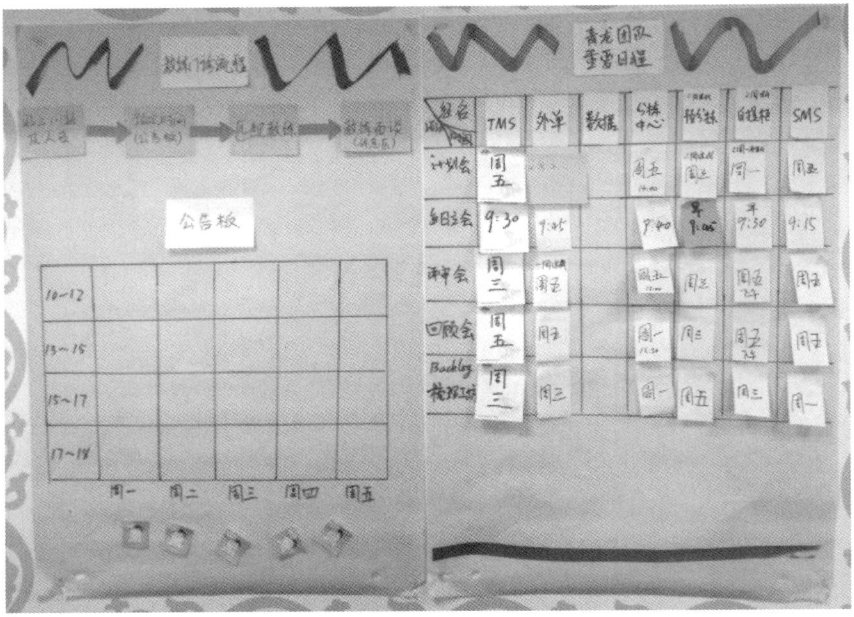

图 4-21　可视化信息雷达图

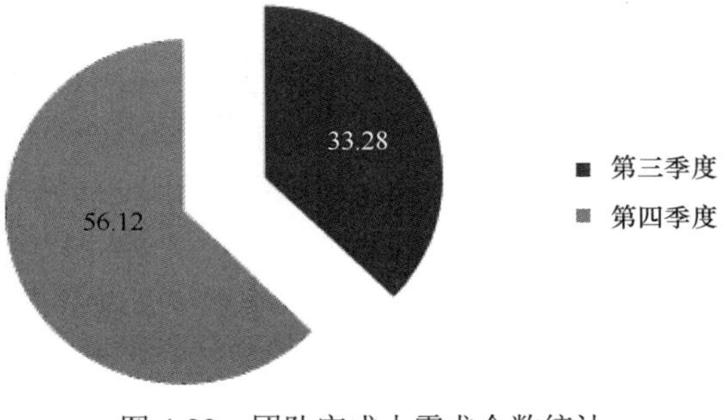

图 4-22　团队完成小需求个数统计

4.3　京东 ME 打造移动快速交付能力实践

4.3.1　京东 ME 产品介绍

京东 ME 是一款满足京东企业移动办公的 App，全称为“Mobile Enterprise”（企业移动办公）；ME 意为我，这款 App 是为京东自己的员工设计的；同音“秘”，办公小秘书，贴身小秘书。其实现的基础工具：IM（即时通信）、通讯录、账号管理、刷脸登录，办公助手：考勤、一键上网、流程中心、会议室、语音视频会议、PMP（项目管理工具）、乐哦（电子看板工具）、访客预约、工资查询、内推、绩效管理，生活福利：员工用车、一起拼车、班车、餐券、福利券、领免费书、内销、特惠旅行、团购，新闻社交：ME TV、新闻公告、京英学习平台、图书馆，业务工具：VPN 令牌、客服宝典、数据罗盘等 120 多种应用，涵盖了人事、行政、法务、文化、财务、金融、旅行等十几个一级部门。京东 ME 产品范围如图 4-23 所示。

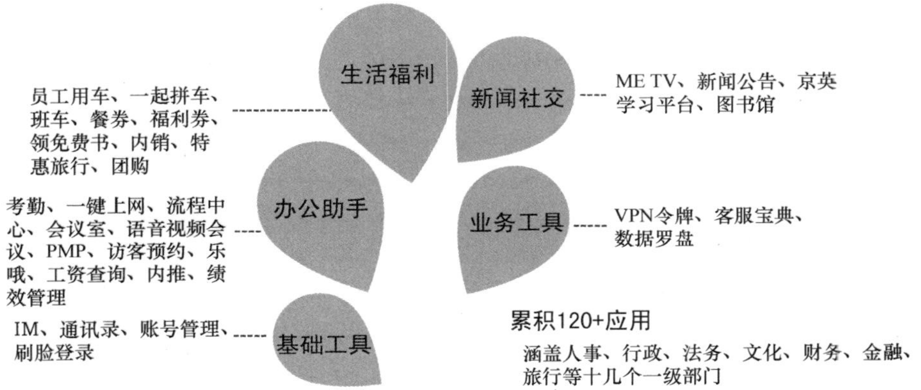

图 4-23　京东 ME 产品范围

4.3.2　为什么要敏捷

传统的软件开发模式需要经历需求调研、梳理解决方案、设计系统架构、开发代码、测试、部署和系统维护等过程，采用传统软件开发模式的最大问题是开发周期过长，迭代速度慢。移动办公应用行业发展速度快，同时企业内部需求也非常复杂，而且不断变化，产品更新迭代的频率高，基于以上特点，京东 ME 团队引入了 Scrum 敏捷开发框架，以解决需求频繁变动、开发周期越来越短的问题。

4.3.3　敏捷实施过程

1. 组建团队

在传统的开发模式下，我们习惯按照系统模块或系统分层来组织团队，也有的团队采用产品、开发、测试结合系统架构的方式。用以上两种方式组织的团队称为模块团队，每个团队只完成系统功能的某一个部件，而不是完成一个端到端用户可见的功能。按照 Scrum 和敏捷的交付模式，以用户为中心，以用户场景为边界来组织团队是比较推荐的做法。京东 ME 团队以用户为中心组建了特性团队。

2. 制定团队精神团队工作协议、DoD、DoR

有了特性团队后，还会面临相互信任、相互依存和共同责任问题，团队在动态发展中的内在“摩擦”是现实存在的。团队工作协议可以最大限度地减少歧义、误解和误会，从而减少这些摩擦。通过明确预期，团队工作协议确立了既定的规则，有助于促进共同理解、达成共识。京东 ME 团队制定了团队精神、团队工作协议、完成的定义（DoD）、准备好的定义（DoR），相关内容如图 4-24、图 4-25 和图 4-26 所示。

图 4-24　京东 ME 团队精神

Working Agreement：

1. 需求统一由PO输出。
2. 团队的所有会议须准时开始，成员须准时到场，请假要在开会前15分钟在群里告知。
3. 在发版上线前，全员拿出0.5天的时间进行测试。
4. 需要调休时，若手头的工作没完成，要交接给另一位同事，并说清注意事项。
5. 代码注释比例达到30%以上。
6. 每天早会前更新看板任务状态。

图 4-25　京东 ME 团队工作协议

DoD:

□	代码完成
□	代码重构完成
□	代码已加注释
□	代码已提交
□	代码已检查
□	完成测试（完成50%则视为完成）
□	完成集成测试
□	完成回归测试（资源不足，可选）
□	完成平台测试
□	零已知缺陷，1级、2级Bug数量为0

DoR:

1. 用户故事、业务逻辑、验收标准清晰。
2. 有优先级排序。
3. 第三方依赖时间确定。
4. 有业务期望上线时间。
5. 有干系人。
6. 交互、视觉、切图完成。

图 4-26　京东 ME 团队 DoD 和 DoR

3. 产品敏捷

产品敏捷是基础。首先，京东 ME 团队从需求做起，保证 PO 能够在迭代前准备好需求，包括需求的优先级、验收标准等；其次，按照 INVEST（独立的、可讨论的、有价值的、可估计的、小的、可测试的）原则进行拆分，每个子需求都具有真实的业务价值，并适合迭代；最后；PO 要能梳理出明确的目标和愿景，并清楚地传达给团队。如图 4-27 所示是一个符合 INVEST 原则的京东 ME 用户故事示例。

4. 业务敏捷

在逐步做到产品敏捷的同时，我们希望敏捷不只是研发团队的局部敏捷，同时带动业务方、客户、用户做全局优化，可以使团队在实施迭代计划时，能够将力量集中于较少的高业务价值的高优先级工作上，而不是分散力量去分头完成更多的工作。因此，在 Scrum 评审会上，我们邀请业务方共同参与评审，向他们展示开发的成果，并接收反馈。京东 ME 迭代评审会议场景如图 4-28 所示。

5. 工程敏捷

有了业务反馈，研发团队最重要的任务就是快速交付业务需求，这里用到的敏捷工程实践包括自动化验收测试、单元测试、TDD（测试驱动开发）、DDD（领域驱动开发）、持续集成等。实际上，最主要的目标原则是尽早发现问题，尽可能地将手工重复工作交给机器完成。团队搭建了持续集成系统，所有干系人都可以在第一时间拿到最新的集成包，每天定时进行自动化测试，保证最新提交的代码不会影响主流程的功能。京东 ME 持续集成之自动化测试如图 4-29 所示。

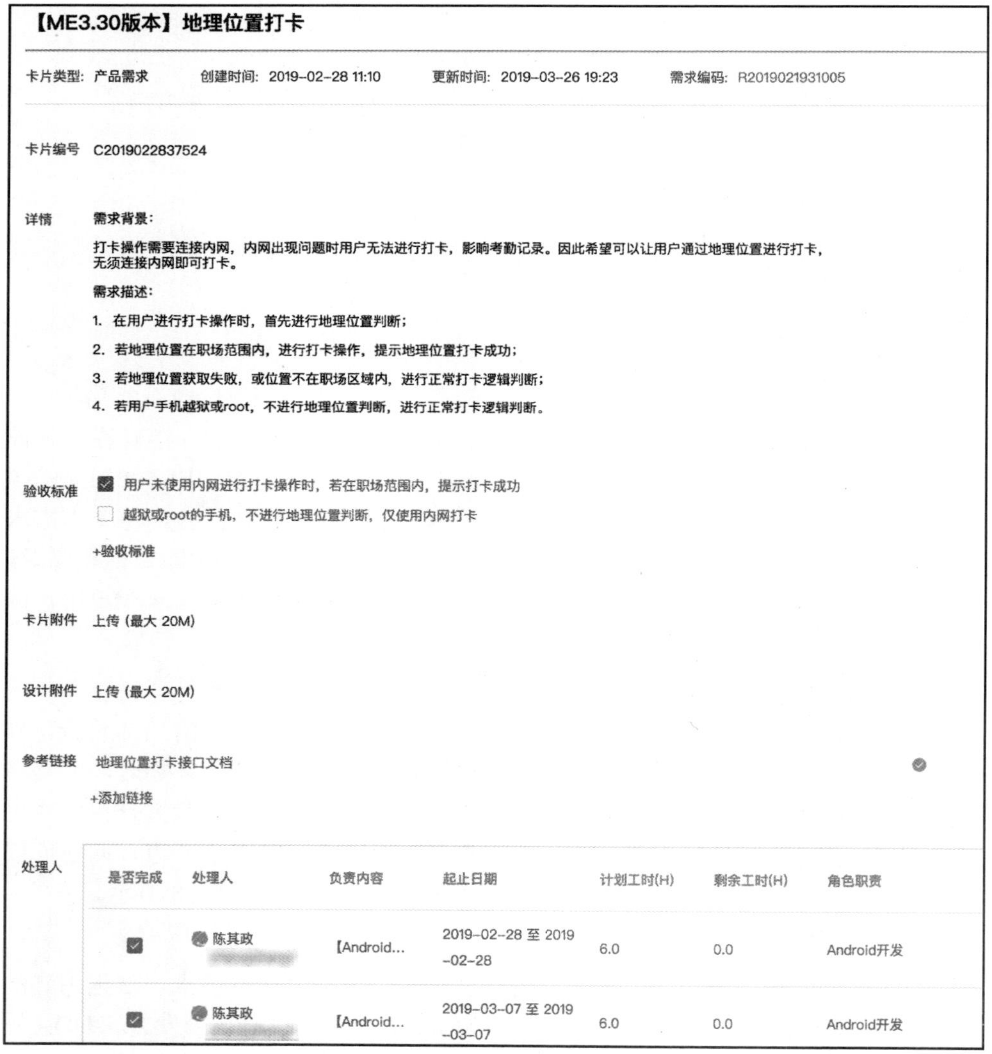

【ME3.30版本】地理位置打卡

卡片类型：产品需求　创建时间：2019-02-28 11:10　更新时间：2019-03-26 19:23　需求编码：R2019021931005

卡片编号　C2019022837524

详情　**需求背景：**

打卡操作需要连接内网，内网出现问题时用户无法进行打卡，影响考勤记录。因此希望可以让用户通过地理位置进行打卡，无须连接内网即可打卡。

需求描述：

1. 在用户进行打卡操作时，首先进行地理位置判断；
2. 若地理位置在职场范围内，进行打卡操作，提示地理位置打卡成功；
3. 若地理位置获取失败，或位置不在职场区域内，进行正常打卡逻辑判断；
4. 若用户手机越狱或root，不进行地理位置判断，进行正常打卡逻辑判断。

验收标准
- [x] 用户未使用内网进行打卡操作时，若在职场范围内，提示打卡成功
- [ ] 越狱或root的手机，不进行地理位置判断，仅使用内网打卡

+验收标准

卡片附件　上传（最大 20M）

设计附件　上传（最大 20M）

参考链接　地理位置打卡接口文档

+添加链接

处理人

是否完成	处理人	负责内容	起止日期	计划工时(H)	剩余工时(H)	角色职责
☑	陈其政	【Android...	2019-02-28 至 2019-02-28	6.0	0.0	Android开发
☑	陈其政	【Android...	2019-03-07 至 2019-03-07	6.0	0.0	Android开发

图 4-27　一个符合 INVEST 原则的京东 ME 用户故事示例

图 4-28　京东 ME 迭代评审会议场景

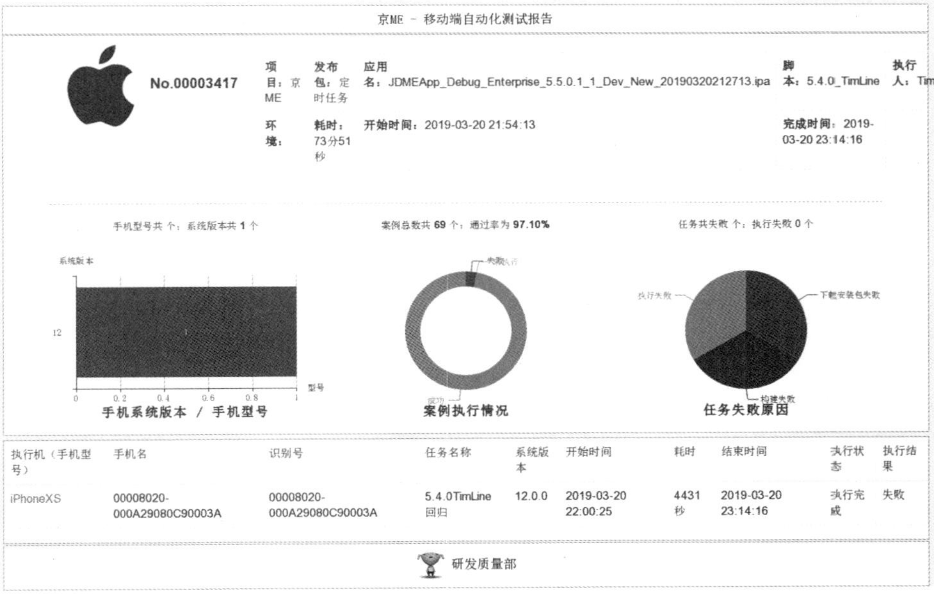

图 4-29　京东 ME 持续集成之自动化测试

6. 成果

从 2017 年 10 月至今，京东 ME 共发布了近 27 个大小版本，其中，年度版本 5.0 1 个、大版本 6 个、小版本 20 个，持续提升了员工移动办公体验。2018 年 4

月，为了保证信息安全，公司战略要求所有的移动端沟通群都转移到京东 ME 上，领导们对京东 ME 提出了很多期望和高要求，希望京东 ME 能对标微信和钉钉面对巨大的压力，京东 ME 团队和成都咚咚团队一起制定了 2 个月的攻坚计划，为了可以快速收到用户的反馈，采取一周一个版本的快节奏，这样的节奏在移动 App 业内是一个非常高的标准，相对于原来 1～2 个月一个版本的节奏，这无疑是一个巨大的挑战。幸运的是，京东 ME 是非常棒的团队，在上级领导的支持下，在敏捷教练赵卫老师、王立杰老师的指导下，其搭建了持续集成工具，引入了组件化的开发框架，运用了很多敏捷工程实践，大家齐心协力、加班加点，在两个月内达到了领导们提出的全部要求，连续发布 7 个版本。经过这次挑战，京东 ME 团队完全具备了一周一版本的迭代能力。

4.3.4 展望未来

1. 规模化敏捷

单个小组的 Scrum 运作了一年多，虽然效果还不错，但领导从部门层面提出了更高的要求。单个团队还是不能很好地做好业务场景和平台能力的协调，为了让多个团队更加协调一致，有没有什么好的方法可以用更短的链条、更高效的协同和反馈加速价值的流动，保障目标可以实现，产生合力呢？规模化敏捷应该是个好的选择，在领导的支持和敏捷教练的指导下，京东 ME 团队输出了一套适合自己的规模化敏捷框架，如图 4-30 所示。

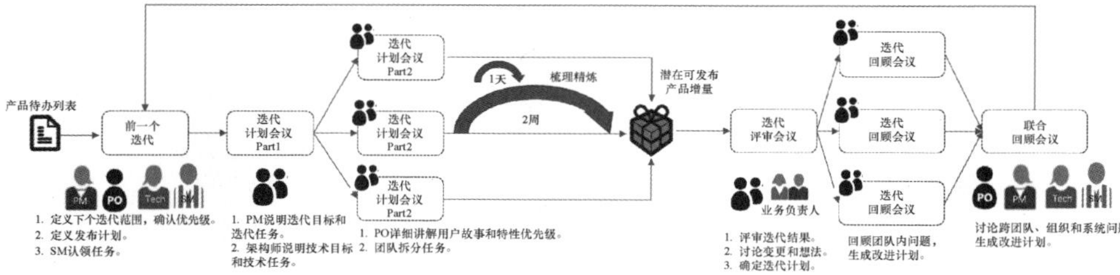

MESA（ME Scale Agile）

图 4-30 京东 ME 规模化敏捷框架

2. 交付指标度量

新的团队协作框架体现的是系统思考，度量要更多地聚焦在全局指标而不是局部指标上，要聚焦结果产出而不是某个阶段的工作输出，京东 ME 团队按照图 4-31 所示的敏捷度量指标不断进行改进。

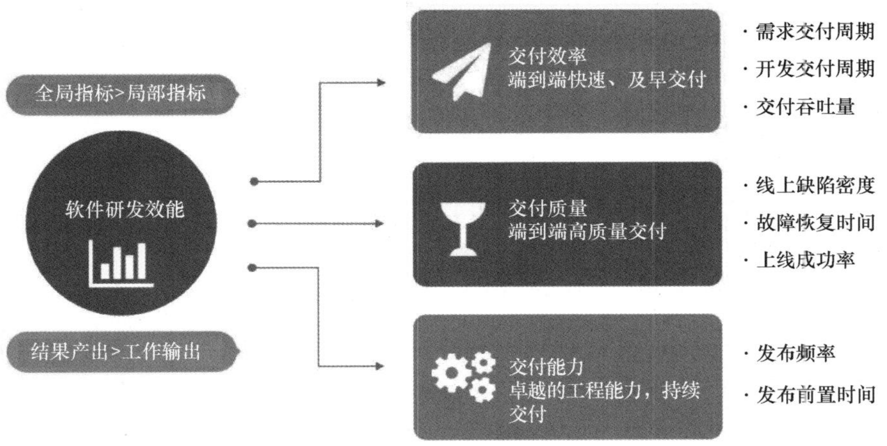

图 4-31　敏捷度量指标

具体说明如下。

1）交付效率

目标是促进端到端快速、及早交付用户价值。具体可细分为以下指标。

（1）需求交付周期：从提出需求到完成开发、测试、上线并最终通过验收的时间周期。其反映了整个团队（包含业务、产品、开发、测试、运维等）对客户问题或业务的交付速度，依赖整个组织各职能部门的协调一致和紧密协作。

（2）开发交付周期：从需求被研发团队确认，到完成开发、测试，最终达到可上线状态的时间周期。其反映了研发技术团队的交付速度，依赖需求的拆分和管理、开发团队的分工协作。

（3）交付吞吐量：在统计周期内交付的需求个数/统计周期，即在单位时间内交付的需求个数。需要注意的是，需求颗粒度要保持一定规则，避免需求大小不统一导致的数据偏差。

2）交付质量

目标是促进端到端高质量交付，避免不必要的错误和返工。具体可细分为以下指标。

（1）线上缺陷密度：在统计周期内线上或单个版本严重级别 Bug 数量/需求个数。

（2）故障恢复时间：线上系统和应用如果发生故障，多长时间可以恢复。

（3）上线成功率：上线部署成功，上线没有导致服务受损、降级或需要事后补救的比例。

3）交付能力

目标是建设卓越的工程能力，实现持续交付。具体可细分为以下指标。

（1）发布频率：单位时间内的有效发布次数。团队对外响应的速度不会大于其发布频率，发布频率约束了团队对外响应的速度和价值的流动速度。

（2）发布前置时间：从代码提交到功能上线的时间。其反映了团队的工程技术能力，依赖交付过程中的高度自动化及架构支撑能力。

4.4 京东购物 App 千人敏捷实例

京东购物 App 在从 2014 年到 2018 年主版本发布效率提升的过程中，经历了几次变革，从 3～4 个月发布一版到 2 个月发布一版，再到 1 个月发布一版，最终到 2018 年年初实现了 2 周发布一次的版本列车。其间，应用了多种方法与实践，引导团队变革，改善研发工程体系，最终实现了 1000 多人的团队配合，版本像火车一样，每 2 周发布一次，找到了开发节奏。另外，通过配套的自动化，在提高效率的同时，有效降低了发版成本，完成了从车（版本）等人（需求）到人（需求）等车（版本）的蜕变。敏捷版本列车如图 4-32 所示。

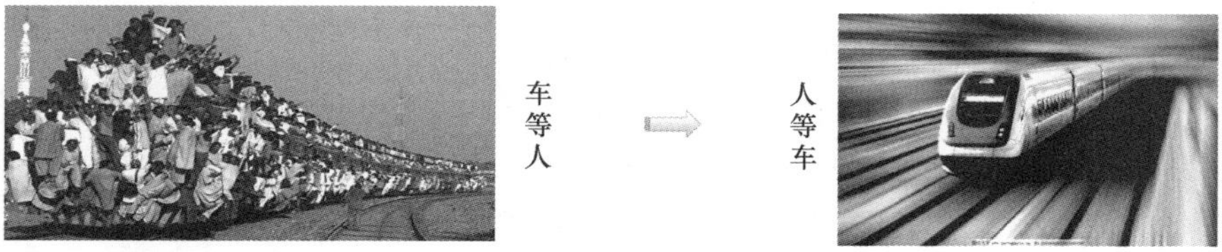

图 4-32　敏捷版本列车

京东购物 App 敏捷转型的旅程如图 4-33 所示，其经历了现状、障碍、方案、收获和惊喜。

现状：上千人的团队协作，需求模块多，新需求多，单个需求从开发到上线的时间非常短，而发版间隔时间长。

障碍：需要多团队协作完成需求，关联性强，需要协调和配合；在工具支持方面，没有好用的线上管理工具；纯职能组织，需要调整组织架构；研发分支管理不支持快速回滚，团队间开发耦合性强；在敏捷转型之初，研发 leader 带头批判是“假敏捷”的形式主义，不能提高效率，反而增加工作量。

方案：在执行变革的过程中，进行多种落地实践，包括梳理产品线、转换团队角色、培养敏捷教练、开展类似规模化敏捷框架 SAFe 的 PI Planning（项目群增量计划）会议、优化开发分支、组建虚拟 Domain 团队、建设 VMS 发布系统、形成规则规范、开展方法论培训。

收获：最终达到的效果是 2 周发布一版、业务和版本完全解耦、质量得到保证、需求颗粒度更小、交付更快速。

惊喜：不止达到既定目标，在工具建设方面有了很好的沉淀，团队整体认同敏捷转型是成功的，达到了快速交付的目的，是“真敏捷”。

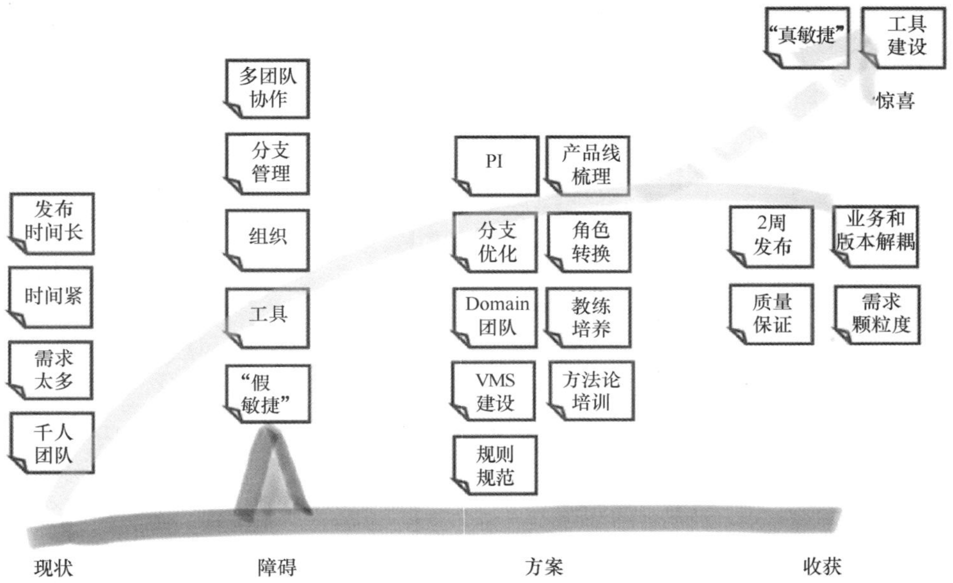

图 4-33　京东购物 App 敏捷转型的旅程

4.4.1　历程回顾

回顾 2014—2015 年的京东购物 App 团队，其每年发布 4 个版本，第一次是春季界面交互的大改变，第二次是在夏季的 618 周年庆时，第三次是在秋季的双 11 互联网电商节日期间，第四次是在双旦和春节期间。随着整体业务的增长，移动业务量逐渐扩大，移动用户占比每日都在增长，在这种环境下，很多新业务需求和产品优化都想赶上这 4 次发布。经过领导决策，团队决定增加发布次数以解决需求集中等待的问题，但很快发现，增加发布次数并未真正解决问题。当越来越多的需求涌入到版本中，不是需求没准备好，需要版本等待，就是版本质量不高，灰度崩溃率很高。由功能、时间、资源组成的看似平衡的三角被打破了，同时还带来了质量问题。

在这样的状态下，团队首先尝试固定版本发布的周期，从 3～4 个月缩短到 2 个月，这样的发版节奏维持了 1 年，并逐渐规律起来。很快，京东业务量增长迅速。移动购物 App 的业务占比已经达到了主营业务的 90%以上。在 2 个月的周期里，团队会被迫发布小版本，但这样做，节奏又被打乱了。

也就是说，2 个月的周期很好地解决了团队协作的问题，但随着业务的快速发展，又有了一些新的冲突和问题，如图 4-34 所示。

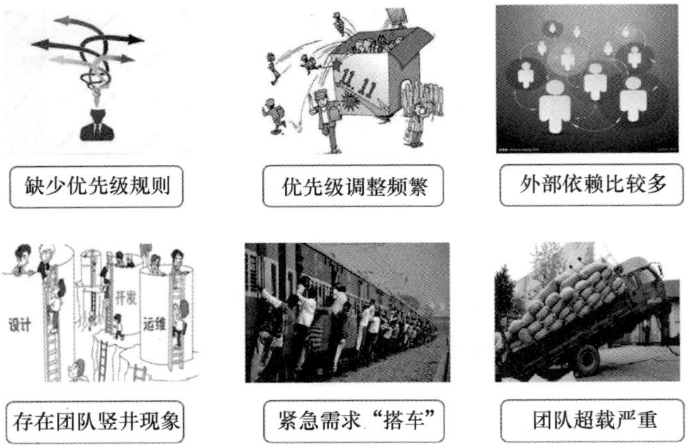

图 4-34　京东购物 App 敏捷转型的环境与冲突

在这些冲突中，典型问题如下。

（1）需求太多，在 2 个月的时间里难以应对。

（2）各业务模块团队的人力是固定的，无法协调资源。

（3）很多模块的需求互相关联，但联调时间无法对齐，有些在当前版本交付，有些则在下个版本交付，导致业务方不满。

（4）在业务强压之下，研发经理临时协调团队支持重灾区团队，导致测试时间不足，无法保障质量，Bug 数量直线上升。

（5）回归测试问题很多，崩溃率很高，只能暂停灰度发布，集中修复问题。

（6）研发团队容易前松后紧，缺乏节奏感，集中在发版前后的一至两周加班。

（7）产品经理抱怨研发团队不理解需求，但自己把需求讲完后，后续又按照业务要求多次修改。

（8）研发团队不愿意接受产品变更，一旦变更，开发时间就会延迟到版本发布前。

（9）因为研发挤占测试时间，测试时间不够，无法保障质量。

（10）后台服务端团队有时无法按时提供下游需要的接口，导致整体无法按时上线。

如果正常发布的版本出了问题，团队就用小版本补救；如果增加小版本，正常的版本投入又打了折扣，这样的状态又持续了近 1 年的时间。

终于，在 2017 年的 618 店庆版本中，所有的问题都集中爆发了。灰度崩溃率多次超线，团队持续 1～2 周加班。虽然在大促前成功发版，但依靠的是所有人不眠不休的日夜奋战。这次的问题引起了高层领导的深思，在版本回顾的时候，领导直接要求团队进行敏捷转型，实现 2 周发版，用敏捷的方式改变整个团队的工作状态。从此，团队开始了这场真正的自上而下的转型之战。

这次转型的任务是艰巨的，因为整体团队涉及上千人，在进度加快的同时，还需要保证每一个需求都不能丢掉，质量不可以下降。

4.4.2　转型方案

在上述情况下，团队首先进行整体转型规划，设计整体转型方案，整体规划经历了如图 4-35 所示的几个大的阶段。

图 4-35　京东购物 App 敏捷转型规划

全面调研。在开始转型时，团队向专家级敏捷教练王立杰老师请教专业问题，共同讨论转型方案与路线图；联系友商团队，进行交流并学习优秀实践。

组织调整。在组织架构层面，团队打破原先的职能组织，在多条职能的上层建立产品线，组建虚拟的 Domain 团队。在团队角色方面也进行转换，原先的项目经理对应转换为 SM，原先的产品经理对应转换为 PO，原先的研发测试对应统称为 Team。自上而下，全面敏捷。

方法导入。为了在敏捷方法论层面达成一致，团队相继开展全员培训 20 余场次，优化研发工具，最终形成统一的流程规范，并且制定团队改进目标及指标。

树优协劣。团队在逐渐有了自己的节奏以后，开始总结最佳实践落地的方法。优化需求管理，采用团队测评赛马制度，并且针对团队的部分优化点进行专项指导。

效率提升。各团队首先要做的是持续改进，每次迭代都会有一点改进优化，并且要让团队成员看到自己的变化。从提升团队研发效能的目标出发，推行全面工具化，建立研发文化，从而保证研发质量，更快（早）交付价值，拥抱变化，减少浪费，提升团队效率。

4.4.3 转型实践

关于具体的敏捷落地实践，介绍 8 个典型的实践案例，读者在转型实践中可以尝试这些实践方法。

实践一：虚拟团队

这里指团队成员构成的改进。原本的团队是组织架构为职能型的，涉及一千多人的研发团队。产品总监、研发总监、测试总监、项目总监分管各职能团队。这样的组织很容易形成团队竖井现象，出现各司其职、推卸责任的情况，不利于敏捷团队开展工作，但如果要进行组织架构调整，在短时间内不可能实现。

利用项目原本的人力，组成项目虚拟团队，称为 Domain 团队。每一个 Domain 团队都是全功能团队，包括产品、研发、测试、项目角色。这样就形成了标准化的 Scrum 团队，团队成员目标统一，具备风险共担意识，能有效避免角色间互相推诿的情况。京东购物 App 的敏捷 Domain 团队如图 4-36 所示。

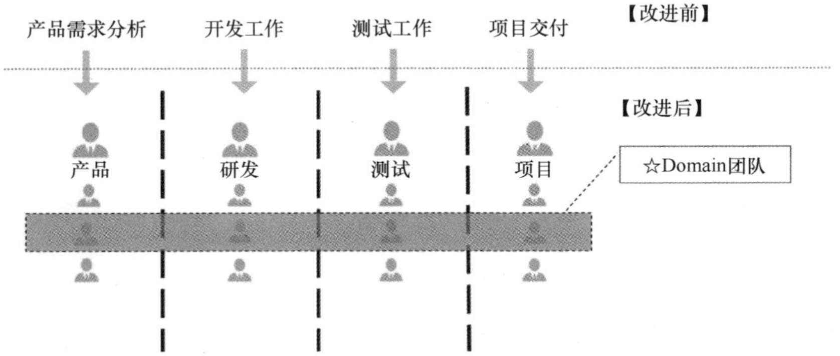

图 4-36　京东购物 App 的敏捷 Domain 团队

实践二：全员培训

在转型开始阶段，要使全员目标一致，组织团队培训是行之有效的方法。在本案例中，在 2 个月内，先后安排的培训有三四十场。每一次培训都做好详细计划，明确培训目标。在方法论上对齐了团队，使团队在同一个思维层面上沟通。

京东购物 App 的培训路线图如图 4-37 所示，按照管理层培训、SM 培训、PO 培训、Scrum 团队培训的顺序，京东企业信息化部专家级敏捷教练王立杰老师给予了支持。

图 4-37　京东购物 App 的培训路线图

管理层培训。团队涉及很多高管，管理层的敏捷领导力认知是非常重要的。在培训中了解高管想法，说明敏捷能够做什么，能够提升什么，为什么要做敏捷转型，从而使问题在管理层达成一致，团队管理层认知统一，自上而下支持敏捷转型工作。

SM 培训。项目经理、部门领导未来都有可能成为 SM。要使他们明白要做什么、应该怎么做、为什么做、往哪方面努力。王立杰老师先后做了 3 场专业培训，公司还鼓励团队成员进行专业的 CSM 认证。全部的敏捷教练都是通过 CSM 认证的专业敏捷教练。

PO 培训。团队的产品经理是 PO 的最佳人选。他们最了解需求，最知道业务方向。拿开车来说，产品经理就像司机一样，既要打近光灯又要打远光灯。整体的产品团队约有二百人，针对百人产品团队分别做了 3 次不同时间、不同地点的 PO 培训，便于产品经理安排时间参加。

Scrum 团队培训。团队级的培训参加人数很多，需要进行培训的团队成员至少有 600 人。敏捷教练作为讲师，对其有严格的考核标准，其需要通过试讲评审环节才可以获得培训机会。本着对团队负责的原则态度，本次总共进行了 30 余场团队敏捷实战落地培训，覆盖北京、南京、上海核心业务团队、运营业务团队十几个业务团队。

总之，全员培训必须是自上而下的。这是需要全员推动的事情，只有通过自上而下的方式，效率才会比较高，得到领导的授权与支持也有利于落地。在培训后，在现场颁发证书，建立团队的仪式感。京东购物 App 敏捷培训相关专场如图 4-38、图 4-39 和图 4-40 所示。

图 4-38　京东购物 App 敏捷培训北京专场

图 4-39 京东购物 App 敏捷培训上海专场

图 4-40 京东购物 App 敏捷培训南京专场

实践三：需求拆解

对于一个庞大的 App 需求，很少有人能一下子说清楚。大家提出来的需求一般都类似于以下例子：

（1）我要做一个活动；

（2）我要增加一种优惠券；

（3）我要修改或者增加一类特殊商品。

以上每一个需求都是一个庞大的史诗级的目标。这个目标达成会涉及几个甚至十几个业务模块，这也是运转了几年的庞大系统所带来的问题，软件架构在短时间内很难改变。

京东购物 App 敏捷需求过程如图 4-41 所示，解决办法如下。

（1）产品经理作为唯一入口接收需求，由产品经理引导用户对需求进行拆解，分别拆解成想要的功能特征和目标期待。

（2）按照不同的场景分析问题和机会，请用户协助参与分析，使需求更加贴近用户。

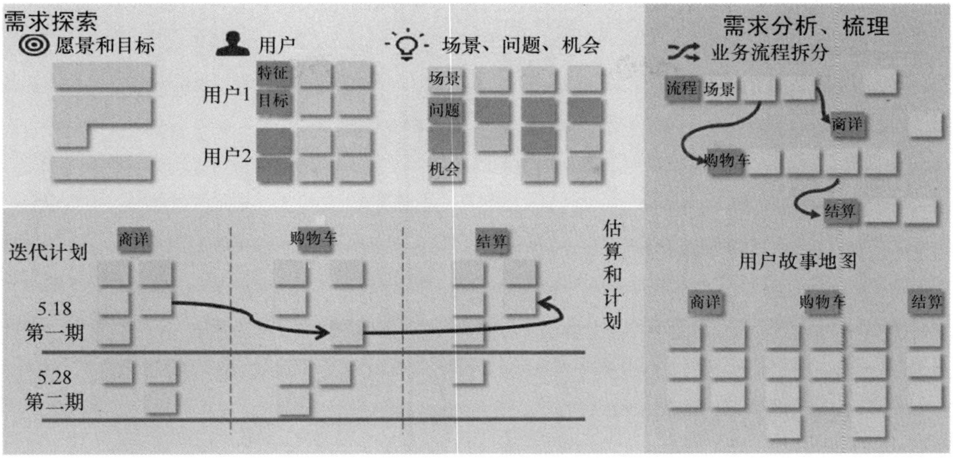

图 4-41　京东购物 App 敏捷需求过程

（3）需求流转到业务开发部门，由开发部门的产品经理进行分析和梳理，将其拆分为可以执行开发的模块。对应每个模块，应用用户故事地图进行需求分析。

（4）每个模块拿到这些需求以后，对进入迭代计划的用户故事进行评估和计算，并汇总多个业务方的需求，对每个迭代进行优先级梳理。

实践四：多团队协作

一个大型需求的解决涉及多个团队的联调，为解决这个问题并给每个团队更多的自由度，不要求每个团队迭代开始和结束时间完全一致。经过一段时间的运行，各团队都以版本发布为目标，需要发布版本的各团队迭代周期相近、节奏一致，前后偏差不超过 3 天。将团队节奏透明化后，可以在 3 个工作日内共同完成迭代计划。在这 3 天内，进行关联需求的共同计划会，解决多个团队的联调协作问题。这一点类似 SAFe 框架中的 PI Planning。

京东购物 App 关联团队共同计划如图 4-42 所示，解决了对齐问题。

实践五：版本列车

每个团队的问题解决以后，我们就该看看版本了。

（1）版本如何能够按时发布？

（2）如果需求增加导致版本等待，应如何处理？

（3）如果存在代码质量问题，版本需要等待吗？

（4）在灰度发布时，崩溃率不达标，如果延期，将会影响后续所有版本，是否应等待崩溃率达标呢？

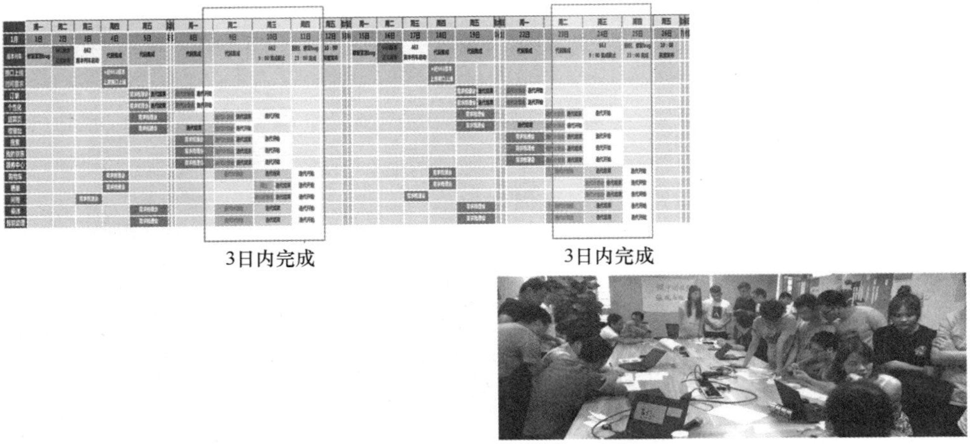

图 4-42　京东购物 App 关联团队共同计划

为了解决这些问题，版本发布规则的制定刻不容缓。首先，我们一直以来的目标是让版本和业务模块解耦。版本就像是一列飞驰的高铁列车，每个模块的需求就像是乘客。列车的停靠时间是一定的，如果乘客赶不上，只能搭乘下一趟列车。版本也一样，其发布时间是确定的，如果等待，对已经“上车”的需求不公平。对于在灰度发布或者其他任何时候出现质量问题的需求，版本会拒绝，并将其回滚。版本标准一经发布，全员必须遵守。验证需求上线前的质量，就像是上车前检票。每个团队的需求不同、业务不同，要发布的版本也可以不同，这一点由各团队自行决定是否“上车”发布。如图 4-43 所示，最终达到版本与需求完全解耦。

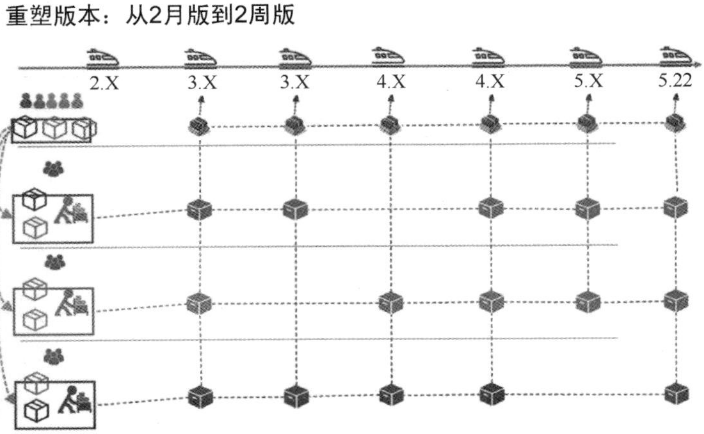

图 4-43　京东购物 App 版本与需求的解耦

规则制定的背后，要重点解决以下问题。

（1）质量控制如何做？

采用线上系统控制，代码全部通过系统线上提交。先进行在线主流程自动化测试，如果正常（系统绿色灯亮），才能进入功能测试，功能测试通过，绿灯亮并自动生成测试报告，才可以开启代码提交权限，直到版本统一关闭时权限收回。

（2）团队代码分支管理如何实现？

联合研发技术委员会优化代码分支，专门设计一套可以适应版本发布的分支管理方案。方便随时提交，具备完备的回退机制。

另外，从配套系统的角度，支持功能交付的持续交付流水线系统也在逐步迭代开发，实现自动化版本管理的目标。需要先进行代码提交环节的自动化，之后增加功能测试、代码提测、设计审核等环节。

实践六：流程规范

敏捷就不用流程了吗？敏捷就没有文档了吗？

为了时时提醒团队敏捷方法和规则，我们整理并发布了敏捷落地的工作规则，每个流程手册都力求简短明确。对于新员工和新转型敏捷的团队，可以快速学习和参考执行。

《敏捷团队流程规范》分别制定了关于 Scrum 的会议流程标准、看板工作流程标准、团队 DoD 标准等的规范。具体规范如图 4-44 所示，力求做到流程明确、责任清晰、有效落地。

《敏捷团队流程规范》：

- 明确角色职责
- 《团队DoD标准》
- 《看板工作流程标准》
- 《需求梳理会议流程标准》
- 《迭代计划会议流程标准》
- 《站立会议流程标准》
- 《回顾会议工作流程标准》
- 《评审会议工作流程标准》等

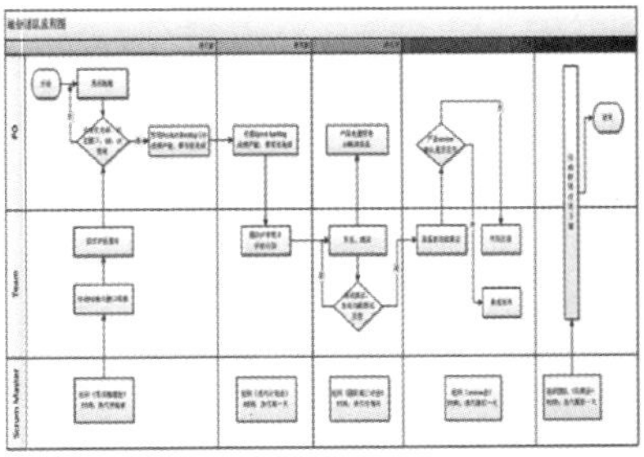

图 4-44　京东购物 App 流程规范

实践七：迭代日历

对于团队效率的提升，也有简单可行的方法。Scrum 团队应该减少会议数量，提高会议质量。Scrum 模型中的 5 个会议分别是需求梳理会议、迭代计划会议、每日站立会议、迭代回顾会议、迭代评审会议。每次组织、开展会议及编写会议纪要等都需要人力成本，把这些会议一次性和团队约定好，3 个月内的会议安排一次性解决，形成团队日历。固定时间、固定地点，建立团队节奏感。如果因个人问题或临时有其他工作导致时间冲突时，也可以提前错开团队会议的时间节奏。京东购物 App 团队日历如图 4-45 所示。

商详	周日	周一	周二	周三	周四	周五	周六
	6	7	8	9	10	11	12
		站立会议	站立会议	站立会议	站立会议	【需求梳理会议】	
	13	14	15	16	17	18	19
5月		【迭代计划会议】	站立会议	【评审会议】【回顾会议】	站立会议	站立会议	
	20	21	22	23	24	25	26
		站立会议	站立会议	站立会议	站立会议	【需求梳理会议】	
	27	28	29	30	31	1	2
		【迭代计划会议】	站立会议	【评审会议】【回顾会议】	站立会议	站立会议	

图 4-45 京东购物 App 团队日历

实践八：版本平台工具

工欲善其事，必先利其器，最后介绍的是与版本发布相关的工具。

一个由红绿灯显示质量的展示系统是很有必要的，其可以自动控制提测质量。在研发团队的共同努力下，建立了配置管理系统、打包管理系统、灰度发布系统和崩溃监控系统。原有系统各司其职，零散而分散，后来随着敏捷的推进，我们打造了一个关联的平台系统，如图 4-46 所示。

图 4-46 京东购物 App 统一管理系统

（1）配置管理系统，从无人管理到专人管理，实现多团队分支管理，实现系统配置和质量监管。该系统包括提交代码、自动化测试、自动发送测试报告、代码提交权限控制等环节，实时呈现代码质量状态，在系统实际显示时，绿灯表示通过，红灯表示不通过，灰色灯表示不涉及。

（2）打包管理系统，CI 自动化打包平台，每日自动集成，提供完备的质量保证机制、研发预警机制。预警邮件直接发送给确定的研发人员，并且实现了多分支一键打包。

（3）灰度发布系统，主要对原有灰度系统进行了优化，分别实现针对 iOS 和 Android 系统的灰度发布，并且与整体发布平台连接。

（4）崩溃监控系统，包括灰度发布质量监控平台、正式发布质量监控平台。数据监控实时报警，及时跟进效率高，并且定时自动发布同步信息邮件，以便达成对全自动化监控过程的实时预警。减少了人工参与，减少了资源使用，提升了工作效率。

4.4.4　成果与展望

经过半年多的时间，PMO 和质量团队从数据角度证明敏捷转型取得了巨大的进展，成绩喜人。团队交付效率等维度都有明显提升，具体成果如图 4-47 所示。

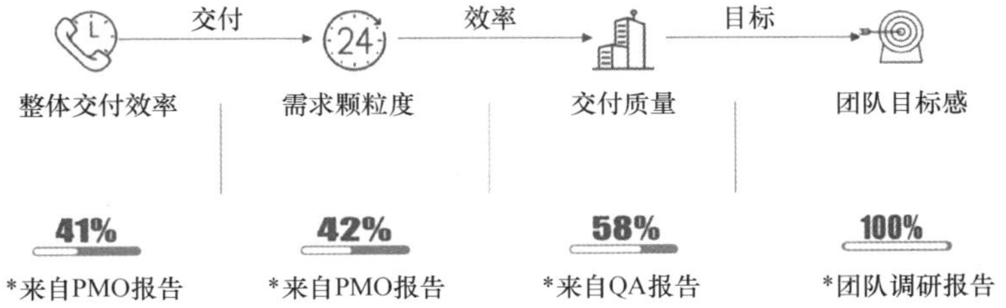

图 4-47　京东购物 App 敏捷转型成果

在整体交付效率方面，从 1～1.5 个月发布一版提升到每 2 周发布一版。项目交付效率提升 41%（对比 2017 年 8 月—2018 年 2 月的数据）。

在需求颗粒度方面，原来大需求众多，2 周无法完成迭代，有些迭代 1 个月也无法完成。经过转型后，大部分需求都被拆分，可在 2 周之内完成开发、测试、提交代码、集成、发布。与转型前相比，需求颗粒度拆解率提升 42%。

在交付质量方面，整个版本的 Bug 率减少 58%。一方面，因为发布周期短，单次需求数量少；另一方面，内建质量明显好转。打个比方就是做到了“少吃多餐、好消化”。最终实现发布准确率达到 100%，从 2 周版本开始，每一次都按时发布，从没有过延期。发布次数同比增长 50%。灰度发布版本崩溃率保持在千分之一以下，集成阶段的缺陷占比低于 2017 年全年均值。同时，实现了需求与版本全面解耦，开发与测试环境完全分离。

在团队目标感方面，团队一致认为快速交付、每一次迭代都进行持续改进使团队凝聚力更强，同时，团队为版本质量和交付共同承担责任。

最终，京东购物 App 研发的完全敏捷转型在 2018 年年初全面完成，实现了从 2 个月到 2 周的发布飞跃。展望未来，版本发布还可以更快，甚至提升为单周或每天具备发布能力。这需要配套工具和管理的提升，过程管理、需求流转、配置管理、CI 自动化测试系统、热发布、一键发布、一键打包等都应该做到更便捷、更自动。对于组织的敏捷变革，团队级转变仅仅是开始，还需要拉动产品级敏捷、业务级敏捷等。

4.5　企业信息化部 SaaS 化敏捷项目群实战

4.5.1　项目背景

随着互联网的进一步普及，企业信息化与网络化程度不断加深，中小企业对 SaaS 服务的需求将不断扩大，SaaS 移动办公平台的概念和产品将获得更多的市场认可，大量中小企业将推行 SaaS 移动办公平台，以取代之前的传统办公平台。面对这种趋势，部门制订了相应的战略，SaaS 化是京东企业信息化部的一个战略主题，具体到业务领域上，企业办公被确定为重点。企业办公 SaaS 化的目标是打造 SaaS 共享服务平台，帮助企业用户实现移动办公。平台将提供包括 IM、OA、ERP、HR、智能硬件等众多服务，并且能够将这些模块连接起来，形成一体化的服务体系。

4.5.2　项目挑战

这个项目一开始就面临许多挑战。首先，竞争对手在这个领域布局比较早；其次，企业办公 SaaS 项目包含多个产品线，如门户、考勤、即时通信、审批、物业、固定资产、在线培训等，业务复杂，需求多；再次，其涉及大部门内多个小部门的多个团队，同时也涉及和部门外京东云的协作和集成，导致利益相关者众多，沟通协调复杂、开销大；另外，方案有何独特卖点，客户是否愿意为之买单，这暂时是未知的；最后，项目时间紧、任务重，总体目标是在 4 个月内正式发布一个版本。

4.5.3　项目启动

在项目启动后，项目经理组织产品线各关键角色，如研发管理者、产品负责人、架构师等，分别进行各自产品线的初步规划及方案的初步设计，逐步推进各团队的排期。

各产品线和各团队都面临一个重大问题，即虽然整体大目标很明确，但是细节的项目范围、需求优先级都没有完全确定，边界比较模糊。每一个产品线的产品经理对自己的业务线都有自己的构想，但是对于到底能否吸引客户买单，以及自己的产品线与其他产品线的关系等，每个产品经理的观点不尽相同。

4.5.4　明确解决方案、价值主张和定位

敏捷教练王新老师根据项目面临的挑战，认为多个产品线需要一个总的、一致的“声音”，类似于多个 Scrum 团队需要一个首席产品负责人。王新老师与项目经理带领各产品线产品负责人初步梳理出汇总方案后，向部门领导 Leo 做了汇报，Leo 作为“首席产品负责人”进一步明确了产品的方向及定位，解决方案的愿景和路线图也相对明确了。

4.5.5　敏捷项目群计划会议

为了避免各产品线的产品负责人各自独立规划设计再汇总带来的各种问题，王新教练为团队介绍了规模化敏捷框架 SAFe 的项目群增量计划会议（Program Increment Planning，PI 计划会议），同时带领各团队关键角色及各部门管理者进行了第一次为期半天的 PI 计划会议，并决定每 2 个月进行一次以刷新计划。

通常来说，整体的解决方案需要考虑对各产品线的集成，但是各产品线各自规划和设计后再汇总，往往带来不一致、不匹配、偏差等常见的问题，并且在发现问题后，在相约其他利益相关者进行讨论时，也会遇到因时间不合适而不能及时进行讨论和决策的问题。而所有关键角色在一起进行跨领域的联合 PI 计划会议，能够将不可预期的事件变成定期的同步事件，从而将所有人统一到一个共同的目标和认知上，项目群整体的概貌也得以透明完整地呈现。

首先，部门领导针对企业办公 SaaS 项目的业务上下文及目标进行了宣讲，如图 4-48 所示，同时也介绍了之前确定下来的整体方案定位及初始路线图。

然后，每个团队各自计划自己的多个迭代内容，同时，对于各产品之间的依赖，统一在项目群板上进行了讨论和更新，如图 4-49 和图 4-50 所示。

图 4-48　部门领导介绍业务上下文

图 4-49　多团队讨论团队间依赖

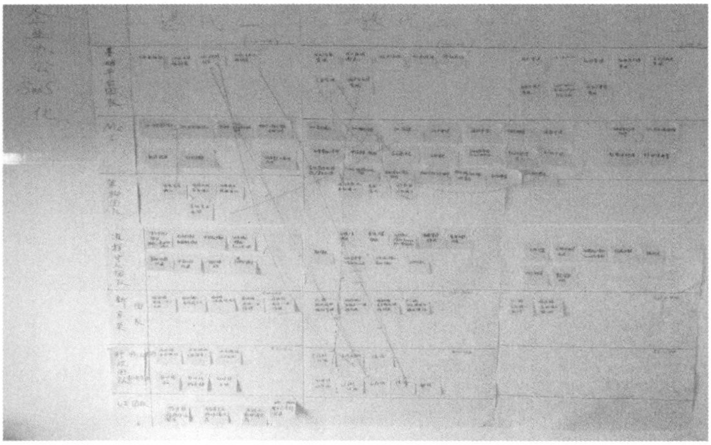

图 4-50　各团队依赖（项目群板）

各产品线根据团队之间的依赖，重新调整了各自的计划之后，对整体的风险进行了讨论，包括以下几点。

（1）各团队和基础平台的联调是否完全匹配是个难点。

（2）进度的风险。

（3）UI 团队与研发团队的配合是个难点。

（4）研发团队看不到产品原型，没有线框图，无方向感。

（5）功能投入市场后是否有竞争力。

大家一起对风险进行了分类，结果如表 4-1 所示。

表 4-1　风险分类

分类	风险	措施
已解决（Resolved）	各团队和基础平台的联调是否完全匹配	采用持续集成工具及 Mock 工具
已承担（Owned）	功能投入市场后是否有竞争力	产品负责人对接京东云，对天使客户进行试用，获取反馈
	进度的风险	对于进度风险，大家承认这是动态不确定因素，努力达成目前承诺，同时通过定期的同步会议及时、透明地沟通问题和风险
已接受（Accepted）	研发团队看不到产品原型，没有线框图，无方向感	在原型产出之前，研发团队先定义接口并对逻辑进行编码
已减轻（Mitigated）	UI 团队与研发团队的配合	UI 团队根据各产品的依赖和时间点，排出顺序，并承诺及时通告进度

最后，所有人一起进行信心投票，面对整体解决方案项目群计划，也就是透明清晰的项目群板，大家对方案的达成充满了信心，如图 4-51 所示。

图 4-51　团队信心投票

4.5.6　敏捷项目群同步会议

为了跟踪进度，同步问题和风险，决策如何推进，团队决定每周进行一次敏捷项目群同步会议，如图 4-52 所示。

图 4-52　敏捷项目群同步会议

4.5.7　各产品线小敏捷团队按 2 周迭代执行

在整体的项目群规划指引下，每个团队持续进行迭代计划会议，进一步将计划细化，并将用户故事分解成任务，同时将结果持续更新在项目群板上，相关示例如图 4-53 和图 4-54 所示。

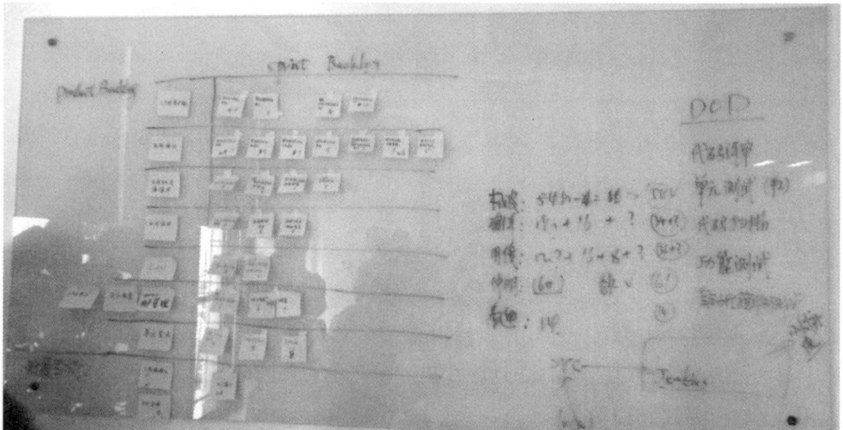

图 4-53　流程中心团队迭代计划会议

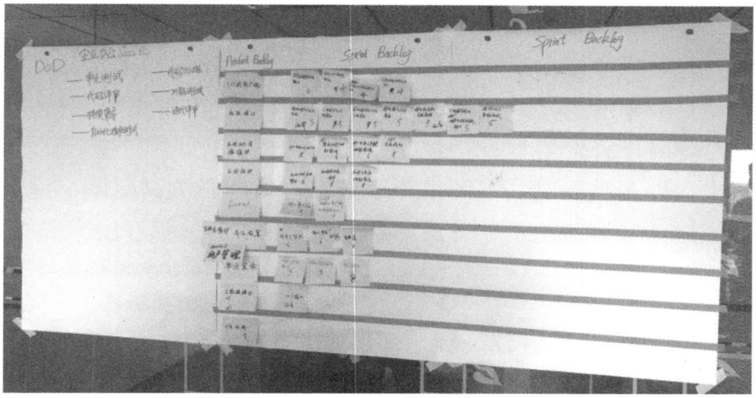

图 4-54　基础架构团队迭代计划会议

4.5.8　业务结果

我们固定好上线里程碑，并持续迭代地刷新计划，各团队同步进度、问题和风险，各产品线持续地集成和演示，不断打磨和调整解决方案细节，最终 SaaS 平台在京东云上如期上线，并且获得了天使客户的认可。

这体现了企业办公 SaaS 项目的价值，也为后续迭代和实施解决方案路线图奠定了良好的基础。同时，这也说明敏捷项目群的运作方式大大降低了价值风险、执行风险，提高了项目的成功率。

4.6　企业信息化部自动化测试实践

4.6.1　自动化测试平台建设与落地实施

自动化测试的落地与推广离不开平台的支撑。部门长期没有推行自动化，主要原因是没有一套合适的自动化平台工具。由于缺乏统一平台，大家想实施自动化，也只能在本地小范围进行，无法形成规模。为了加速推进自动化在部门的落地，部门从测试团队中抽调了 4 名成员，其在兼顾原有工作的基础上，用了近 2 个月的时间打造了 4 种不同类型的自动化测试平台：TAAS 自动化测试平台、JMAC 移动云测平台、JCPS 压测平台、SCAP 代码扫描平台，用以支撑 PC 端、移动端、性能及静态代码的自动化测试。

1. TAAS 自动化测试平台

如图 4-55 所示，TAAS 自动化测试平台是专门为 PC 端和服务端打造的自动化测试平台。整个平台以业务流程为导向，将自动化测试用例、自动化场景执行、自动化测试报告发送串联，形成一套基于流程的自动化回归闭环体系。它支持多种类型的自动化脚本的拼接组装及混合执行，让自动化不再局限于接口或 UI 中的某一种类型。同时，针对数据耦合性比较高的业务流程，支持用例之间的数据交互和传输。平台以主流程的回归测试为基础，扩大回归测试范围，提升回归测试效率。自动化测试报告如图 4-56 所示。

图 4-55　TAAS 自动化测试平台

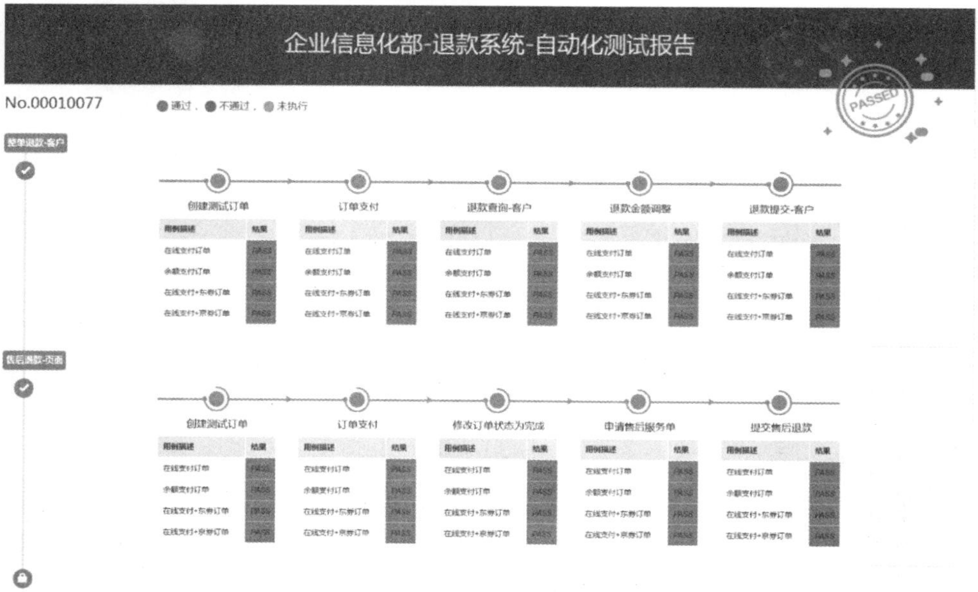

图 4-56　自动化测试报告

2. JMAC 移动云测平台

JMAC 移动云测平台为移动端自动化测试提供了一套完整的解决方案。其主要功能按照部署方式分为服务端功能、客户端功能。服务端功能主要包含自动化用例脚本维护、发布包管理、测试结果分析与报告发送、CI 接入配置、远程真机管理。客户端主要负责脚本拉取、测试执行、真机/测试账号分发等功能，相关内容如图 4-57、图 4-58 和图 4-59 所示。

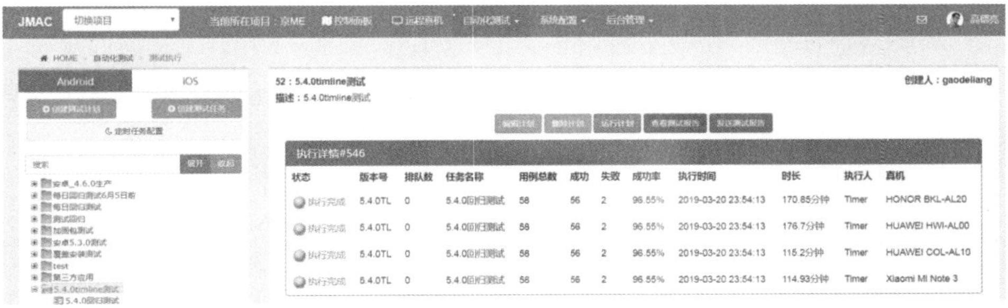

图 4-57　JMAC 移动云测平台

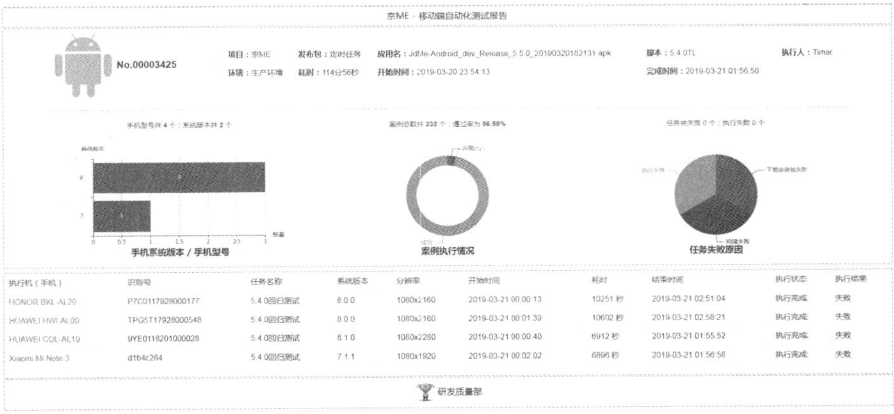

图 4-58　JMAC 移动云测平台测试报告

图 4-59　JMAC 移动云测平台真机管理

TAAS、JMAC 都是基于系统的回归测试产生的自动化测试平台，只是二者的服务对象不同，前者服务于 PC 端，后者服务于移动端。为了更灵活地支持各敏捷项目，目前这两个平台自动化的触发支持手工触发、定时触发和自动触发 3 种方式。对于敏捷项目，自动化测试最常用的执行方式是自动触发。我们将自动化测试集成到 CI 中，持续集成流水线如图 4-60 所示。

图 4-60　持续集成流水线

在提交代码后，手工触发或者自动触发 CI Pipeline，从而达到自动化测试自动执行的目的。

3. JCPS 性能压测平台

JCPS 是一种 BS 架构的轻量级性能压测平台，其架构如图 4-61 所示。该平台摆脱了繁重的客户端模式，只依托 Web 端即可完成脚本编写、调试、场景定义及压测执行等操作，在很大程度上简化了性能压测的流程，提升了压测效率。

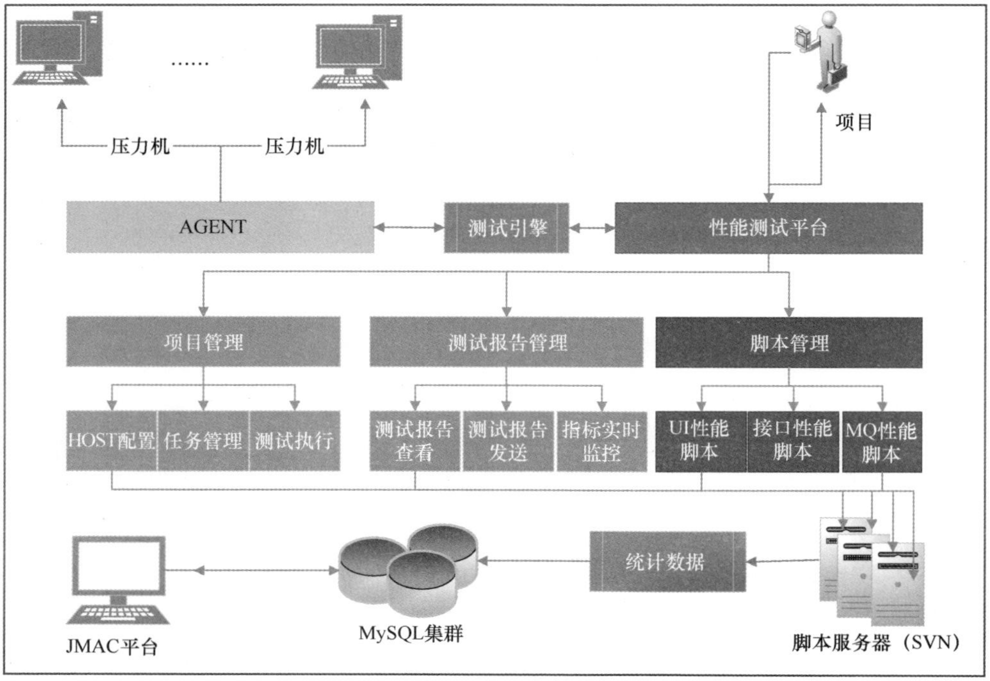

图 4-61　JCPS 架构

平台已具备，如何将性能压测运用到项目迭代开发过程中？我们基于平台开发了例行压测功能。例行压测是指在固定的容器上，运行同样压力、执行同样逻辑的性能场景，在保证容器、场景、压力不变的情况下，验证两个程序版本间的性能差异。

目前有手动执行和定时执行两种方式，在程序部署完成后，可手动执行例行压测，也可根据需要设定自动执行时间，执行完成后会自动生成对比报告，反映版本间的性能差异。

如图 4-62 所示为 JCPS 压测报告，可方便地看出本次版本的基本性能情况和历史的 TPS 趋势、响应时间（TP90）趋势、资源占用（CPU）趋势等。

测试报告：仓报价

2019-03-13 15:30:46

虚拟用户总数	运行时间	描述	TPS	平均时间	执行测试数量	测试成功数量	错误	MIN	MAX	TP90	TP99	Error%
5	00:10:00 HH:MM:SS	getCbjListByWidAndOrg	8,042.5	0.58 ms	4,794,010	4,794,010	0	0	91	2	3	0

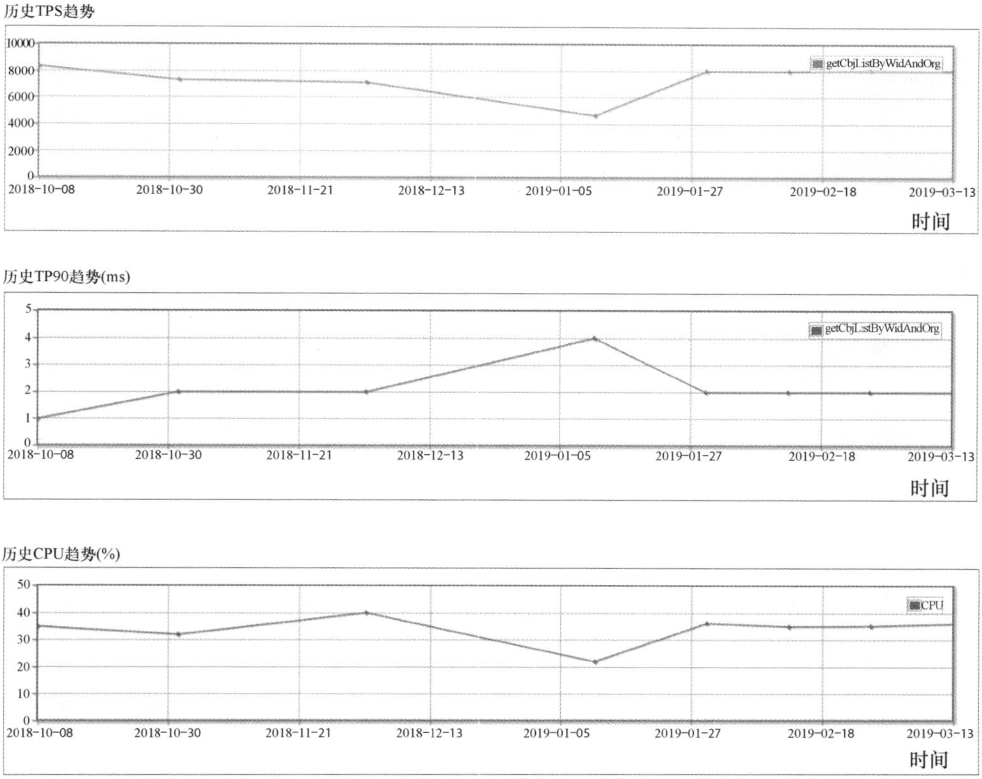

图 4-62　JCPS 压测报告

4. SCAP 代码扫描平台

SCAP 代码扫描平台是基于静态代码检查及代码质量管理需求产生的静态代码分析平台，为开发阶段静态代码检查提供了一套可行的解决方案。目前代码检查语言主要以 Java 为主，涉及编码过程中的并发处理、流程控制、OOP 规范、异常处理、性能、集合处理、命名规范、注释规范、复杂度及依赖组件检查共 90 条规则，提供源码库接入、分支扫描、规则集选择、扫描报告等功能。

SCAP 代码扫描平台架构示意图如图 4-63 所示。

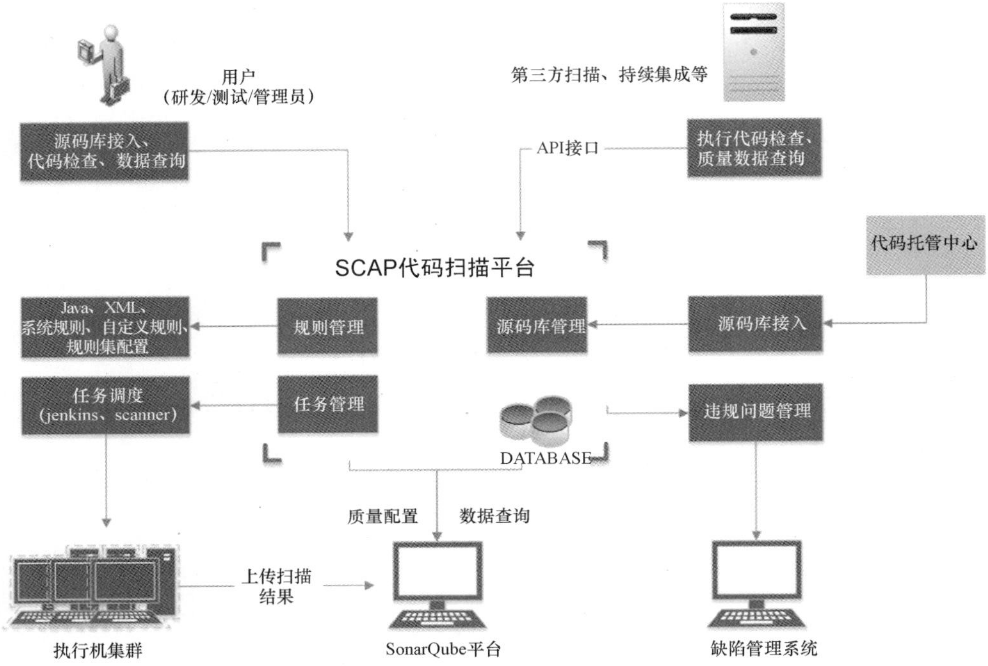

图 4-63　SCAP 代码扫描平台架构示意图

为了将代码检查和敏捷开发过程结合，SCAP 代码扫描平台做了以下改进：

（1）在触发方式方面，增加 CI 触发，在持续集成过程中触发代码检查，及时发现代码违规，并与缺陷管理系统进行对接，支持将发现的问题实时提交给缺陷系统，进行代码缺陷的跟踪与管理；

（2）向开发者提供代码检查 IDE 插件，用于开发者在编码过程中及代码提交前进行实时检查。将代码检查前置，帮助开发者避免提交不符合规范的代码的情况。

SCAP 代码扫描平台任务管理如图 4-64 所示。

任务名称		归属项目	健康度	未解决问题数	代码行数	最近检查时间	创建者	操作
京东员工福利收集_ikiv	成功	京东员工福利收集	1	39	13,430	2019-03-22 16:31:17		执行 配置 删除 规则集
京东招聘系统移动端_omgv	成功	京东招聘系统移动端	1	30	15,973	2019-03-22 16:34:56		执行 配置 删除 规则集
京东福利平台移动端_6cot	成功	京东福利平台移动端	1	6	1,499	2019-03-22 16:34:43		执行 配置 删除 规则集
京东绩效_93g6	成功	京东绩效	10	0	6,717	2019-03-22 16:36:33		执行 配置 删除 规则集
京东绩效后台服务_fwlk	成功	京东绩效后台服务	10	3	62,293	2019-03-22 16:35:22		执行 配置 删除 规则集
京东门禁系统_ytyr	成功	京东门禁系统	1	157	33,723	2019-01-18 11:46:09		执行 配置 删除 规则集
京东门禁适配系统_cnku	成功	京东门禁适配系统	1	18	4,939	2019-01-18 11:46:59		执行 配置 删除 规则集
人资业务外围数据服务_odqk	成功	人资业务外围数据服务	1	4	3,784	2019-03-22 16:30:07		执行 配置 删除 规则集
人资主数据-组织发展_bqk6	成功	人资主数据-组织发展	1	65	22,735	2019-03-22 16:34:12		执行 配置 删除 规则集
停车场静态资源部署_a78e	检查中	停车场静态资源部署	暂无	暂无	暂无	2019-03-22 16:30:10		执行 配置 删除 规则集

图 4-64　SCAP 代码扫描平台任务管理

4.6.2　自动化收益

指标——问题：自动化测试是测试的一种类型，测试的本质是预防出错及发现问题。所以，问题是自动化测试收益的一个指标。自动化主要用于回归测试，作为开发质量的报警器，回归测试发现的问题越多，就越能暴露开发质量问题。在开发质量相对有保证的情况下，实际发现的问题并不多，此时自动化回归测试就成为防护网的角色，测试人员可以被解放出来去进行更多有意义的手工探索性测试。以京东 ME 为例，京东 ME 团队一直以敏捷的模式进行产品的迭代，其自动化测试的落地效果也是相对较好的。通过自动化测试将问题暴露出来，大大降低了线上事故出现的概率，进而保障了产品质量。

指标——效率：自动化测试用在回归测试中，目的是提升效率，降低成本。相比于第一个指标，效率才是自动化收益最重要的指标。2018 年 2 月至 2019 年 4 月，在企业信息化部自推广自动化测试约一年的时间里，产出自动化脚本 2300 多个，单次运行大约节省人工测试时间 50 个小时。自动化测试的持续运转，对人力成本的节省和测试效率的提升效果非常可观。

4.6.3　小结

除了将上述几个自动化平台运用到日常工作中，让测试工作更加得心应手，企业信息化部每周都会统计汇总上周的质量情况，形成部门的质量周报，如图 4-65～图 4-69 所示。

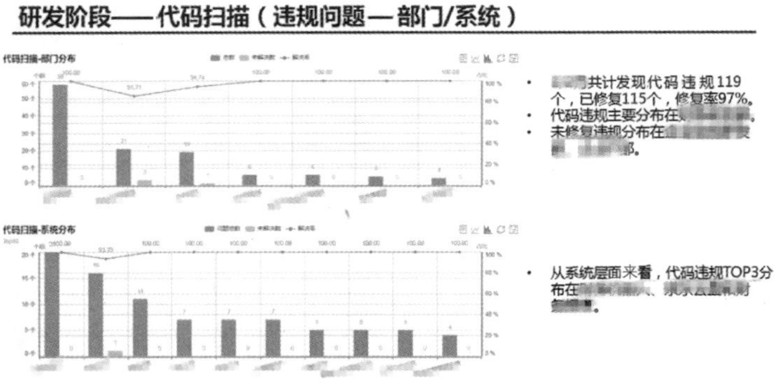

图 4-65 质量周报——代码扫描报告

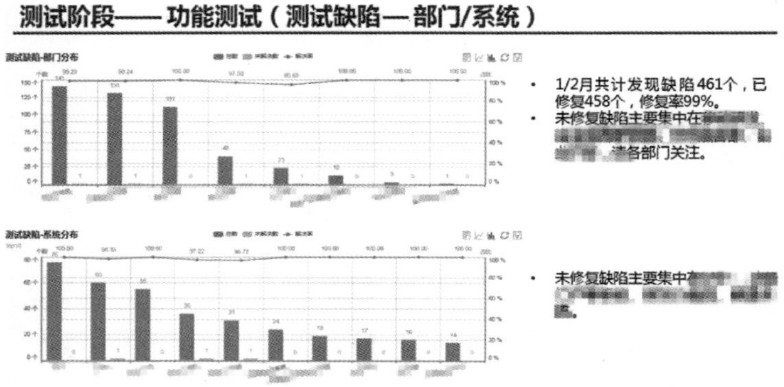

图 4-66 质量周报——功能测试报告

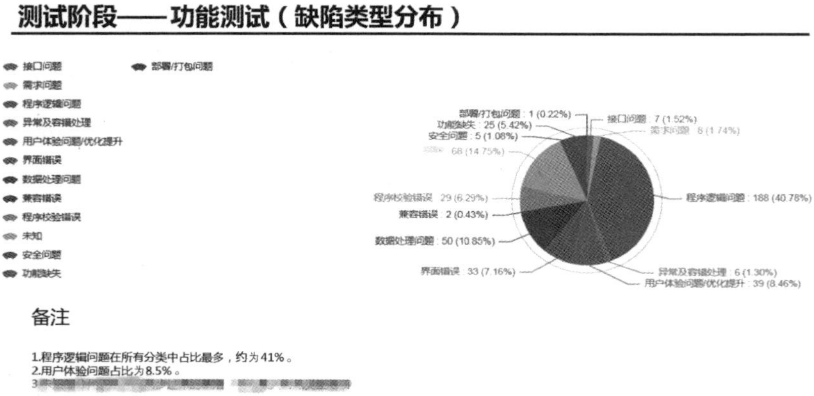

图 4-67 质量周报——缺陷类型分布报告

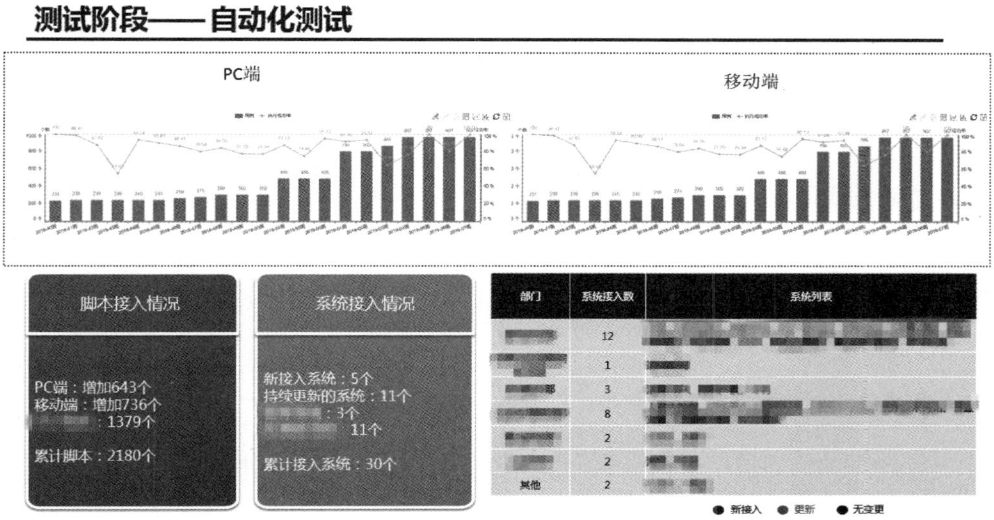

图 4-68　质量周报——自动化测试报告

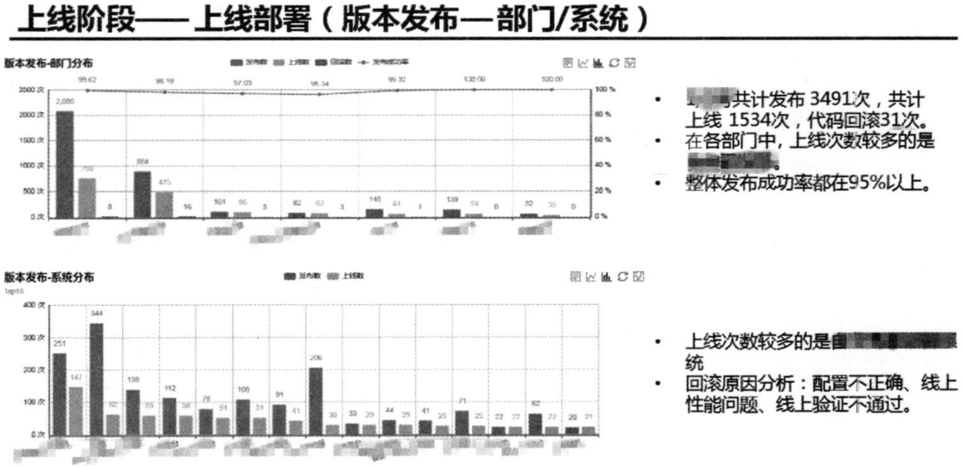

图 4-69　质量周报——上线部署报告

4.7　7FRESH 技术研发中心持续集成实践

4.7.1　业务背景

7FRESH 是京东线下生鲜超市，其实现了线上和线下业务的融合。7FRESH 系统以商城中台为依托，在其基础上构建了 7FRESH 业务平台，涵盖基础交易、商户财务、营销、店面营运和供应链等业务领域，其业务的复杂程度不亚于京东商城系统。在线下购物场景中，用户及店内工作人员对系统的稳定性和质量的要求是很高的，而且他们对系统缺陷的容忍度是比较低的，一旦系统发生故障，很容易引发投诉。面对长链条的业务场景、复杂的营销策略和由多终端设备构成的系统，研发团队要实现高质量的价值交付，是一件很有挑战的事情。从原 POP 研发团队到如今的 7FRESH 技术研发团队，团队始终坚持通过学习、应用优秀的软件开发方法和工程实践来提升研发效率和质量，一直在坚持并持续改进持续集成实践。

4.7.2 持续集成介绍

持续集成一词最早出现在 20 世纪 90 年代由 Grady Booch 写的关于面向对象程序分析与设计的书中。而持续集成真正作为一个实践开始被应用在软件开发过程中，是从 Kent Beck 提出的极限编程（XP）开始的，Kent Beck 在自己的书中描述了这个实践。关于持续集成方法论的相对完整的定义和描述，则是从 Martin Fowler 在 2000 年左右写的一篇文章开始的，2006 年，他又对持续集成做了进一步的阐述："持续集成是一种软件开发实践，团队成员频繁地将他们的工作成果集成在一起，通常每人每天至少提交一次代码，这样每天就会有多次集成；在每次提交后，自动触发运行一次包含自动化用例集合的构建任务，以便尽早发现集成问题。"

那么我们为什么要做持续集成呢？在作者看来，"集成"是个动作，我们关注的是"验证"。持续集成就是持续地验证正在开发的软件系统是否能够正常工作、是否符合代码规范及是否满足客户需求等。通过持续验证和实时反馈，不断增强团队的信心，并且能够传递给业务方或者客户。

那么研发工作中哪些"集成"点需要不断地验证呢？

（1）一个开发工程师写的不同代码块之间的集成；

（2）多个开发工程师写的不同的代码模块之间的集成；

（3）应用程序（如 Java Web 应用）与数据库和中间件的集成；

（4）不同应用程序组装成业务系统之后的集成。

那么应该如何做持续集成呢？频繁地验证必然是自动执行的，软件开发不同阶段的验证方式也是不同的：

（1）在编码阶段，通过自动化代码扫描验证是否符合编码规范；

（2）在编码阶段，通过自动化单元测试验证代码功能是否正确；

（3）测试阶段的自动化组件测试、自动化集成测试和自动化系统测试。

如今，研发团队普遍采用敏捷迭代的开发方式，编码阶段和测试阶段并不是隔离开来并线性地按顺序进行的，两者是循环交替的，甚至在 TDD（测试驱动开发）和 BDD（行为驱动开发）方法中，会优先写测试代码。因此，实际的持续集成的验证流程并不是如图 4-70 所示的线性验证流程。

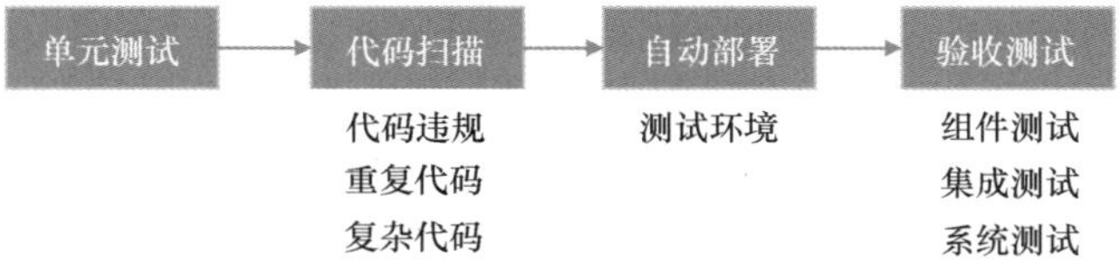

图 4-70　线性验证流程

实际上，这些不同的验证操作，在不同的集成点是需要按需组装的，如图 4-71 所示。

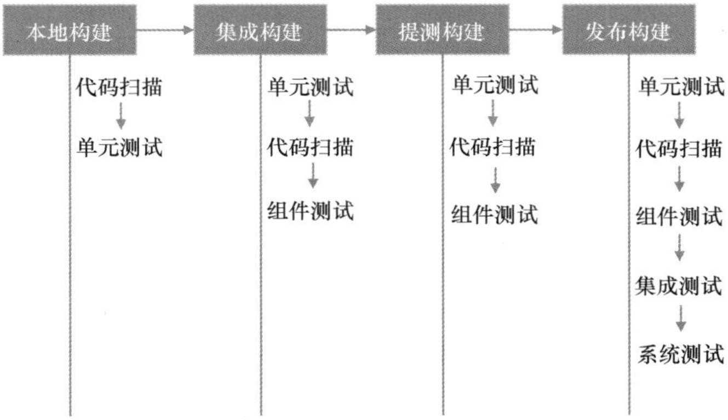

图 4-71　持续集成的按需组装测试活动

（1）本地构建：开发工程师在个人计算机上执行的自动化验证；

（2）集成构建：在集成服务器上由代码库的变更触发的自动化验证；

（3）提测构建：进入集中测试阶段前进行的自动化验证，确保程序可测性；

（4）发布构建：准备发布上线之前的自动化验证，确保核心功能的正确性。

注：自动部署是为自动化验证准备环境的一个动作集合，因此不单独列出。

这些不同阶段的构建是如何被自动触发执行的呢？一般有两种触发方式：定时触发和事件触发。

（1）定时触发：如夜间构建，通过 Jenkins 等持续集成工具来实现定时启动构建的功能；

（2）事件触发：由 SVN 和 GIT 等托管系统时，可以通过监听代码提交和代码合并等事件来启动构建执行。

4.7.3 持续集成需要的基础设施和相关工具

4.7.2 节的图 4-70 中描述的集成验证点中没有单独列出“自动编译”这个步骤，是因为编译无时无刻在执行着，开发工程师本地的代码编辑器常常自动触发编译并及时反馈编译错误，而且代码扫描和单元测试等验证步骤都是需要把编译作为前置条件的。

之所以能如此便利地进行编译操作，是因为 Maven 和 JFrog Artifactory 为我们提供了强大的自动编译和依赖库的管理功能。开发工程师在 IDE 中只需要单击“编译”按钮，或者执行 mvn compile 命令即可完成编译，服务器端的集中编译通过 Maven 的一条命令即可实现。

这些在日常研发过程中用到的支撑工具和服务，称为基础设施，如表 4-2 所示。

表 4-2　基础设施列表

构建类型	具体事件	需要的工具
本地构建	自动编译	通过 Maven 和 JFrog Artifactory 实现一键编译
	单元测试	JUnit 单元测试框架实现对用例编写、用例执行和结果反馈的支持。 Mockito 可以模拟单元测试中的外部服务依赖，从而实现单元测试用例的独立性
	代码扫描	SonarLint、Findbugs 和 PMD 等代码扫描插件可以很好地支持本地代码扫描
集成构建	事件触发	统一的代码管理工具 GIT 和 SVN 等，通过设置 Webhook 能够在出现代码提交和代码合并等事件时通知集成服务器启动构建任务
	任务管理	集成服务器如 Jenkins，用来监听代码提交事件、构建任务管理和调度、构建结果反馈
	构建任务	自动编译和单元测试，同本地构建。 代码扫描，可以通过 SonarQube 这样的代码质量工具与 Jenkins 的集成来实现。 这里的组件测试和单元测试一样，通过 JUnit 和 Mockito 来支持，该阶段的组件测试并不实际部署和启动应用程序
提测构建	事件触发	如果通过 Jira 等工具来管理“送测”，可以由集成服务器来监听提测事件，从而触发提测构建
	构建任务	自动编译、单元测试和代码扫描通集成构建实现，任务管理通过 Jenkins 实现。 该阶段自动化测试中的组件测试需要部署并启动应用程序，因此以自动部署为前提（详见自动部署）；可以通过 API 和 GUI 两种方式来测试单个服务组件或业务组件，API 测试需要支持 RPC 协议和 HTTP 协议的自动化测试框架；另外，需要自动化测试用例的集中管理工具（如在 GIT 代码库或者单独的自动化测试平台上管理自动化测试用例）

（续表）

构建类型	具体事件	需要的工具
提测构建	自动部署	需要有配置文件、数据库脚本和部署脚本的集中管理工具，方便地实现应用测试环境配置、创建数据库表和部署应用并启动。 如果采用 Docker 方式部署，则利用 Dockerfile 替代原来的部署脚本，并需要镜像管理工具的支持
发布构建	事件触发	需要企业统一发布平台的“应用发布”事件通知集成服务器启动构建任务
	构建任务	自动编译、单元测试、代码扫描、自动化测试（组件测试、集成测试和系统测试）都通过 Jenkins 等持续集成工具来实现任务调度和管理。 该阶段执行的测试属于验收测试，需要部署并启动应用程序；集成测试是服务组件或业务组件通过业务或数据流程集成起来进行的测试；系统测试多通过 GUI 测试来实现，需要支持 GUI 测试的自动化测试框架（如支持 Web UI 的 Selenium 和支持 Mobile UI 的 Appium 等）。 发布构建中的自动化测试步骤，除了被测系统外围依赖的服务需要应用 Mock 工具，其他依赖（如 DB 和中间件）都需要是实际存在的并且尽量与生产环境保持一致

本地构建同集成构建相比，二者的构建频率是完全不同的。本地构建可以随时执行，自动编译和代码扫描可以通过 IDE 中自动触发的设置实现根据代码变更自动触发，单元测试则需要开发者手动触发执行。集成构建则由每次远程提交代码或者合并代码触发，其构建频率会受代码分支策略和代码提交频率所影响。相比起前两个构建，提测构建和发布构建的次数则要固定得多，而提测构建和发布构建的次数应该是 N：1 的比例。

每次构建的启动、执行和结果反馈都通过 Jenkins 这样的持续集成工具来实现。在 Jenkins 中，可以把单个构建任务配置为一个和多个任务，多个顺序执行的构建任务可以通过 Pipeline（流水线）的功能串联起来。Jenkins 还可以通过安装相应的插件来实现邮件反馈、IM 即时消息反馈和手机短信反馈等。

4.7.4　持续编译案例

如果在每次提交代码后执行一次自动编译，验证编译是否正常，大家可能会觉得没有必要。谁会犯这种低级错误，把没有编译通过的代码提交到代码库中呢？

事实上，这种情况确实会出现，从代码库拉取最新代码准备部署集中测试的时候，才发现编译失败，此时开发工程师需要重新修复编译问题。

Martin Fowler 建议每个开发工程师每天都要往基线分支（主干分支）提交代

码，每次提交都要触发集成构建。他给出这种建议，是为了确保代码合并冲突等问题能够尽早发现，尽早解决。该建议对应的分支策略就是“主干开发，主干发布”。

从 2014 年到 2015 年年初，作者支持的京麦团队开始尝试基于 SVN 的“单分支开发，主干发布”分支策略，并结合持续的自动编译来确保提交的代码不存在代码冲突和编译错误。对于一个应用程序，大概会有 2～3 个开发工程师同时提交代码到同一个分支中，可以说这种分支策略和持续的自动编译是相辅相成的。向同一个分支提交的频率越高，出现编译和冲突问题的概率就越大，因此初期通过持续的自动编译把大家拉上正轨，后来每个开发工程师在每次提交代码前都会提前签出服务端代码到本地进行本地编译构建，确保通过后才提交代码至 SVN，持续的自动编译的作用逐渐变小。

单分支开发模式如图 4-72 所示。

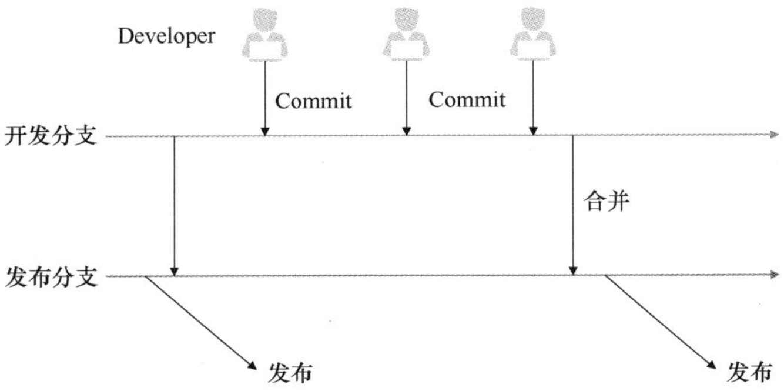

图 4-72　单分支开发模式

当时的反馈方式是比较有趣的，主要采用了 Jenkins Monitor 面板，结合 CruiseControl.NET-CCTray 实现了声音反馈和 LED 灯视觉反馈。可以想象，每当构建失败的时候，会发出机关枪的声音，并配合红色的 LED 灯，还会在失败的构建任务条上显示最近一次提交代码的开发者。

如图 4-73 所示为京麦团队的持续集成示例相关场景，研发高级副总裁李大学参观京麦团队的敏捷和持续集成实践。

京麦团队是京东研发内部实践敏捷开发和持续集成的先驱团队，敏捷教练杜伟忠、姜信宝和王立杰等人给予了极大的支持和帮助，团队研发 Leader 兼 Scrum Master 王栋积极推进团队内部成员学习和落地敏捷实践，京麦团队当时归属于 POP 研发，而 7FRESH 技术研发团队的前身也正是 POP 研发。

图 4-73　京麦团队的持续集成示例相关场景

4.7.5　持续代码扫描案例

如果有人问持续集成实践从哪里入手，作者根据这几年的实践经验给出的建议是，在完成了初期持续的自动编译尝试后，下一步应该做的是持续的自动代码扫描。

在 4.7.2 节中，我们探讨了在软件研发过程中的自动化验证操作，最主要的两个就是自动代码扫描和自动化测试。实现持续代码扫描的大量投入是一次性的，只要通过搭建 Jenkins 和 SonarQube 工具实现了持续代码扫描机制，后面的投入就是阶段性的代码规则集更新和扩展。而自动化测试则不同，除了开发适合的自动化测试框架和搭建自动化测试平台，后续还要持续不断地维护自动化测试用例和脚本，才能确保自动化测试用例能够持续地执行并取得验证的效果。

在做持续代码扫描之前，开发工程师也会在本地 IDE 中运行 FindBugs、PMD 和 Checkstyle 等工具来检查代码风格和代码潜在缺陷。但是这种单纯依靠自觉的方式不能满足整个团队对于高质量代码的要求。而 SonarQube 代码扫描工具可以通过插件的方式很好地集成 FindBugs 和 PMD 的代码规则，并且支持自定义扩展代码规则。SonarQube 扫描的 3 种违规如图 4-74 所示。

（1）Code Smells：坏味道，通常指不好的编码风格和习惯；

（2）Bugs：潜在的代码缺陷；

（3）Vulnerabilities：潜在的安全漏洞。

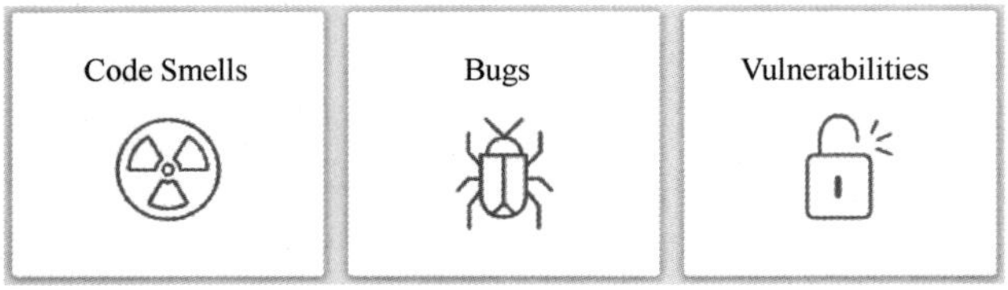

图 4-74　SonarQube 扫描的 3 种违规

最初，通过 SonarQube 做代码扫描遇到的最大问题是，采用默认的包含 400 多条规则的规则集扫描出来的违规太多了，会极大打击开发工程师的信心。在需要快速交付业务功能的同时，还要在短期内修改包含遗留代码在内的上百个代码违规，一般的开发工程师是难以做到的。

1. 代码扫描规则定制

那么我们的做法是从裁剪和定制代码规则集着手。

第一种方法：通过扫描全量代码，我们发现 80%以上的代码违规集中在十几条代码规则中，经过筛选，最后得出 TOP10 代码规则集，应用 TOP10 代码规则集后，违规的数量只减少了一部分，但是由于规则更加聚焦，能够使开发工程师更快地修复违规，甚至在写代码的时候就能杜绝违规。早期的 TOP10 代码规则集示例如图 4-75 所示。

序号	TOP 10问题（阻碍+严重）	严重程度
1	Doday-Dead store to local variable	严重
2	Throwable.printStackTrace(···) should never be called	严重
3	Performance-Method invokes inefficient Number constructor; use static value of instead	严重
4	Throwable and Error classes should not be caught	阻碍
5	Dodgy-Write to static field from instance method	严重
6	Correctness-Possible null pointer dereference	严重
7	Correctness-Nullcheck of value previously dereferenced	严重
8	Correctness-Possible null pointer dereference in method on exception path	严重
9	Dodgy-Load of known null value	严重
10	Dodgy-Useless control flow	严重

图 4-75　早期的 TOP10 代码规则集示例

第二种方法：经过一段时间的代码扫描和违规修改后，我们在 TOP10 规则集的基础上进行了一次扩展。这次的方法是，首先初筛 Bug 类型的规则，然后经过一线研发架构师的评审，找出了 50 条在日常开发过程中易犯的问题。规则集类型和严重等级分布如表 4-3 所示。

表 4-3　规则集类型和严重等级分布

规则集名称	语言	类型分布	严重等级分布
7FRESH Base Rules	Java	Bug 47，Code Smells 3	阻断 15、严重 32、关键 3

推进这 50 条默认规则集在实际项目中进行应用的过程又分为 3 个阶段：

（1）基线阶段：设置起始时间点的代码违规数量为一个基线，确保以后每次扫描不会新增，暂时不清理遗留代码中的违规；

（2）核心应用清理阶段：从全部 200 多个应用中挑选出 10%的核心应用，开展遗留代码的违规清理工作，并修改完成；

（3）大范围清理阶段：全部应用均使用 50 条代码规则集，并完成 92 个重要应用的遗留代码的违规清理工作。

基线阶段持续半年左右，又经过 5 个月的全员违规清理，终于在 2017 年年中的时候完成全量违规的清理。具体数据：92 个应用，72 个去重后的代码库，总代码行数超过 270 万行，13 个研发团队参与，共修复代码违规 1678 个。

该阶段的工作得益于研发总监王彪的大力支持和质量团队负责人张琪的强力推动，还有研发架构师阎华、付学良、刘刚强等人的积极协助，在各研发团队 Leader 和成员的共同努力下，完成了一个里程碑式的代码质量提升。

第三种方法：基于 SonarQube 的 API 扩展开发自定义的代码规则。SonarQube 原生的规则集并不能满足所有的使用需求。因此在调研了 SonarQube 的规则扩展方式后，我们自行开发了 3 种类型的自定义代码规则，具体如下。

（1）第三方依赖库的版本扫描规则：例如，Struts2 的版本低于某一版本时存在安全风险，可以通过扫描 POM 文件来发现此问题；

（2）应用程序编码格式扫描规则：为了支持国际化功能扩展，要求所有代码编码格式为 UTF-8，可以通过扫描配置文件和源码文件来发现此问题；

（3）SQL 注入风险扫描规则：通过扫描 Mybatis 的配置文件来发现是否存在容易引发 SQL 注入风险的特殊符号。

第三方依赖库的版本扫描规则样例如图 4-76 所示。

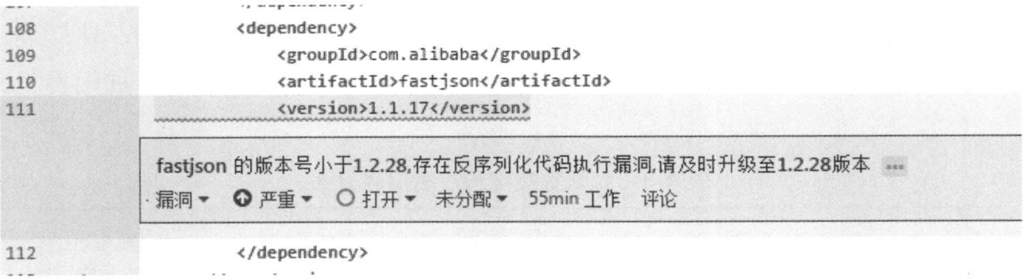

图 4-76　第三方依赖库的版本扫描规则样例

以上 3 种方式已经基本能够满足日常的代码扫描需求。

2. 代码扫描触发时机

代码扫描在本地构建、集成构建、提测构建和发布构建中都会执行，代码扫描的触发机制为以下 3 种。

（1）定时触发：最容易执行的代码扫描就是定时触发的主干代码的扫描。这种方式执行频率固定，并且可以设置在夜间执行，在服务器资源不足的情况下，可以在白天执行其他构建任务，在夜晚定时执行代码扫描，从而实现服务器资源的充分利用。

另外，定时扫描对日常研发工作的干预较少，开发者在第二天可以收到代码扫描的报告，显示主干代码上有哪些待修改的违规，这样开发者也可以合理安排时间来修复相应的代码违规。定时扫描在每日反馈的同时，还可以通过周报来持续跟进违规情况和修改进度。

定时触发是通过 Jenkins 的构建触发器来实现的，如图 4-77 所示。

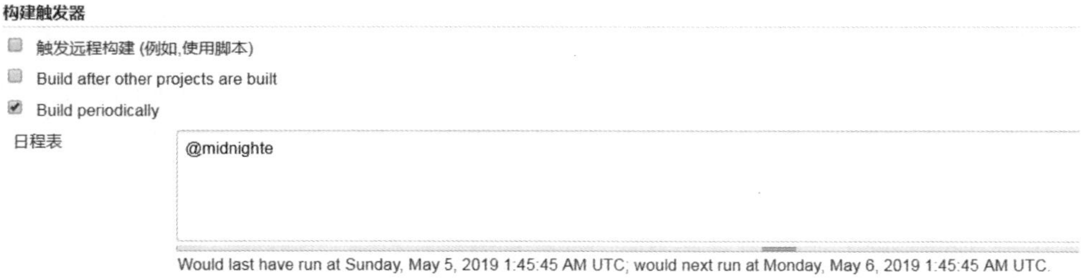

图 4-77　Jenkins 构建触发器的定时触发配置

可以通过安装 SonarQube Scanner for Jenkins 插件来实现 Jenkins 与 SonarQube 的集成，还需要在具体的代码扫描执行机上安装 SonarQube Scanner，之后就可以通过如图 4-78 所示的配置来实现由 Jenkins 触发的代码扫描构建了。

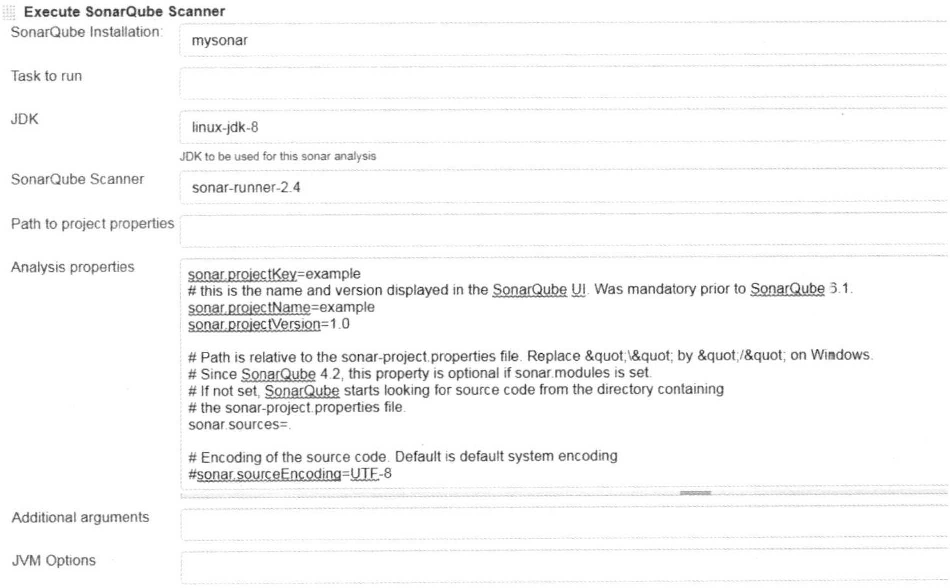

图 4-78　Jenkins 触发代码扫描配置

定时触发的代码扫描可以通过在 SonarQube Server 端设置 Quality Gates 来判定扫描任务是否通过，并通过配置邮件反馈设置来给相关干系人发送邮件。例如，“新增的违规数量大于 0 则扫描失败”的配置如图 4-79 所示。

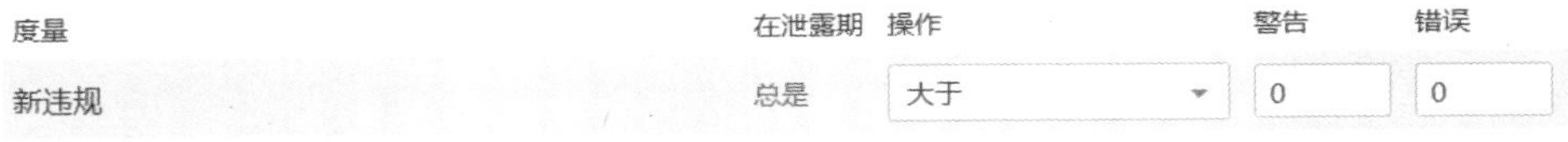

图 4-79　“新增的违规数量大于 0 则扫描失败”的配置

（2）事件触发：由事件触发的代码扫描及时性更高，开发工程师一旦提交代码到 GIT 或 SVN 中，即刻触发扫描并给予反馈。从大家普遍开始将 GIT 作为代码管理仓库以来，大多数研发团队均采用“特性分支开发、主干发布”的分支策略，如图 4-80 所示。

在该分支策略下，每次针对一个新的需求特性（拆分后的用户故事）拉出一个新的分支，在开发完成后即合入主干，在合并完成后便可以删除相应的特性分支。从图 4-80 可以看出，特性分支 A 和特性分支 B 均要在开发完成后合入主干，那么为了保障主干代码的干净（不引入新的代码缺陷），需要在合并之前加入一个关卡。例如，在代码扫描关卡，只有通过代码扫描的分支才具备合入主干的资格，当然在实际操作中，除了自动代码扫描，还要有人工代码评审（Code

Review）的环节。

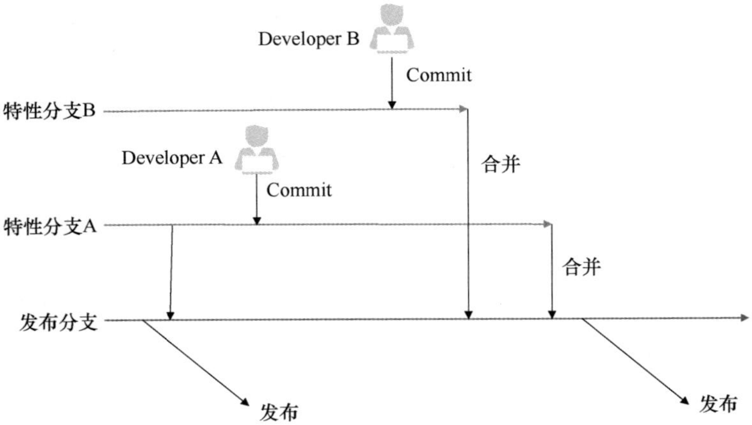

图 4-80 “特性分支开发、主干发布”的分支策略

以 Gitlab 为例，在合并分支到主干前有一个 Merge Request 的流程，通常只有代码库的管理员才有权限单击“接受合并请求”的按钮。此时就可以在人工评审合并请求之前加一个前置动作，如代码扫描。可以通过 Gitlab 的 Webhook 或者 Jenkins 的 Gitlab Merge Requests Builder 来实现，Jenkins Gitlab Merge Requests Builder 插件配置如图 4-81 所示。

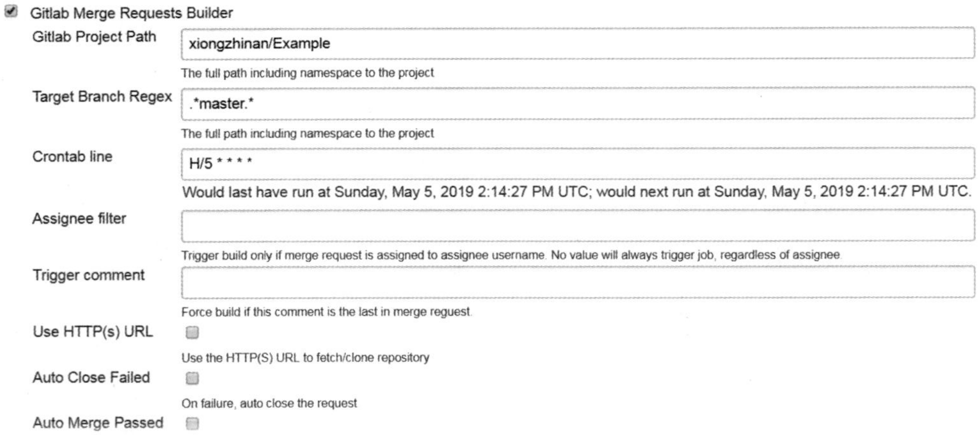

图 4-81 Jenkins Gitlab Merge Requests Builder 插件配置

还可以通过该插件把扫描的结果信息以注释的方式同步到 Gitlab 上对应的 Merge Request（合并请求）下。一旦扫描不通过，可以很方便地利用 Gitlab 的邮件通知功能，通知相关干系人先清理新增的违规，然后再重新提交代码，这样还

可以为管理员节省一些审核低级错误的时间。Gitlab 的 Merge Request 反馈页面如图 4-82 所示。

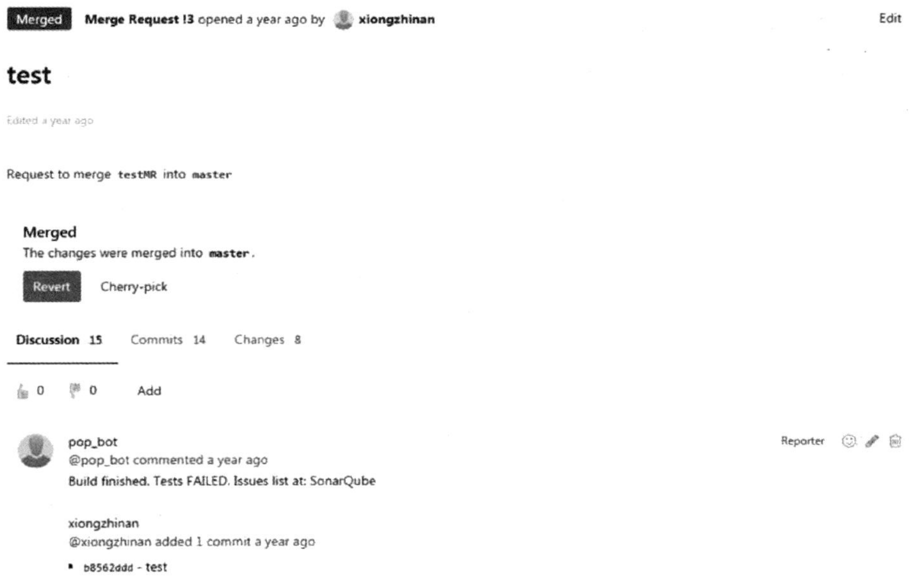

图 4-82　Gitlab 的 Merge Request 反馈页面

在实际应用过程中，这种与 Gitlab 代码库打通，把代码扫描结果直接反馈到代码库中的方式，非常受开发工程师的欢迎。另外，在 Merge Request 的合并事件中，还可以加入单元测试、组件测试等构建，前提是一定要确保构建执行足够快（5～10 分钟），能够快速反馈。除了采用 Jenkins 插件的方式，非常推荐大家尝试使用 Gitlab Webhook 和 Gitlab CI 来实现事件触发。

（3）本地扫描：最快的解决代码违规的方式，就是在一开始编写代码的时候就能及时把它扫描出来并修改掉。这也是开发工程师最喜欢用的代码扫描方式——本地扫描。支持本地扫描的工具和插件很多，为了和服务端的扫描保持一致，我们采用 SonarLint 插件来实现本地扫描。

SonarLint 能够实现与 SonarQube Server 端的规则同步，并且能够实时触发代码扫描，直接又方便地把扫描结果反馈到本地 IDE 中。IDE 本地 SonarLint 扫描的实际效果如图 4-83 所示。

需要注意的是，本地 SonarLint 的代码扫描默认按照全量规则扫描，只有在配置好与服务端的连接以后，才可以选择服务端的相应规则集，而且要确保服务端至少有一个具备查看权限的 Project，因为规则的同步是通过匹配 Project 来实现的。SonarQube Server 服务端配置如图 4-84 所示。

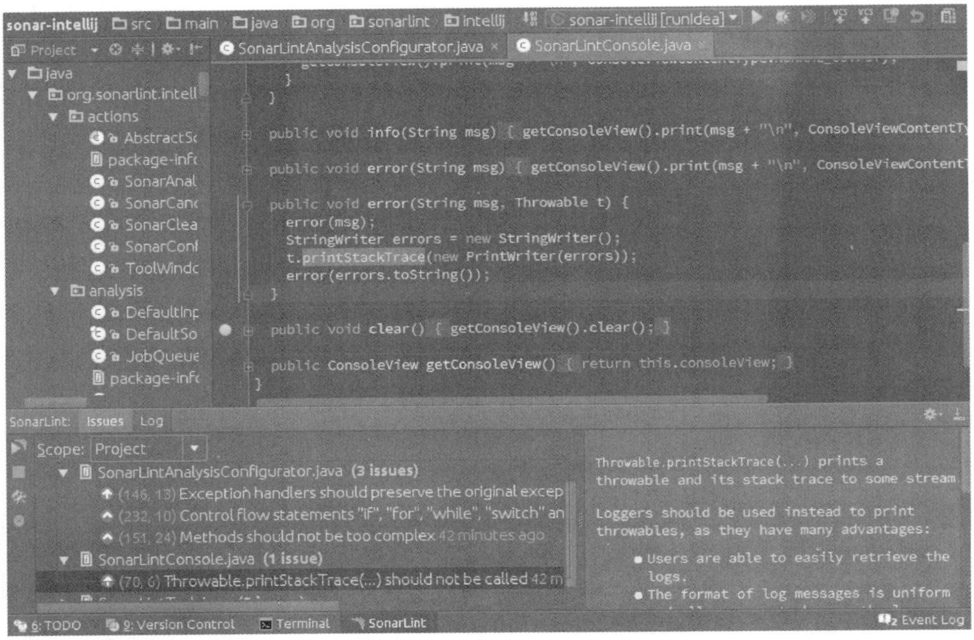

图 4-83　IDE 本地 SonarLint 扫描的实际效果

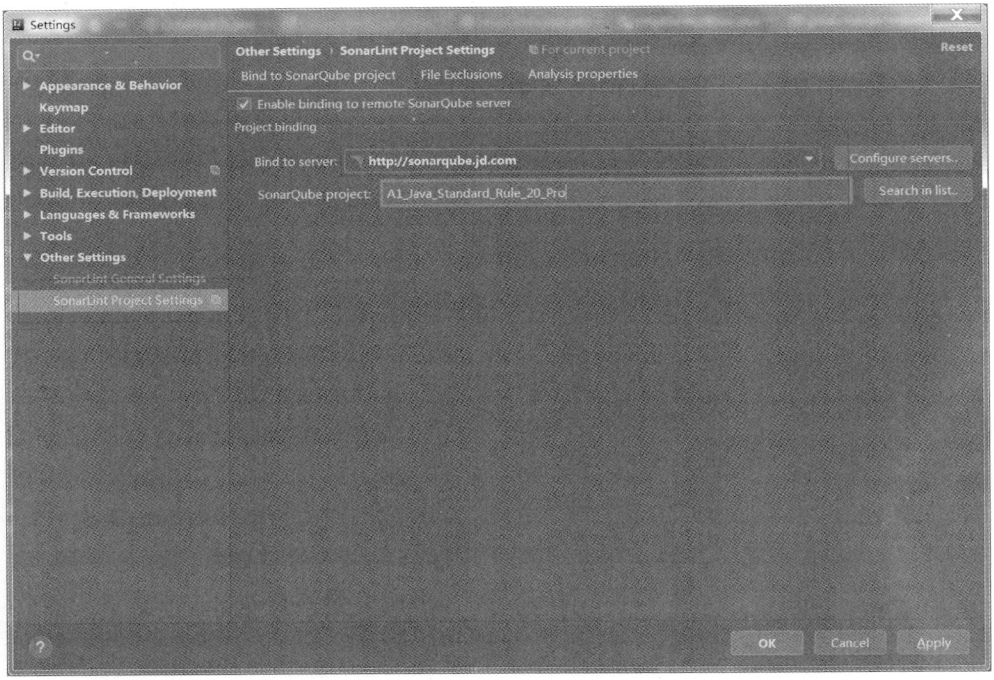

图 4-84　SonarQube Server 服务端配置

另外，很多人会问 SonarLint 是否能够把扫描结果同步给服务端，目前，在社区版本的 SonarLint 中是不支持该功能的，也就是说只能实现从服务端向 SonarLint 客户端的单向规则数据同步。

4.7.6　持续自动化测试案例

自动化测试实践作为一个独立的工程实践，应该比持续集成还要早出现。自动化测试与手工测试是相对的，以测试用例的自动化执行来代替大量重复的手工测试，从而达到提高效率的作用。

那哪些日常测试工作可以实现自动化测试呢？我们可以参考 Brian Marick 的测试四象限，如图 4-85 所示。

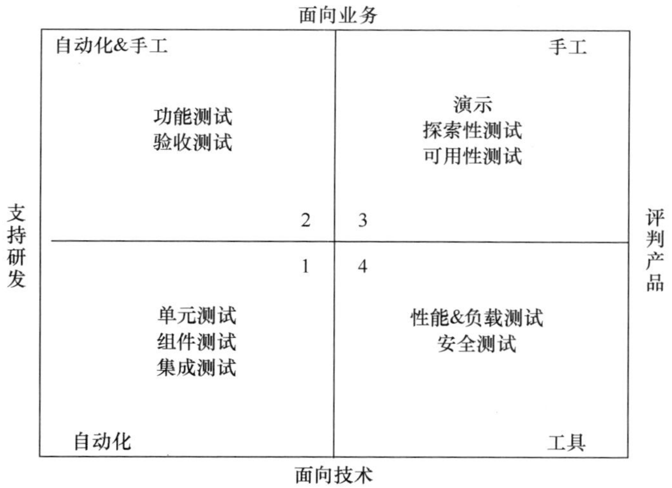

图 4-85　Brian Marick 的测试四象限

针对各种测试的分层和构成比例，Robert C.Martin 给出了分层建议，Robert C.Martin 的测试金字塔如图 4-86 所示。

从开始写第一行代码到将系统交付给客户，在这一过程中，肯定是越早发现问题，修复成本越低；如果系统已经基本成型，再发现一些缺陷或者比较严重的问题，其修复成本是难以估量的，甚至可能需要返工重做。有些团队确实做得不好，在项目初期为了应付业务压力，拼命加班写代码而疏于测试，这必然会导致很多问题遗留到项目后期，到后面又开始拼命改 Bug。这样的恶性循环对于团队和个人都是极为不利的。

注：在有些情况下，这种行为是对团队成员的错误考核引起的，如将开发人员的代码行数、修改 Bug 数量和测试人员的发现 Bug 数量作为考核依据。

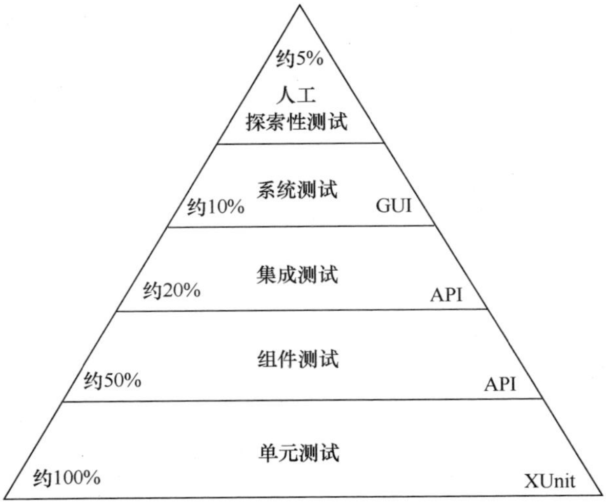

图 4-86　Robert C.Martin 的测试金字塔

因此本着尽早发现系统缺陷的原则，应该在开发早期就投入尽量多的精力来进行自动化单元测试。Robert C.Martin 给出的建议是，单元测试覆盖率要达到 90% 以上，然后在集成过程中逐层递减，最后的人工探索性测试的重点是设计测试场景和探索测试路线，尽量确保能够实际命中关键而又不易察觉的代码路径和复杂场景。

理想与现实还是有差距的，我们在实践自动化测试的过程中，并没有按照从下到上的顺序来开展，而是从比较容易实现的 UI 级别的自动化测试开始的。

1. UI 自动化测试实践

在一般情况下，用原生的支持 Web UI 的自动化测试工具 Selenium 或者支持 Mobile UI 的自动化测试工具 Appium 也是可以的。不过大多数团队会选择自己在原生框架和工具的基础上做一些封装，以达到以下目的。

（1）通过对原生 API 进行封装，实现数据驱动或者关键字驱动，以便更容易编写出简洁易懂的自动化测试脚本；

（2）通过扩展或者调用 JUnit 和 TestNG 框架的结果监听功能，实现满足团队和个人需求的自动化测试报告展示功能。

如图 4-87 所示为基于 Selenium 实现的支持 Web UI 的自动化测试框架——EAT 的结构图。

在实际的应用过程中，我们发现 UI 自动化测试的局限性比较大。有时刚写完大量的自动化测试用例，就启动了系统整体 UI 改版，这时就需要投入大量的精力来修改旧的自动化测试用例。

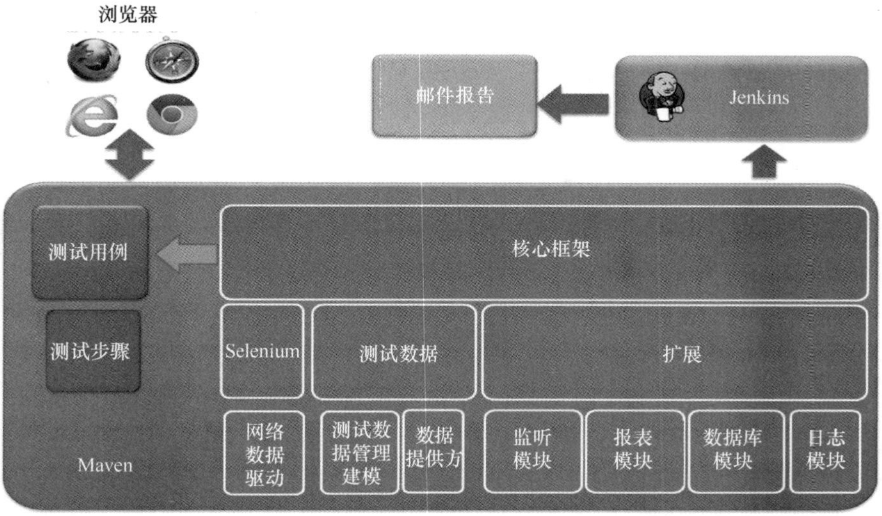

图 4-87　基于 Selenium 实现的支持 Web UI 的自动化测试框架——EAT 的结构图

UI 自动化测试应用得比较好的一些场景是半自动化地创建测试数据。做 POP 业务的时候，促销这样的业务条线属于基础条线，很多时候别的业务条线在做业务测试的时候需要依赖促销数据。下面举一个构造订单测试数据的例子，如图 4-88 所示。

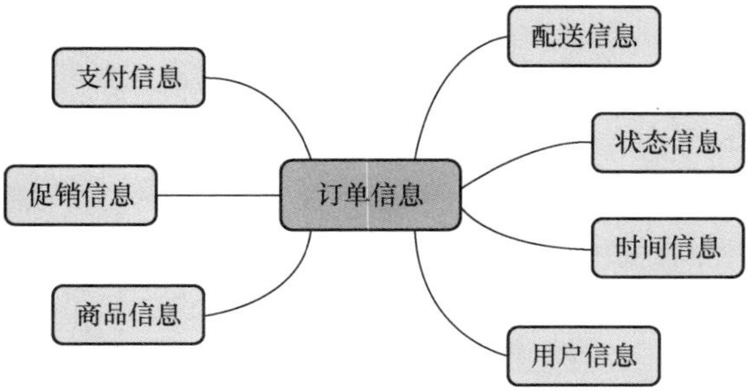

图 4-88　构造订单测试数据示例

假设在大促的时候要对苹果品牌的系列手机和产品做一些满减促销活动，那么，订单业务条线需要验证符合促销逻辑的商品组合订单能否正常下单。这时候订单条线的测试人员对其他业务条线的业务不一定很熟悉，不能很顺利创建一些商品的组合促销，往往会请求促销业务线的测试人员的协助，以创建符合条件的促销商品。

这样的数据构造工作如果都手动执行，是不小的工作量，给促销业务条线的测试人员造成了一定的负担。那么，如果能够自动化地批量创建一些数据，效率便会大大提升。由于业务数据的复杂性，如果直接操作数据库去创建数据，在不了解所有关联表的细节时，往往会造出来一些无法使用的脏数据。而直接通过 Web UI 构造数据就不会发生这种事了。可以通过编写 Selenium 脚本来操作浏览器，批量创建测试数据，在这种情况下，自动化测试脚本只需要构造正向逻辑的数据，不需要很细致地包含逆向验证的逻辑，就会大大提升自动化脚本的容错性。在基础业务数据结构不变的情况下，这种自动化创建数据的脚本可以应用很长时间。

2. API 自动化测试实践

测试团队通过编写较容易的 UI 自动化测试用例，提升了编码技能，熟悉了测试框架和自动化测试流程。此时开展 API 的自动化测试就比较容易了。

注：之所以作者认为 UI 自动化测试用例的编写要相对容易，是因为像 Selenium 这样的工具提供了傻瓜式的录制回放功能，而且能够很直观地看到自动化脚本操作浏览器中控件执行各种动作，从而便于理解和调试。而 API 自动化测试需要具备一定的 HTTP 或 RPC 协议知识基础，另外，构造如 Json 格式的测试数据会比 UI 自动化测试数据复杂一些。

公司内部大多数应用是通过 RPC 调用来相互通信的，如图 4-89 所示是基于早期的 SAF 协议封装的接口测试框架。

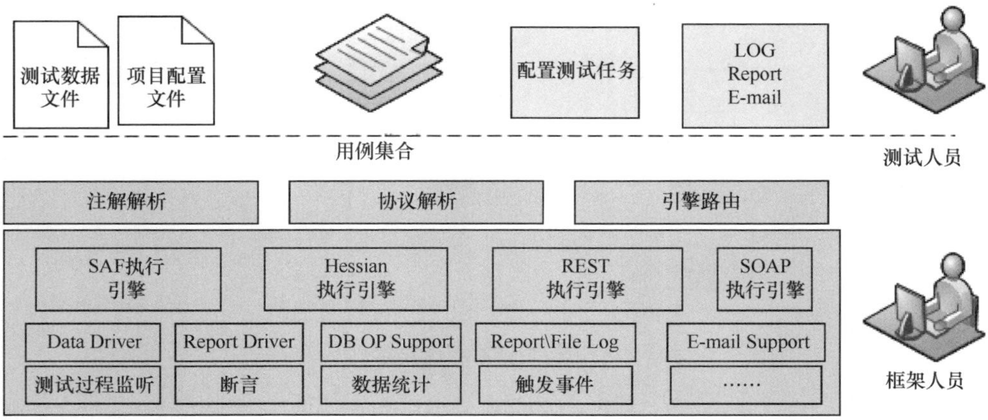

图 4-89　基于早期的 SAF 协议封装的接口测试框架

API 自动化测试开展起来会比 UI 自动化测试容易一些，覆盖率逐渐提升。这时就面临一个自动化测试数据收集的问题。我们最初的尝试是通过 Jenkins 配置测试任务，把所有的 API 自动化测试用例都执行起来，通过定时地批量执行，生成结果报告来反馈数据。

由于业务数据的复杂性和应用程序之间的相互依赖，这时候就碰到了一个比较难啃的硬骨头——不固定的测试数据和不稳定测试环境造成测试用例执行结果的不确定性。那么这样得到的自动化测试反馈是无意义的，很多执行失败的原因可能不是真正的系统缺陷，而是环境问题。自动化测试基础设置（测试数据准备及恢复方案、稳定测试环境方案）不是一下子就可以完善的。可以采取如下两步走的策略。

（1）收集自动化测试数据来源，包含集中执行的稳定的用例集和测试人员在本地执行的不稳定的用例集。

（2）通过持续部署和监控稳定测试环境，通过梳理业务测试数据结构并构建测试数据平台解决测试数据不可重复使用的问题。

如图 4-90 所示为收集两种自动化测试执行数据的数据报告平台结构。

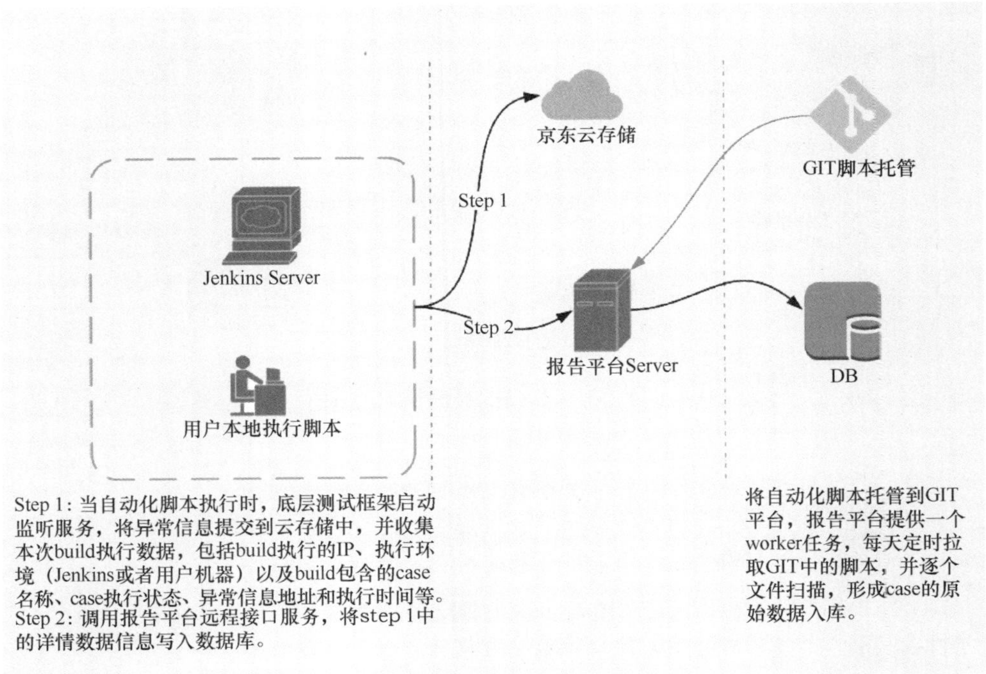

图 4-90　收集两种自动化测试执行数据的数据报告平台结构

这样做的好处是，既能部分发挥自动化测试的价值，又不会在短期内给已经满负荷运转的业务测试人员增加太多工作量。测试人员在本地执行和调试测试用例比在 Jenkins 上操作容易得多，因为本地个人电脑的相关环境都是已经配置好的，无须做过多的准备即可直接运行自动化测试；而如果在一个干净的测试机上执行自动化测试，则需要做很多的环境准备工作，如基础软件的安装和第三方依赖库的安装等。因此在本地执行自动化测试用例会更加容易上手。

这是一种妥协，也是一种务实的方法。在系统业务复杂且耦合性较强和测试基础设施薄弱的情况下，可以将其作为一种过渡性的方法，最终还是要逐步解决所有的问题。

3. 自动化测试平台化实践

自动化测试平台化的极大好处是实现自动化测试的无代码化，只需要拼接一些参数并保存测试计划，就可以自动执行测试了。目前一些工具，如 Postman 和 JMeter 等都能很好地支持通用协议的界面化的 API 自动测试。不过对企业内部私有 RPC 协议还不能很好支持。因此我们就自行开发了能够同时支持多种协议调用的自动化测试平台——猎鹰智测平台，如图 4-91 所示。

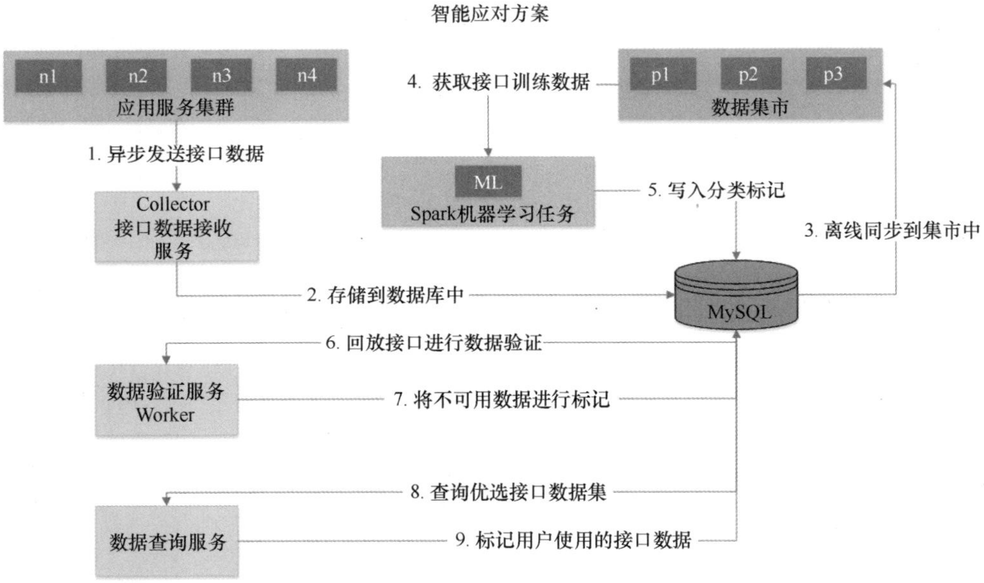

图 4-91 猎鹰智测平台

资料来源：京东测试架构师孔祥云在技术会议上分享的 PPT。

该平台最大的创新在于引入了大数据方案来实现自动化的测试数据推荐，通过分析业务应用的实际调用数据，归类出典型的测试数据，推荐给创建自动化测试用例的人员。这种方案能够大大节省构造测试数据的时间。

4. 自动化单元测试实践

UI 层和 API 层的自动化测试用例都是由测试人员编写的，而代码级别的单元测试是由开发人员编写的，因为开发人员对代码的逻辑和结构更加熟悉。

对于提升研发代码质量，投入产出比最高的应该是自动代码扫描，因为其只需要一次性的工具和平台投入，后面的维护成本会比较少。那么在自动代码扫描已经逐渐成熟并且成为开发工程师的日程习惯后，就可以逐渐把精力投入到单元测试提升上。

在 *The Art of Unit Testing* 一书中，单元测试的定义如下：单元测试是通过一段代码来调用可以称为“工作单元”的代码，并验证该工作单元代码的执行结果是否正确。如果得到的执行结果不符合预期，则单元测试执行失败。单元测试涉及的代码范围既可以小到一个方法，也可以跨越几个类的代码。

对 Java 应用来说，JUnit 框架已经提供了很好的单元测试支持，大部分开发工程师可以很顺利地编写含有@Test 注解的单元测试方法。可是仍然存在一些问题，作者通过和一些开发工程师合作，发现有些人是这样编写和执行单元测试的。

（1）在工程里对应的测试用例所在目录下创建具体的测试类，然后编写测试代码调用被测试类的公共方法，这些被测试类的公共方法常常会直接或间接地连接数据库或者调用外部服务；

（2）在执行测试方法之前，需要查看在测试代码中用到的测试数据是否在数据库中真实存在；

（3）在本地代码编辑器中，通过右键快捷菜单的方式执行相应的测试方法；

（4）在执行完测试方法后，在本地代码编辑器中查看结果。

仔细思考一下，这种写单元测试的方式和通过在业务代码的类中写 Main 方法来测试的方式如出一辙。那么这样编写和执行单元测试的方式有什么问题呢？

（1）对真实数据库或外部服务的依赖导致测试方法不稳定，不能确保每次均能顺利执行测试方法，并得到确定的结果；

（2）由于测试方法调用的代码执行链条较长，在执行过程中涉及数据库连接和网络请求等动作，因此会导致执行时间过长，无法实现及时反馈；

（3）只在本地执行过的单元测试，切换到测试环境中或者团队其他成员拉取代码到本地环境后，很可能就无法执行了。

严格来说，此类的测试并不符合单元测试的标准：可重复执行、独立性和自动执行。

在大多数情况下，我们面临的情况不是从零开始开发一个新的系统，而是需要在原有系统的基础上进行改进和提升。那么原有系统很可能存在包含大量不符合标准的单元测试的情况。这时可以按照以下步骤逐步改善。

第一步：实现测试用例的分类。

最简单的分类方法是把所有的测试方法分为两类：标准的单元测试和其他测

试（在下面的例子中命名为“集成测试”）。

案例：通过使用 JUnit 的@Category 注解实现从 JUnit 测试方法中区分出集成测试（IntegrationTest）；

（1）创建一个空的 IntegrationTest 接口。

```
public interface IntegrationTest {}
```

（2）在测试代码中设置测试类或测试方法的分类。

① 设置一个测试类中的所有方法均为集成测试。

```
import org.junit.experimental.categories.Category;

@Category(IntegrationTest.class)
public class ExampleIntegrationTest
{
    @Test
    public void longRunningServiceTest() throws Exception{
        //测试方法体
    }
}
```

② 设置测试类中某一个方法为集成测试。

```
    @Test
    @Category(IntegrationTest.class)
    public void testRemoveAccount(){
        Account toBeRemovedAccount = new Account();
        toBeRemovedAccount.setName("toBeRemoved");
        toBeRemovedAccount.setDescription("toBeRemoved account");
        assertTrue(accountService.removeAccount(toBeRemovedAccount));
    }
```

（3）在 POM 文件中配置 maven-surefire-plugin，通过设置<excludedGroups>中的测试方法类型（Category），达到在通过 Maven 命令执行单元测试时只执行非集成测试方法的目的。

```
   <plugin>
       <groupId>org.apache.maven.plugins</groupId>
       <artifactId>maven-surefire-plugin</artifactId>
       <version>2.13</version>
       <configuration>
          <includes>
                 <include>**/**Test*.java</include>
          </includes>
          <excludedGroups>
com.jd.xiongzn.IntegrationTest
</excludedGroups>
```

```
        <groups>${testcase.groups}</groups>
      </configuration>
  </plugin>
```

第二步：集中地自动化执行标准的单元测试用例，并统计覆盖率数据。

案例：通过 Jenkins 集中执行应用程序的单元测试，并统计覆盖率数据。

（1）创建 Jenkins 任务，通过 jacoco-maven-plugin 实现覆盖率数据的收集，执行的命令如下。

```
mvn clean  org.jacoco:jacoco-maven-plugin:prepare-agent \
install -Dmaven.test.failure.ignore=true
```

（2）安装 JaCoCo Plugin 并配置如下。

① 增加构建后的操作步骤。

```
      Record JaCoCo coverage report
```

② JaCoCo 插件默认配置如图 4-92 所示。

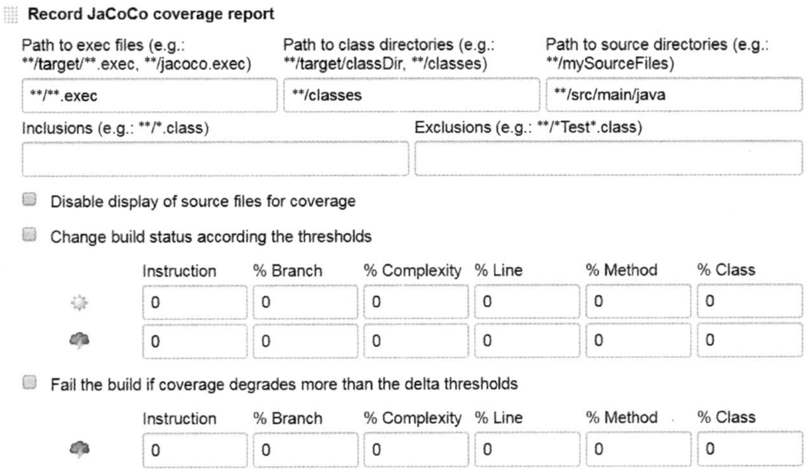

图 4-92　JaCoCo 插件默认配置

（3）在单元测试任务执行完成后，可以在某一次具体的构建详情页面中查看覆盖率数据，如图 4-93 所示。

第三步：逐步提升单元测试覆盖率。

常见的单元测试覆盖率维度包含行（Line）覆盖率和分支（Branch）覆盖率，JaCoCo 还另外提供了指令（Instruction）覆盖率、方法（Method）覆盖率和类（Class）覆盖率等。

在实际应用中，单纯度量分支覆盖率可能会存在有些重要代码行覆盖不到的情况，而一味追求很高的行覆盖率也是不现实的，有些非功能性的代码行是不需要被覆盖的。可以根据应用的实际情况分别查看行覆盖率和单元测试的情况，并在持续集成的过程中设置自己的标准，不建议通过横向对比来对所有应用程序设定统一的覆盖率目标。

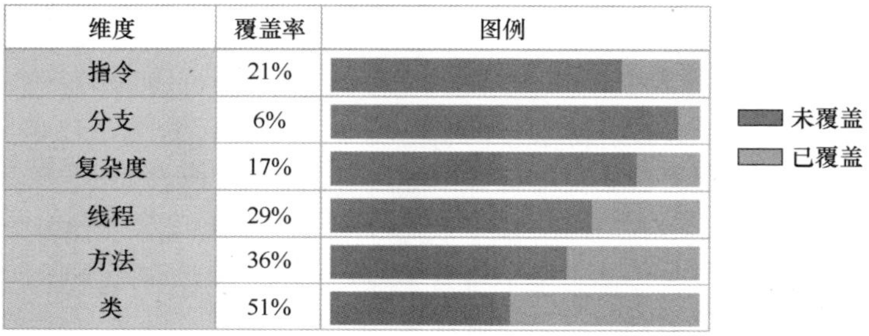

图 4-93　JaCoCo 整体覆盖率报告

在完成对单元测试方法的分类后，通过与持续集成的结合，能够逐步完善不依赖任何外部资源（数据库、通过网络调用外部服务和本地文件系统等）的单元测试，这些测试的对象可能是数值计算或者逻辑处理类代码。

还有些被测代码的主要目的是操作数据库，如 Dao 层的代码。还有些应用程序在整个业务系统中的作用是业务编排，需要通过调用不同的底层基础应用来实现业务的组装，如电商中的交易流程。在写这类应用的单元测试方法时，不得不用到一些 Mock 工具（如 Mockito）来实现数据库和外部服务的模拟。

关于单元测试，每个测试方法的编写和执行都是需要成本的，并不建议一味追求很高的覆盖率，而应该以这些单元测试能够确保团队和开发者对自己所开发的应用程序有足够的信心为目的。

4.7.7　小结

研发团队从 2014 年开始实践自动化测试和持续集成至今，在团队成员的共同努力下，取得了如下成果。

1. 对于研发团队

通过持续的代码扫描，逐步培养了良好的质量意识和使用工具的习惯。每个开发者在提交代码之前都会在本地使用代码扫描插件执行检查，并及时修改发现的问题，不会把低级的代码问题提交到代码库中而影响到别人。

借助持续集成和代码扫描工具，率先实现了代码违规技术债务的清理工作。

通过持续代码扫描和单元测试实践，逐渐提升开发人员对于软件质量的参与度。在高开发测试比的团队构成的现状下，不断增加自动化测试，并构建程序的内建质量，不失为一个长远而务实的方法。

2. 对于质量效能团队

通过持续的探索和实践，在为部门内部研发团队提供质量和测试工具的同时，不断打磨优秀实践，并实现公司内外的对外输出和赋能，具体工具和平台如下：

（1）EAT 自动化测试框架；

（2）代码扫描平台；

（3）测试环境自动部署平台；

（4）猎鹰智测平台。

无论有多好的工具或者实践，如果没有团队能力的提升，都是无法很好地发挥作用的。常常有人会问："我们不是 Google、Facebook，我们的工程师没有那么优秀，能否做到这些？"

确实不是每个人都能像 Google 和 Facebook 的工程师那样优秀，但也不需要每个人都从头研究一个理论或者工具。我们完全可以站在巨人的肩膀上，通过学习优秀的实践，利用丰富的开源工具资源，沉下心来了解业务系统和研发团队的现状，从而制定出适合自己团队的实施策略。

第 5 章

敏捷项目管理流程实例

5.1 概述

本章介绍了京东企业信息化部在敏捷实施过程中各环节的流程与规范，基于部门内部敏捷最佳实践，对实际问题进行了总结、提炼。按照此流程与规范认真执行，能有效提高敏捷执行的效率和质量。

5.1.1 适用范围

本流程与规范适用于京东企业信息化部敏捷项目及与之类似的各种项目。

5.1.2 约定

本章重点介绍具有部门自身特点的敏捷实践流程与规范。

5.1.3 角色和职责

1. Scrum Master（SM）

（1）推荐由团队内部一名有影响力并且对敏捷有热情的人员担任；

（2）依据 Scrum 方法论，为取得更好的实施效果，不建议 PO 兼任 SM；

（3）负责辅导团队执行 Scrum 流程，引导团队自管理并持续改进；

（4）保护团队不受外界干扰。

2. 产品负责人（Product Owner，PO）

（1）为产品规划愿景；

（2）为投资回报率（ROI）负责；

（3）负责定义、验收产品；

（4）维护产品待办列表（Product Backlog）。

3. 开发团队

（1）具有自组织、跨职能的特点，通常需要包含开发与测试人员，后端开发人员；

（2）负责交付产品功能；

（3）具有适宜的规模：3～9 人。

4. 项目经理

（1）组织协调、推动项目问题的解决，如资源不足问题、外部依赖等；

（2）定期向项目团队及利益干系人汇报项目的进展、问题和风险；

（3）对项目的范围、进度、成本、质量和价值进行监控；

（4）推进及把控敏捷项目的执行。

5.1.4　名词解释

Product Backlog：产品待办列表。

Sprint Backlog：迭代待办列表。

SM：Scrum Master。

PO：产品负责人。

Scrum 团队：PO、SM 和开发团队。

DoD：Definition of Done，完成的定义。

速率：每个 Sprint 中团队真正完成并被 PO 验收通过的用户故事点数。

5.2　整体流程框架

敏捷项目整体流程框架如图 5-1 所示。

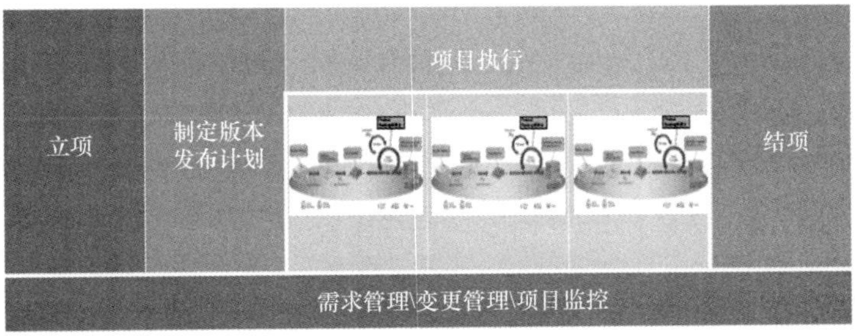

图 5-1　敏捷项目整体流程框架

5.3 流程描述

5.3.1 立项

目的：确定项目是否有实现的价值及是否具备进入实施的条件。

角色：业务方、Scrum 团队及评审专家组。

输入：业务方原始需求、商业需求文档（Business Requirement Document，BRD）、立项报告。

输出：初步的产品待办列表、立项评审记录。

执行：具体参见如下内容。

5.3.1.1 立项前准备

（1）对于从 0 到 1 的新系统（从无到有的创新业务、创新产品，没有遗留系统和遗留架构做基础和参考），开发团队需要进行整体的、前瞻性的架构设计并经过架构评审。开发团队需要将架构设计文档上传到文档工具中。

（2）SM 确立初始的迭代发布计划，包括定义迭代周期、规划迭代次数及每个迭代主要开发的功能。迭代周期通常为两周，如果是以小需求开发为主的团队（如流程中心团队），其迭代周期可缩短为一周。

（3）PO 确立初始的版本发布计划，包括中间版本和最终版本。

（4）规划的内容是颗粒度较大的需求，不进行细节规划，并且包含运营推广的周期和活动。

（5）PO 将条目化的需求记录在项目行云空间的“未计划区域”内，并按照优先级进行排序，形成 Product Backlog。

5.3.1.2 立项评审

敏捷项目的立项评审过程参照《企业信息化部研发项目标准立项流程》执行。

注：在启动敏捷转型之前，部门已经有了立项流程，在敏捷转型之后，仍然沿用原来的立项流程。）

5.3.2 制订整体版本发布计划

目的：确立整体版本和迭代计划。

角色：Scrum 团队、业务方。

输入：初步的产品待办列表。

输出：版本发布计划和迭代计划。

时间：立项会议之后。

执行：具体参见如下内容。

（1）Scrum 团队和业务方共同对需求进行梳理，规划出多个版本及多个迭代（建议采用用户故事地图的方法进行需求梳理）。在此基础上，Scrum 团队和业务方就版本发布日期达成一致。

（2）对于多个用户故事的串联，PO 需要绘制业务流程图。

（3）Scrum 团队需要制定自己的 DoD 标准，参考样例如下。

- 迭代 DoD
  - ✓ 所有代码都已通过静态检测，严重问题都已修改；
  - ✓ 执行并通过了自动化验收测试和单元测试；
  - ✓ 所有新增代码都经过同行评审并通过；
  - ✓ 所有用户故事都有对应的测试用例并且测试用例均通过评审；
  - ✓ 所有测试用例已经被执行并通过并且测试结果有记录；
  - ✓ 所有完成的用户故事都通过业务方的验证或者团队能够演示本轮迭代的成果并得到业务方的认可。
- 发布 DoD
  - ✓ 完成发布规划所要求的重点需求；
  - ✓ 至少通过一次全量回归测试；
  - ✓ 修复所有等级为 A、B 的缺陷；C 级、D 级缺陷不超过 20 个（Bug 等级定义参考 5.3.3.4 节）。
- 版本 DoD
  - ✓ 产品文档已全部更新；
  - ✓ 代码已部署到产品服务器上；
  - ✓ 运维在验收测试环境上进行冒烟测试并通过；
  - ✓ 原始需求提交人已验收功能。
- 每周 DoD
  - ✓ 上周发现的缺陷已经解决；
  - ✓ 上周新增功能的自动化测试已经加入每周测试集。
- 每日 DoD
  - ✓ 搭建每日构建环境，进行自动静态代码检查、编译、部署和测试；
  - ✓ 下班前必须签入（Check In）当天编写的代码，签入的日志要填写清晰；
  - ✓ 所有新增代码都进行了自测并通过；
  - ✓ 当天的代码必须经过同行评审（Peer Review）；
  - ✓ 检入的功能代码必须要有对应的单元测试；
  - ✓ 对于当天持续集成、构建环境中的问题，要当天解决。

- 用户故事 DoD
  - ✓ 用户故事的最终描述符合 INVEST 原则；
  - ✓ 用户故事被对应的自动化测试用例覆盖；
  - ✓ 每个用户故事都有对应的验收标准；
  - ✓ 用户故事得到 PO 的验证和确认。

5.3.3 项目执行

5.3.3.1 项目执行过程

敏捷项目执行过程如图 5-2 所示。

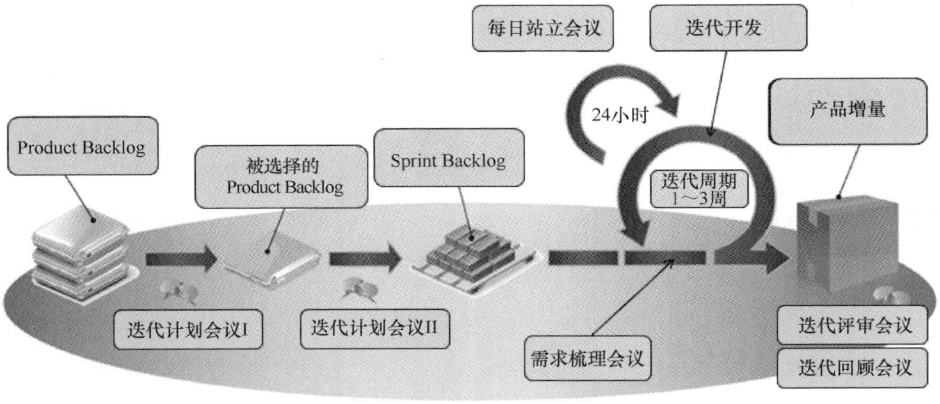

图 5-2 敏捷项目执行过程

5.3.3.2 迭代计划会议

目的：确定当轮迭代需要完成的任务及对如何完成达成共识。

角色：Scrum 团队。

时间：每轮迭代开始的第一天。

输入：Product Backlog。

输出：Sprint Backlog。

执行：具体参见如下内容。

（1）迭代计划会议 I：Scrum 团队需要计划本轮迭代要做的工作。PO 按照优先级从 Product Backlog 中选出本轮迭代要完成的需求，并逐一向开发团队进行介绍。开发团队最终自己选择本次迭代要开发的需求数量。

（2）迭代计划会议 II：开发团队要讨论如何实现所选择的需求。开发团队对所选择的需求进一步进行拆分。每个被拆分的需求再被拆分成技术任务并被估算。

为保证需求的快速流动，实现持续演示和交付，技术任务的粒度须控制在 1 天以内，被拆分的需求粒度需控制在 3 天以内。需求和任务的拆分过程也是对产品进行系统设计的过程。

（3）开发团队参考自身速率，承诺实现与自身能力相匹配的需求数。

（4）开发团队成员认领任务，无须领导指派。

5.3.3.3　每日站立会议

目的：同步信息，暴露风险和问题。

角色：开发团队、SM。

时间：每天固定时间。

输入：更新后的行云看板。

输出：待跟进事项。

执行：具体参见如下内容。

（1）在每日站立会议召开之前，研发人员要在行云看板里更新各自任务的状态。

（2）开发团队每天在固定时间召开站立会议，由 SM 和开发团队成员轮流主持，会议时间控制在 15 分钟以内。

（3）开发团队成员每人简述 3 个问题：昨天我完成了什么工作、今天我计划做什么工作、在工作中我遇到了什么障碍。

（4）开发团队成员不对问题进行深入讨论，如有必要则另外组会。

5.3.3.4　迭代开发

目的：产生可交付的增量。

角色：Scrum 团队。

时间：迭代计划会议之后。

输入：Product Backlog、Sprint Backlog。

输出：产品增量。

执行：具体参见如下内容。

1．设计

（1）为支持在敏捷过程中不断变更、涌现的需求，设计架构要保持足够的可扩展性，以满足持续部署、按需发布的要求。

（2）在迭代过程中，开发团队需要对当前复杂的或有风险的重点功能进行概要设计，并经过设计评审。开发团队需要将非正式设计文档上传到文档工具中。

（3）在前一个迭代中，UED 工程师需要将交互设计、UI 设计及前端代码准备好。

（4）PO 组织业务方、评审专家或关键目标用户（真实用户）对产品设计原型进行评审，以保证原型符合用户的使用习惯。

（5）PO 要进行产品数据埋点设计，并对接研发人员进行实现。

2. 编码

1）持续集成

（1）开发团队使用 iWork 工具平台进行持续集成。

（2）要求持续集成满足一定的频率：研发人员每次提交代码至代码库时触发持续集成，如果在固定时间进行持续集成，每天至少集成 2 次。

2）代码重构

在每轮迭代中，开发团队都要预留一定时间（如迭代总工时的 5%～10%）进行代码重构，以便让代码变得更整洁、易读。

3）代码检查

（1）敏捷项目需要接入静态代码扫描平台。研发人员提交代码至代码库时，工具自动执行静态代码扫描。研发人员每天需要对重要的问题代码进行修正。

（2）针对核心代码，开发人员之间要进行同行评审，也可以采用小组评审的方式。

3. 测试

（1）研发人员需要对复杂的、核心的功能进行单元测试。

（2）在每轮迭代中，测试人员都要参与测试，并在迭代前期撰写测试用例。

（3）在每个被拆分的需求完成后，测试人员要及时进行测试，不能累积。

（4）对于前端和后端之间的接口、对外或者其他系统提供的接口，要进行自动化接口测试。

（5）PO 要设计并执行用户体验测试用例，针对测试中发现的问题要制定具体改进计划。

（6）A 级和 B 级 Bug 要求在当前迭代内修改完成。Bug 分级标准如表 5-1 所示。

表 5-1 Bug 分级标准

等级	等级说明	详细说明
A	导致整个产品无法进行测试	1. 模块无法启动或者异常退出； 2. 其他导致无法测试的错误
	出现死机、数据丢失、系统悬挂等错误	1. 在运行过程中，系统崩溃/死机/重启； 2. 功能设计与需求严重不符； 3. 严重花屏； 4. 内存泄漏； 5. 影响数据通信等； 6. 严重的数据计算错误

（续表）

等级	等级说明	详细说明
B	主要功能丧失，导致严重的问题，或出现致命的错误声明	1．功能未实现或者存在错误； 2．轻微的数值计算错误； 3．系统所提供的功能或服务受到明显的影响； 4．用户数据丢失或破坏
C	次要功能丧失或问题不太严重，如提示信息不太准确	1．操作界面错误； 2．边界条件错误； 3．功能存在错误，但出现率很低； 4．提示信息错误（未给出信息、信息提示错误等）； 5．在长时间操作时，无任何进度信息提示； 6．系统未优化（性能问题）
	微小的问题，对功能几乎没有影响，产品及属性仍可使用	1．界面格式等不规范； 2．操作时未给用户提示； 3．文字排列不整齐等一些小问题； 4．光标跳转设置有误、鼠标（光标）定位错误
D	提示信息格式不符合要求、违背正常习惯，界面不美观，控件排列、格式不统一	1．辅助说明描述不清楚； 2．个别不影响产品理解的错别字； 3．可输入区域和只读区域没有明显的区分标志
E	功能性建议，功能使用性、方便性、易用性不够	没有错误，可以满足用户的需求，问题集中在用户体验方面

（7）适合自动化验收测试的项目，利用 TAAS 平台进行自动化验收测试。

（8）自动化验收测试的适用原则：

- ✓ 非一次性项目（有扩展性或后续需要维护）；
- ✓ 流程复杂；
- ✓ 0 级和 1 级重点系统（主流程）。

5.3.3.5　需求梳理会议

目的：为研发人员进行更为准确的任务拆分和迭代估算提供依据，为下一次迭代计划会议的有效执行做好准备。

角色：Scrum 团队。

时间：推荐在每个迭代的中期进行。

输入：调整前的 Product Backlog、新的需求信息。

输出：经过更新的 Product Backlog。

执行：具体参见如下内容。

（1）PO 可以组织团队全员参加需求梳理会议，也可以单独和部分相关人员进行需求梳理。

（2）以 PO 为主导，对 Product Backlog 中的内容进行调整、补充和完善。

（3）在会议前，PO 准备好下一个 Sprint（最多下两个 Sprint）的用户故事。

5.3.3.6 迭代评审会议

目的：团队演示 Sprint 成果，获取业务方的反馈。

角色：Scrum 团队、项目经理、业务方、相关利益干系人。

时间：迭代的最后一天。

输入：本轮迭代可演示的成果。

输出：业务方、相关利益干系人和 PO 的反馈。

执行：具体参见如下内容。

（1）Scrum 团队需要邀请业务方（包括关键决策人）及相关利益干系人参加迭代评审会议。

（2）开发团队需要演示当轮迭代已完成的功能。PO、业务方及相关干系人对其进行评审和反馈，并做出拒绝或接受的决定。

（3）开发团队需要记录所有的反馈意见。

（4）Scrum 团队需要审议 DoD 的完成情况。

5.3.3.7 迭代回顾会议

目的：发现迭代过程中的问题以持续改进。

角色：Scrum 团队、项目经理。

时间：发生在一个迭代评审会议之后，下一个迭代计划会议之前。

输入：改进建议。

输出：迭代回顾会议的会议纪要。

执行：具体参见如下内容。

（1）SM 主持会议。会议要在友好、平等和放松的状态下进行，SM 要引导大家畅所欲言。

（2）Scrum 团队需要回顾和反思在整个迭代过程中哪些地方做得好，哪些地方还需要改进。

（3）针对发现的问题，Scrum 团队要讨论出具体的解决方案。

（4）Scrum 团队需要将高优先级改进项作为任务，并纳入下一个迭代进行处理。

5.3.4 结项

目的：按照部门的规范结束项目。

角色：项目经理、PO、业务方。

输入：《项目总结报告》《结项申请》。

输出：结项审批意见。

时间：团队和业务方约定的结项日期。

执行：具体参见如下内容。

（1）在约定的结项日期内，核心功能应已经完成并通过业务方验证。

（2）如有未完成的非核心、非关键业务功能，如用户体验类、优化类等功能，可通过维护或者新立项目的方式进行开发。

（3）结项具体过程参照《结项管理规范》执行（仍然沿用部门原有结项管理规范）。

5.4 需求管理

5.4.1 需求条目化

PO 描述用户故事，每个用户故事需要有规范的格式。用户故事的格式要求：作为（角色），我希望/想要（目标系统提供的行为或功能），从而/以便（我能达到/实现什么业务价值或目标）。

PO 需要对每个用户故事撰写验收标准。验收标准是站在用户角度，对产品功能验收要求的描述。验收标准应该包含：

（1）端到端的用户正向场景；

（2）功能的逆向场景；

（3）用户故事对其他功能的影响；

（4）用户体验方面的要求；

（5）功能性和非功能性的测试要点；

（6）性能要求和指导方针；

（7）端到端的用户流；

（8）业务规则和约束。

用户故事和验收标准参考样例如下。

1）用户故事样例

作为办理离职的员工，我希望将福利房交还给公司，以便在很短的时间（如 10 分钟）内办完离职手续。

2）验收标准样例

（1）假定员工有福利房，当启动离职流程后，那么员工自动收到邮件。

（2）假定员工没有福利房，当启动离职流程后，那么员工不会收到邮件。

（3）假定员工有福利房，当员工收到邮件时，那么员工看到邮件里的文案，简单明了，没有异议。

（4）假定行政节点的行政福利房字段未选择，当启动离职流程后，那么期望的系统现象是……

（5）假定选择已退房，当启动离职流程后，期望的系统现象是……

（6）假定选择未退房，当启动离职流程后，期望的系统现象是……

5.4.2 维护产品待办列表

使用京东行云敏捷管理工具，PO将条目化的需求放入项目行云空间的未计划/Backlog区域，并根据价值和工作量排序，形成产品待办列表（Product Backlog）。

产品待办列表需要符合DEEP原则：

（1）Detailed Appropriately（详略得当的）；

（2）Estimated（做过估算的）；

（3）Emergent（涌现的）；

（4）Prioritized（排列优先级的）。

所有业务方提出的业务需求也需要条目化，形成原始业务需求待办列表，经过梳理后，形成产品待办列表。

PO需要持续维护整体需求。按照树形结构，将全量需求的文字和图片描述以大纲的方式记录在文档工具上。每个功能领域或模块对应的需求条目可链接行云的卡片。

5.5 变更管理

所有需求变更都必须在产品待办列表中按优先级进行管理。为了保持稳定的开发节奏，原则上不允许在当前的迭代中加入额外的需求。

需求变更依据以下原则进行调整，同时需要遵循研发项目变更原则。

（1）质量缺陷类的需求（线上Bug），允许加入当前迭代以尽快解决；

（2）公司战略级紧急需求，允许加入当前迭代以尽快解决；

（3）与系统运行效率相关的非紧急需求，调整至后续迭代；

（4）与用户体验相关的非紧急需求，调整至后续迭代；

（5）普通的新功能需求，调整至后续迭代。

5.6　项目监控

（1）开发团队成员在每日早会中同步风险、问题及工作进展。

（2）开发团队成员每天在下班前更新每个任务的剩余工时，形成燃尽图。

（3）开发团队每人同时进行的开发任务建议不超过 2 个。

（4）Scrum 团队定期举行利益相关者周会。相关人员同步信息，针对风险和问题讨论出解决方案。

（5）项目经理监督敏捷团队的执行情况。

（6）在新项目立项前，项目经理参照敏捷项目适用原则，确定项目的开发方式。

（7）对于在回顾会议上反馈的问题和风险，SM 要进行记录，项目经理推动 SM 执行。

（8）监控迭代成果的持续交付。项目经理要参加迭代评审会议（通常 2 周一次），在每轮迭代中要有能演示或交付的成果，如果没有完成，项目经理要汇报风险和问题。

（9）敏捷拥抱变化，但是也要把控变更。在项目发生变更时，项目经理要监督团队按照变更流程执行。

5.7　敏捷成熟度评估

5.7.1　意义

敏捷成熟度评估能够量化地表现敏捷的执行状态和效果，有利于发现改进点，从而能够有针对性地解决问题。

5.7.2　评估维度和等级

团队敏捷成熟度模型将成熟度分为 5 级：

一级：有意识的；

二级：有实践的；

三级：熟练的；

四级：可靠的；

五级：优化的。

敏捷成熟度从 5 大维度进行衡量：

（1）业务敏捷（Business Agility）——业务成果；

（2）产品敏捷（Product Agility）——产品价值、设计和体验；

（3）团队敏捷（Team Agility）——Being Agile；

（4）交付敏捷（Delivery Agility）——Doing Agile；

（5）工程敏捷（Engineering Agility）——工程实践、持续交付能力。

如图 5-3 所示，敏捷成熟度采用雷达图的方式展示团队初始的、当前的及未来的成熟度。

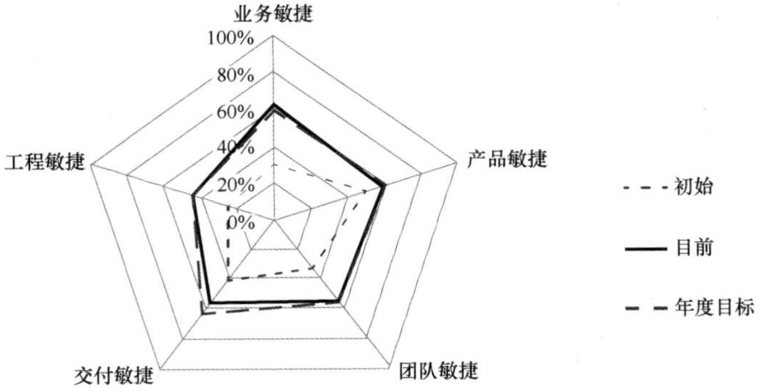

图 5-3　敏捷成熟度雷达图

每个维度都有多个问题，对每一个问题采用平衡计分卡的方式进行打分，分数是 0～5 分：

（1）0 分 ——完全做不到；

（2）1 分 ——极少 ；

（3）2 分 ——偶尔；

（4）3 分 ——经常；

（5）4 分 ——常常；

（6）5 分 ——总能做到。

如图 5-4 所示，对于各维度的问题，可以采用卡片，以打牌的方式进行评估。

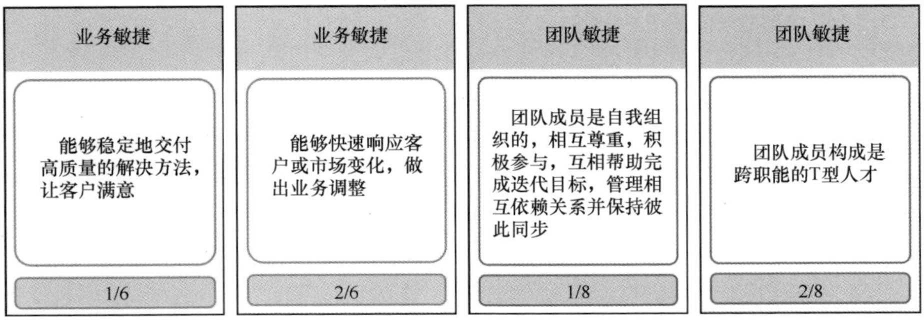

图 5-4　敏捷成熟度各维度问题卡片示例

图 5-4　敏捷成熟度各维度问题卡片示例（续）

5.7.3　执行过程

（1）敏捷成熟度评估每季度执行一次。

（2）SM 首先依据评估标准进行自评，然后敏捷教练和 SM 依据敏捷成熟度细则进行逐条评估。如有不同意见，双方一起讨论，达成共识。

（3）对于已提升的方面，敏捷教练要做具体的记录；双方还要确定后续重点的待改进领域及改进措施。

5.8　敏捷项目度量参考维度

敏捷项目度量参考维度分为过程维度和结果维度，可以参考如下内容。

1. 过程维度

（1）所有需求均录入行云，并且信息完整（有描述、优先级和验收标准等）；

（2）在迭代计划会议之前，准备好更新过的 Product Backlog；

（3）在迭代计划会议之后，Sprint Backlog 更新完毕；

（4）用户故事粒度拆分合理，建议不超过 3 天；
（5）任务粒度拆分合理，建议不超过 8 小时；
（6）在每天下班前，更新行云任务状态及剩余工时；
（7）持续集成、代码扫描发现的问题，及时修复率及平均修复时间；
（8）内部测试发现的缺陷数量；
（9）自动化测试比例；
（10）单元测试覆盖率；
（11）流程合规度（如各会议是否召开、是否按照时间盒执行而没有超时等）；
（12）团队迭代速率（Velocity）。

2. 结果维度

（1）平均上线时间（平均每个发布版本花费的时间）；
（2）需求平均前置时间（平均每个需求从提出到上线的时间间隔）；
（3）开发平均前置时间（平均每个需求从进入开发到上线的时间间隔）；
（4）项目目标达成度（如立项报告中约定的 ROI、工时、进度等）；
（5）上线后的缺陷数量或故障次数；
（6）线上问题平均修复时间。

第 6 章 敏捷优秀实践

6.1 跨职能人员组织

敏捷产品开发是由敏捷团队负责实施的，敏捷团队是小型团队，规模在 10 人左右。敏捷团队结构示例如图 6-1 所示，通常由客户与组织内团队组成虚拟的敏捷团队。

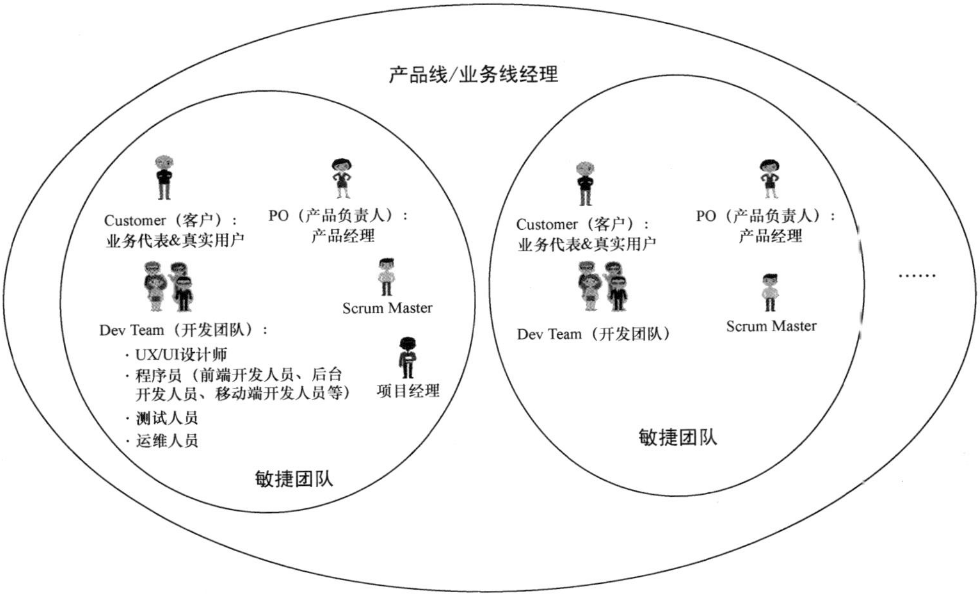

图 6-1　敏捷团队结构示例

1. 产品线/业务线经理

（1）高价值、高质量、高效率的产品交付；

（2）团队技能的提升；

（3）工作方式的改进；

（4）绩效、招聘等。

2. 客户

（1）真实用户：实际使用产品的用户，对产品有自己的个人期望和诉求。

（2）业务代表：代表一个或多个业务线/业务单元的众多真实用户；整合各方业务需求，以及对业务需求排列优先级；对产品有整体的规划；编写商业需求文档（BRD）。

3. 产品负责人

（1）为产品规划愿景；

（2）编写 PRD；

（3）为投资回报率（ROI）负责；

（4）负责定义、验收、运营产品；

（5）维护产品待办列表；

（6）一般由产品经理担当。

4. 开发团队

（1）特性团队，可独立交付产品功能；

（2）具有自组织、跨职能、独立交付特性，包含交付产品所需的所有技能的人员，如 UX/UI 设计师、程序员（前端开发人员、后台开发人员、移动端开发人员等）、测试人员、运维人员。

5. Scrum Master

（1）负责敏捷的落地和持续保持；

（2）辅导团队采用各种敏捷方法或实践（如 Scrum 和 XP），并促使团队变得更加敏捷；

（3）引导团队消除障碍，持续改进工作方式；

（4）通常由积极主动的团队成员兼任。

6. 项目经理

（1）大部分管理职能已经由产品负责人、开发团队和 Scrum Master 承担，项目经理负责应对更大的挑战和进行更宏观的管理；

（2）组织协调、推动项目问题的解决，如解决机器资源和人力不足问题、外部依赖等；

（3）定期向敏捷团队及利益相关者汇报项目的进展、问题和风险；

（4）对项目的范围、进度、成本、质量和价值进行监督和把控。

注：

（1）对于 ToB 产品，真实用户和业务代表通常来自业务部门。

（2）产品负责人通常为研发部门的产品经理。

（3）开发团队中的 UX/UI 设计师、前端开发人员，通常由多个敏捷团队共享。

（4）对于测试人员，如果敏捷团队没有专职测试人员，程序员需要提升测试技能以承担系统测试工作。

（5）开发团队的运维人员，主要负责应用/系统的运维，通常由程序员轮任，以便形成开发运维一体化的全功能团队。

6.2　产品开发流程

敏捷产品开发模式是持续的产品开发模式，不断迭代循环，持续打磨产品，整个循环过程分为五大步骤，如图 6-2 所示。

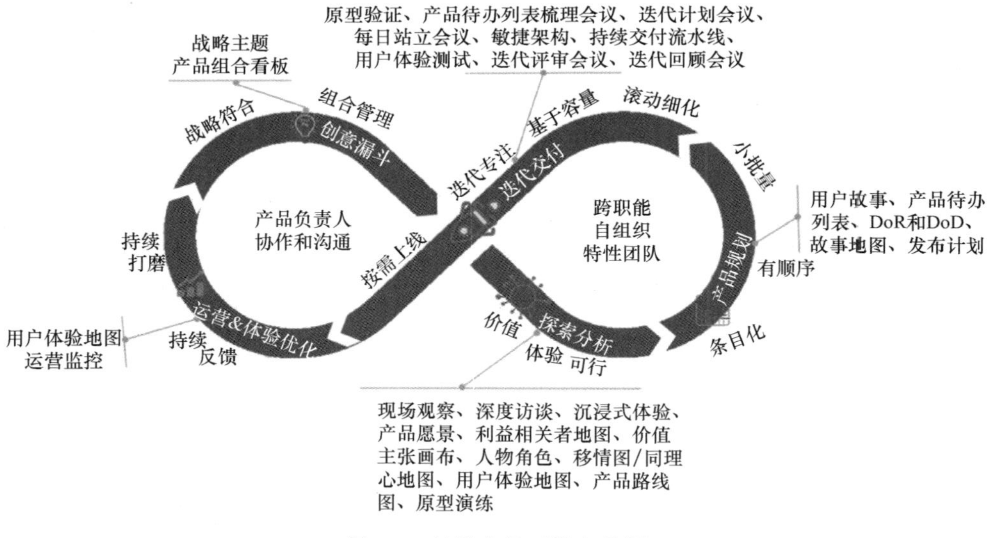

图 6-2　敏捷产品开发全景图

（1）创意漏斗——无论是 ToB 产品还是 ToC 产品，首先都会对众多创意进行过滤，确定高优先级、高价值的产品方向。如果涉及多个业务线，还需要规划在有限的可承担的成本和人力投入下，各业务线业务需求的投入百分比，进行组合管理。

（2）探索分析——利用同理心，站在用户的角度探索用户，挖掘用户的痛点和需求，考虑用户体验，构思解决方案，并对其进行验证。

（3）产品规划——将需求条目化，并从用户角度对条目进行描述（用户故事），按场景组织用户故事，规划最小可行产品（Minimum Viable Product，MVP）及多个迭代的发布计划。

（4）迭代交付——以迭代的方式进行细粒度的迭代规划、开发、验证、用户体验测试，以及按业务需要正式上线。

（5）运营&体验优化——运营推广，监控生产环境的实际运行效果，分析运营数据，根据用户反馈优化用户体验，持续打磨产品。

6.2.1 创意漏斗（Idea Funnel）

（1）目的：过滤创意，确定战略方向，进行组合管理；

（2）角色：业务部门利益相关者、业务代表、产品负责人；

（3）时间：进行周期性会议讨论和决策，如每周或每两周一次；

（4）输入：点子、用户需求、运维反馈、运营数据、业务部门战略规划；

（5）输出：战略主题、产品组合看板、BRD。

6.2.1.1 战略主题（Strategy Themes）

从全局视角来看，在梳理创意、过滤创意的过程中，通常会聚焦产品的战略方向，即战略主题，如财务产品平台化和积木化、移动办公智能化、招聘系统移动化、学习平台 SaaS 化和移动化等。

这些战略主题区分不同的业务目标，提供业务背景，影响产品组合策略。其决定了在整体业务单元的开发成本投入下，每个产品方向所占的投资比例。同时，它也提供了对产品愿景的洞察力，影响如何将战略主题分解成最小可行产品（MVP），如招聘 MVP1——移动端招聘基本流程管理、招聘 MVP2——移动端面试、京英 MVP1——移动端视频课学习、京英 MVP2——移动端 PPT 学习等。

战略主题通常来源于业务部门的年度战略规划，并随着业务的发展和市场环境的变化不断调整。

而从微观角度来看，日常提出的产品创意需要符合战略主题，而偏离战略主题的创意需要过滤掉，因为战略主题的 ROI 在确定之初已经表明是高价值、高优先级的。

6.2.1.2 产品组合看板（Product Portfolio Kanban）

在对战略主题进行管理的时候，通常会采用看板的方式对战略主题进行进一步的全局可视化管理，包括战略主题和其对应的 MVP 状态。产品组合看板示例如图 6-3 所示。

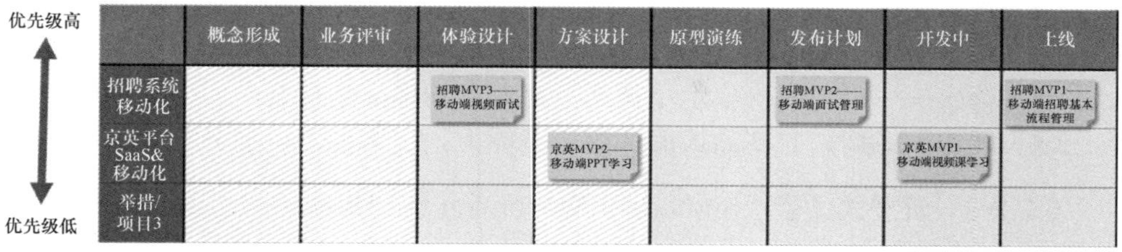

图 6-3　产品组合看板示例

6.2.2　探索分析（Discovery）

（1）目的：价值探索，确保开发有价值的需求；

（2）角色：业务代表、真实用户、产品负责人、开发团队、Scrum Master；

（3）时间：1～2 周；

（4）输入：BRD；

（5）输出：产品愿景、产品路线图、产品特性清单（Feature List）。

6.2.2.1　现场观察（Observation/Shadowing/Contextual Inquiry）

参与人员：产品负责人。

观察用户如何与环境交互。捕获用户的引用、行为和其他反映他们经验的笔记。通过观察用户，我们会得到一些新的线索，了解用户的想法和感受，以及他们真正需要什么。

产品负责人不是听参与者说他是如何使用产品的，而是花费数小时、一整天或者更长的时间，进行实际观察，产生丰富、深入和准确的洞察结果，帮助理解参与者的上下文、行为、动机及真实行动，并且对参与者的潜在需要进行深度洞察。

产品负责人通常作为旁观者，假装不在现场来跟随观察，或者主动地交流。

6.2.2.2　深度访谈（Engagement/Depth Interviews）

参与人员：产品负责人、真实用户、业务代表。

直接与用户互动并采访他们，更深入地了解他们的信念和价值观。常常用一个主题来引导，让受访者讲故事，设身处地地说出看法，以便探索受访者潜在的问题、疑问、感知和理解，验证受访者所说的内容及其含义。

建议深度访谈的地点选择用户周围的场所，或者氛围轻松的咖啡馆等地，而不是参与人员的办公区域。

在访谈前，需要提前准备好访谈问题，涉及如下五个方面：

（1）身份——用户的基本身份特征，如姓名、性别、教育程度等；

（2）需求——有关用户的业务活动、业务场景、业务流程、需求和痛点等；

（3）触点——能通过什么方式找到用户，或者用户交互的触达点；

（4）情感——用户的价值观是什么，对业务的偏好是什么；

（5）能力——用户对产品或服务的买单能力、技术能力、业务能力等。

6.2.2.3 沉浸式体验（Immersion/Becoming the User）

参与人员：产品负责人。

参与人员走出办公室，让自己沉浸在用户的体验中，代替办公室里的头脑风暴、猜想和假设分析。参与人员要找到（或在必要时创建）让自己沉浸在特定环境中的方法，获取关于用户体验的一手资料，并发现用户未想过的问题及没有描述清楚的事情。

当参与人员在理论上不能成为用户的时候，需要使用道具模拟用户，例如，穿上老人衣服，并且坐上轮椅来体验老人或者残疾人的生活；穿上工作服模拟工作场景等。

6.2.2.4 产品愿景（Product Vision）

参与人员：产品负责人、业务代表。

愿景能够指明我们要去哪里，以及到达目的地后会是什么情形。产品愿景是产品未来将呈现的情景，是对解决方案未来状态的描述。它反映了客户和利益相关者的需求，以及为满足这些需求而需要实现的功能。愿景描述了市场、客户群和用户需求，它为新功能、非功能性需求（NFR）和其他工作设置了边界和上下文。

愿景可以在产品探索初期简明扼要并重点突出地勾画出产品的范围和差异化价值，可以使得各方能够在短时间内达成共识，并激励所有产品开发人员不断向前迈进。随着探索的深入及后续产品的迭代，可以根据反馈不断更新愿景。

通常采用电梯演讲（Elevator Pitch）的格式描述愿景，具体如下：

为了［目标用户］，他们的［需要和机会］，这个［产品名称］，是一个［产品类型］，它可以［关键优点，使用理由］，而不像［同类竞争者］，我们的产品［差异化声明］。

新京英平台 SaaS 化的愿景示例如下：

为了不同规模和组织结构的 B 端员工，他们需要方便快捷地学习职业发展和工作所需的知识和技能，这个新京英 SaaS 平台，是一个 ToB 的线上线下一体化学习管理平台，它可以服务大、中、小企业的线上和线下课程管理，而不像云课堂、睿泰、知学云、平安知鸟等，我们的产品支持各种规模层级的企业组织架构和学习顾问及 HRBP 等的线上和线下学习管理，同时支持移动端、PC 端等，能够为 B 端员工提供更好的用户体验。

6.2.2.5　利益相关者地图（Stakeholder Map）

参与人员：产品负责人、业务代表、开发团队、Scrum Master、项目经理。

在观察、访谈、体验之后，可以使用利益相关者地图（见图 6-4），从全局角度分析和理解涉及的所有利益相关者及他们之间的关系，更好地发现影响其他利益相关者的方式，以便更好地理解业务上下文，达成业务目标。

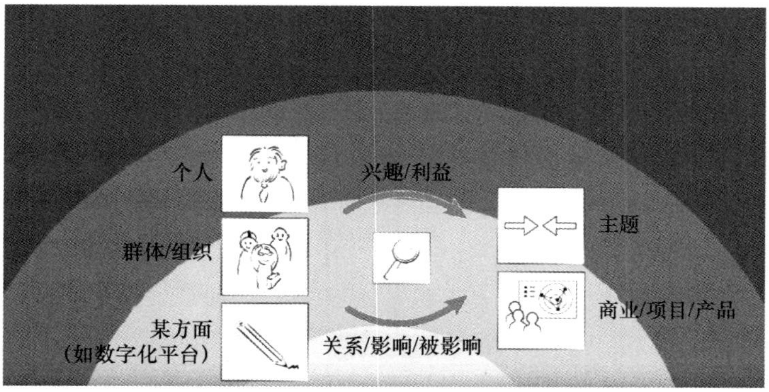

图 6-4　利益相关者地图

可以使用便笺条记录角色、姓名、职责、目标、期望、交付物等，如图 6-5 所示。

图 6-5　采用便笺条梳理利益相关者地图

资料来源：https://uxdict.io/design-thinking-stakeholder-maps-6a68b0577064。

6.2.2.6 价值主张画布（Value Proposition Canvas）

参与人员：产品负责人、业务代表、开发团队、Scrum Master、项目经理。

在审视产品要解决的问题的价值时，可以使用价值主张画布强化 BRD 和愿景，使产品和服务与用户需求相契合，与业务方要创造的价值相统一，降低失败的风险。

价值主张画布如图 6-6 所示。

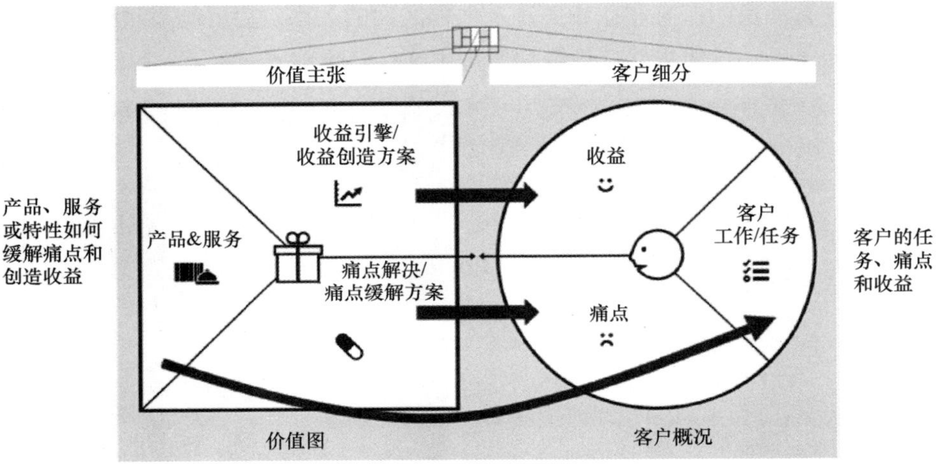

图 6-6　价值主张画布

资料来源：《价值主张设计》。

每一个细分客户群体都有一个对应的价值主张。如图 6-7 所示为京东 ME 的员工打车价值主张画布。

6.2.2.7 人物角色（Persona）

参与人员：产品负责人、真实用户、业务代表、开发团队、Scrum Master、项目经理。

用户或业务方提出的需求往往不是用户真正的需求。为了探索用户背后的目的，也就是真正的需要，要利用同理心，走出办公室，对用户或者业务方进行观察、访谈并进行体验，之后将信息带回办公室，对用户进行建模，细分用户，讨论人物角色。

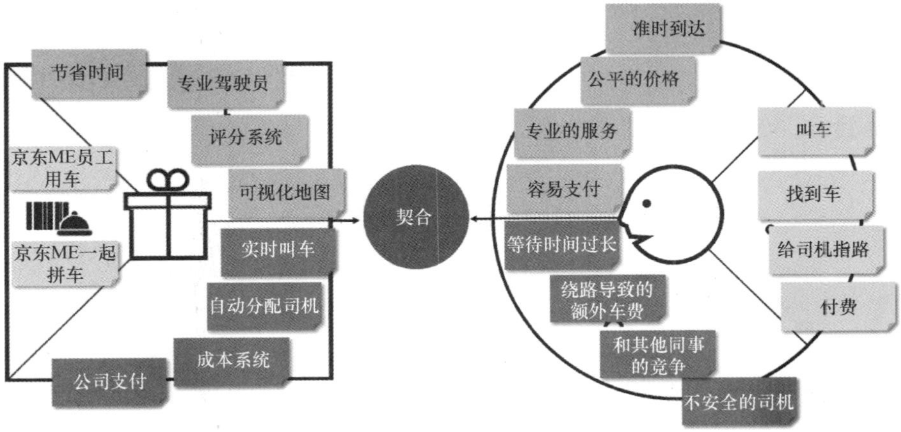

图 6-7　京东 ME 的员工打车价值主张画布

这里的人物角色实际上和价值主张画布的客户细分是一致的，不过人物角色更加细化和明确，更容易从人物角色角度进行移情和同理。

通常在纸上草拟出人物角色，如图 6-8 所示。

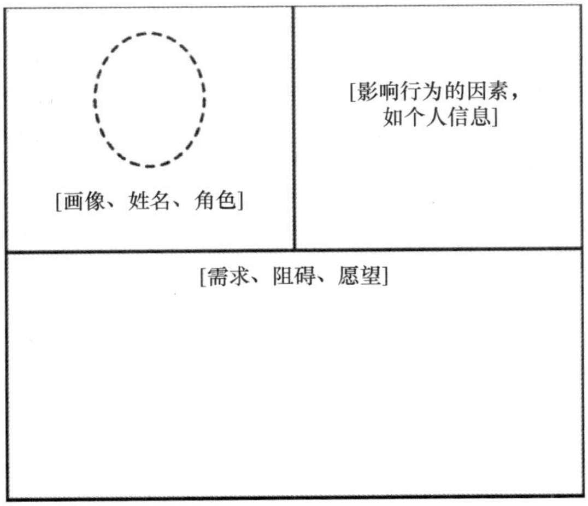

图 6-8　人物角色

资料来源：《精益设计：设计团队如何改善用户体验 第 2 版》。

左上角的格子中是人物角色的画像及其姓名和角色。右上角的格子中是基本的个人信息及行为信息。尽量关注那些预示着特定类型行为的信息，这些行为与我们的产品或服务有关。举例来说，有时人物的年龄与产品完全无关，但他们对特定设备的使用情况（如会不会使用 iPhone）将会彻底改变用户使用产品的方式。

下半部分是最重要的信息，在这里捕捉人物角色的高阶需求及实现这些需求所遇到的阻碍。切记，用户根本不需要“功能”，他们需要的是达成某种目标（不一定是具体目标，有时也会是情感目标、未曾表达的愿望等）。我们的工作目的是以最佳方式让他们实现这些目标。

京东新京英平台人物角色示例如图 6-9 所示。

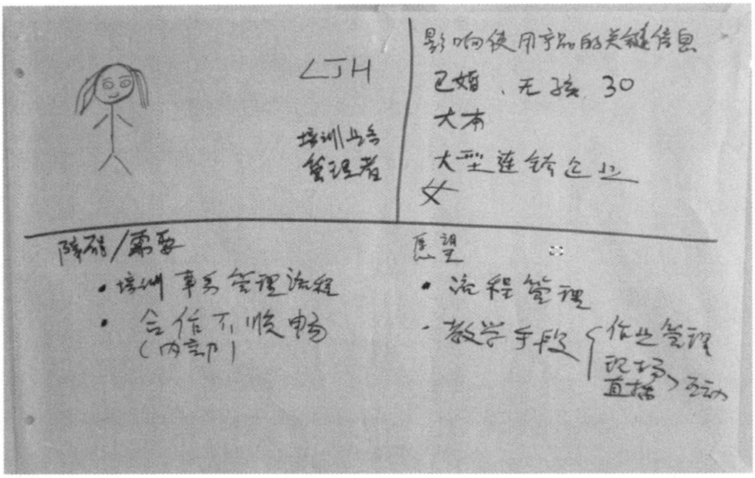

图 6-9　京东新京英平台人物角色示例

6.2.2.8　移情图/同理心地图（Empathy Map）

参与人员：产品负责人、真实用户、业务代表、开发团队、Scrum Master、项目经理。

根据人物角色，进一步同理用户，所有人基于不同角色、背景、理解、信息、假设等，共同风暴讨论人物角色的所说、所做、所想、所感，如图 6-10 所示。

新京英平台同理心地图示例如图 6-11 所示。

6.2.2.9　用户体验地图（User Experience Map）

参与人员：产品负责人、真实用户、业务代表、开发团队、Scrum Master、项目经理。

用户体验地图是一张基于人物角色的第一人称视角的图，用来了解用户与产品、服务、系统交互时的体验和关系，从全局角度定位用户场景、业务流程/旅程、体验的关键点和洞察点，从而识别出待解决的痛点或机会点。这些痛点或机会点的解决方案就构成了产品特性清单（Feature List）。

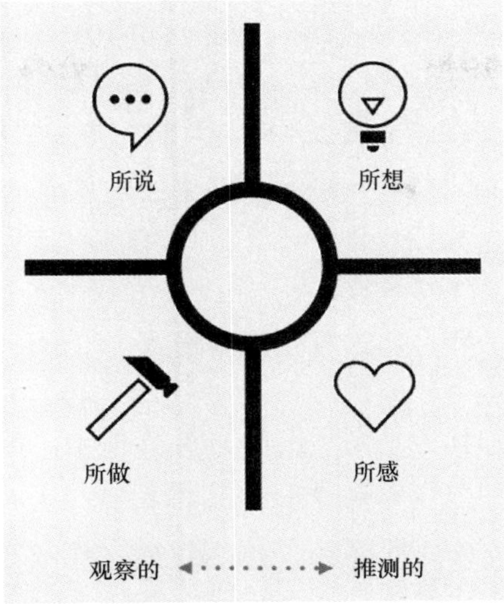

图 6-10　同理心地图

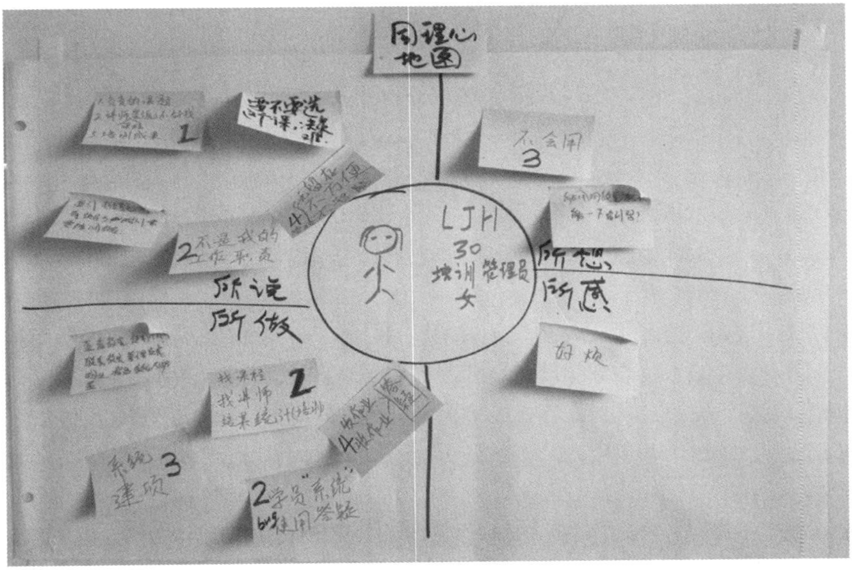

图 6-11　新京英平台同理心地图示例

过程如下：

（1）写出端到端的用户行为流程，分成“觉察、触发、购买、使用、售后……”、“售前、售中、售后”或“服务前、服务中、服务后”等若干关键阶段。

（2）画出情感坐标，中轴线代表正常的行为流程，上方节点代表“惊喜”，下方节点代表“问题”。

（3）用报事贴写下“问题”和“惊喜”，每个报事贴写一个事项，并把“问题”和“惊喜”放到对应的行为节点上。

（4）根据“问题”和“惊喜”的数量和重要性程度，理性判断每个节点的情感高低，并连线。

（5）重构流程，找出任何“不能为用户增加价值”的环节，完全去除或替换。

（6）针对重构后的流程，将最高点推到极致，将最低点有效提升，其他节点一并考虑。

京东商城售后的用户体验地图示例如图 6-12 所示，整个体验过程的情感曲线还是很清晰的，具体的细节可以忽略。

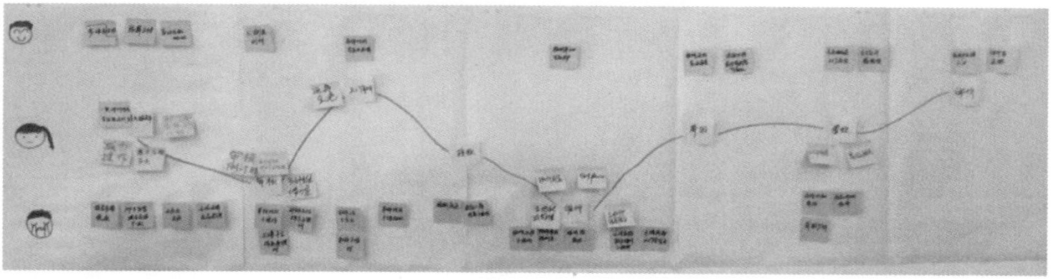

图 6-12　京东商城售后的用户体验地图示例

京东优惠券获取用户体验地图示例如图 6-13 所示。

6.2.2.10　产品路线图（Product Roadmap）

参与人员：产品负责人、真实用户、业务代表、开发团队、Scrum Master、项目经理。

根据用户体验地图识别的痛点或者机会点，对产品要提供的特性进行初步规划，考虑产品如何以增量和迭代的方式演进。最初这仅是初步的设想和草稿，非常粗略。这个规划需要每隔 1～3 月根据用户反馈及产品的发展情况持续更新。通常最近的一个里程碑是承诺的，后续的里程碑具有不确定性，代表对未来的预测。

产品路线图的目的是提供产品的持续性，促进利益相关者的协作，帮助与外部利益相关者进行沟通、排优先级，为产品待办列表减负，有助于获得预算和通过立项，支持产品组合管理。这是一个指导性的战略文件，也是一个执行战略的计划。

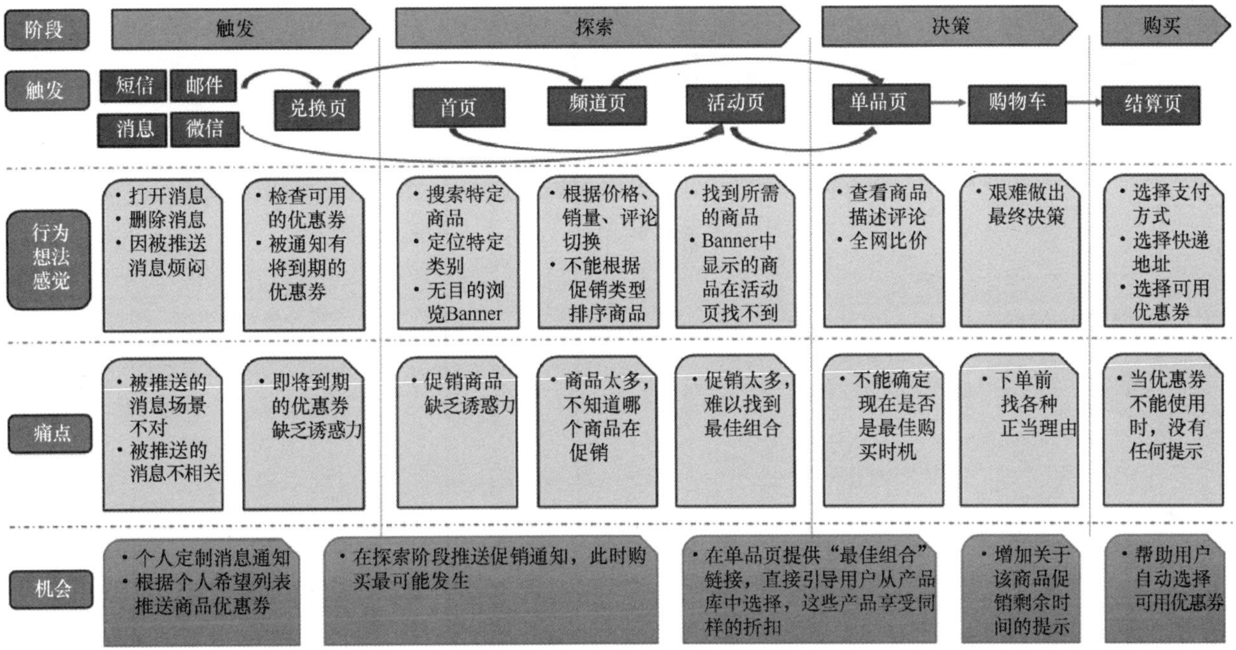

图 6-13　京东优惠券获取用户体验地图示例

资料来源：https://yuzhouguo.com/2016/06/19/mapping-out-the-promotion-shopping-experience/。

产品路线图是一个高层次的视觉总结，它提供产品所需的长期视图，包括一系列在计划的时间周期内要交付的内容及相关的里程碑，如图 6-14 所示。产品路线图示例如图 6-15 所示。

日期 日期或者时间框	日期	日期	日期	日期
	发布何时可用?			
发布名称 新发布的名称	发布名称	发布名称	发布名称	发布名称
	发布的名称			
业务目标 创建新发布的原因	目标	目标	目标	目标
	为什么开发? 有何收益?			
特性 达成目标所必需的特性	特性	特性	特性	特性
	3～5个关键特性			
度量 决定目标是否达成的度量指标	度量	度量	度量	度量
	如何知道目标达成?			

图 6-14　产品路线图

资料来源：罗曼 • 皮希勒（Roman Pichler）（https://www.romanpichler.com/tools/product-roadmap/）。

日期	第一季度	第二季度	第三季度	第四季度
发布名称	版本1	版本2	版本3	版本4
业务目标	获客： 免费App，有限制的App内收费	激活：聚焦App内收费	留存	获客： 新的细分客户群体
特性	· 基本游戏功能 · 多玩家 · 集成脸书	· 购买舞蹈电影 · 创建新的舞蹈	· 新角色和楼层 · 增强视觉设计	· 街舞元素 · 舞蹈竞赛
度量	下载数： 舞蹈类App排名前十	激活、下载数	日活、会话时长	下载数

图 6-15　产品路线图示例

资料来源：罗曼 • 皮希勒（Roman Pichler）（https://www.romanpichler.com/blog/working-go-product-roadmap/）。

对于多团队协作的解决方案路线图，需要可视化各系统的路线及整体解决方案的里程碑，可以参考如图 6-16 所示的示意图。

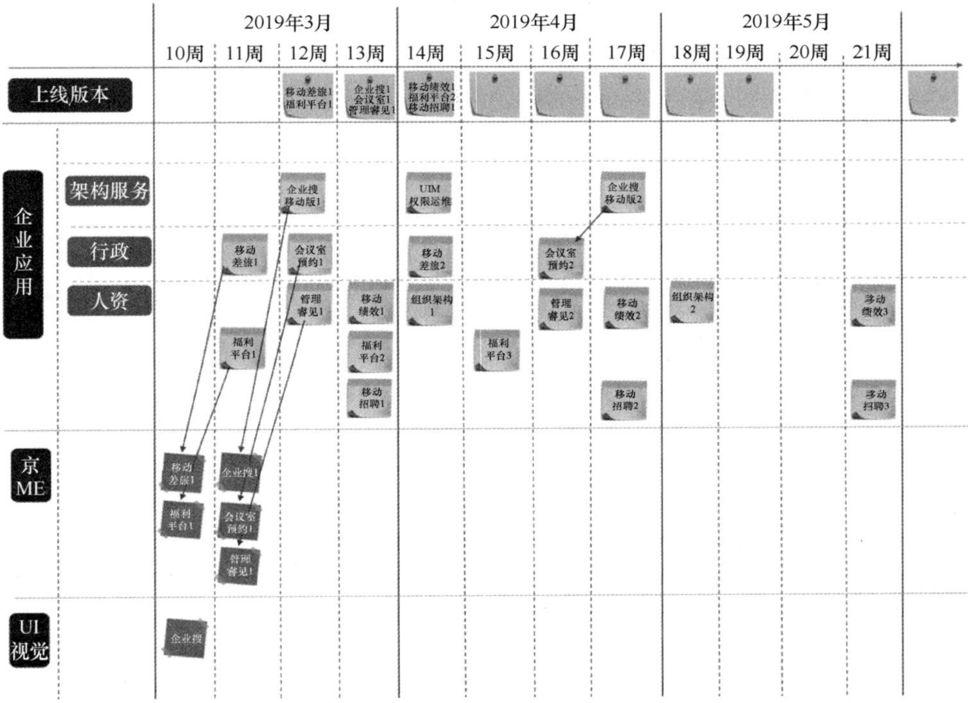

图 6-16　解决方案路线图示意图

6.2.2.11　快速原型（Rapid Prototyping）

参与人员：产品负责人、业务代表、开发团队、Scrum Master、项目经理。

“进行原型演练的原因是做试验、创造原型的行动促使你不断问问题并且进行决策。它也给你一些可以展示和讨论的东西……原型仅仅是你的创意的具象化。”

原型演练/快速原型的核心目的是从产品、服务、系统、体验的最终用户那里获取反馈，评估创意和方案。关键点是快速失败、频繁失败、低成本失败，因为越晚失败，成本越高。在开发团队进行软件架构设计和代码编写之前，就可以验证方案的价值和可行性等。原型的特点如下：

（1）万物皆可原型；

（2）原型阅后即焚；

（3）原型点到即止；

（4）原型必须真实；

（5）真实环境测试。

原型可以是纸质原型、木质原型、物理故事板及角色扮演等，如图 6-17 所示。

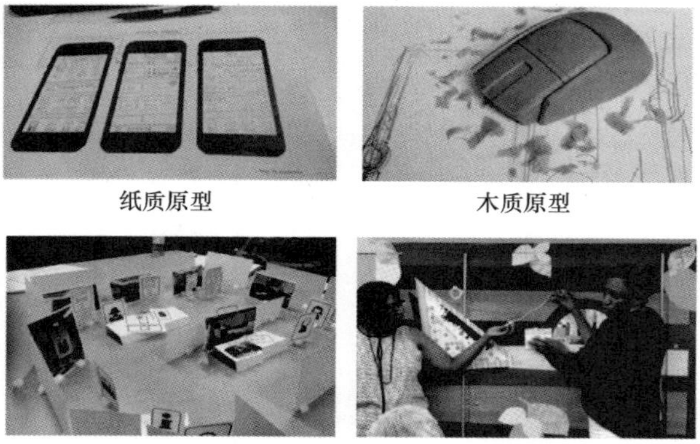

纸质原型　木质原型

物理故事板　角色扮演

图 6-17　原型示意图

使用原型在用户真实环境中进行演练。例如，京东无人餐厅的原型演练，采用的就是角色扮演，团队成员在京东的食堂中扮演打菜员、结算员和就餐员工进行实际演练，如图 6-18 和图 6-19 所示。

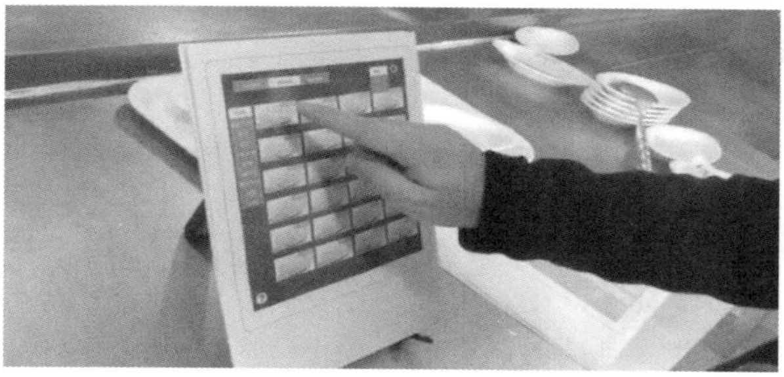

图 6-18　打菜员初始化菜品和价格

图 6-19　结算员和就餐员工在结账台结算

6.2.3　产品规划（Product Planning）

（1）目的：从用户角度对需求条目进行描述（用户故事），规划最小可行产品（MVP）及多个迭代的发布计划；

（2）角色：业务代表、真实用户、产品负责人、开发团队、Scrum Master；

（3）时间：1 周以内；

（4）输入：产品愿景、产品路线图、产品特性清单；

（5）输出：用户故事、产品待办列表、部分详细用户故事的 PRD、迭代计划、发布计划。

6.2.3.1　用户故事（User Story）

参与人员：产品负责人。

产品负责人在编写 PRD 前，负责编写和维护用户故事，因为用户故事是条目化的需求，并不需要像 PRD 那样花费大量的时间进行详细设计。用户故事从用户的角度对功能进行描述，使用自然语言，而非专业术语。

每个用户故事都是一个小的、独立的行为，可以逐步实施，并为用户或解决方案提供一些价值。它是一个用户与系统交互的垂直纵切的功能片段，可确保每次迭代都能带来新的价值。较大的用户故事被分成较小的故事，可以在一次迭代中完成。

用户故事为业务和技术人员提供了足够的信息来理解意图。通过验收标准（Acceptance Criteria）和验收测试（Acceptance Test），故事变得更加有价值、更具体，有助于确保做有价值的事，并且高质量地正确交付。

用户故事专注于用户价值，包括描述和验收标准，格式如下：

（1）用户故事标题。

用户故事标题是一个动宾词组。

（2）用户故事描述。

作为［用户角色］，我希望/想要［系统提供的功能］，以便/所以［我就能/实现什么业务价值或目标］。

（3）验收标准。

假设/假定（Given）上下文、前置条件，当（When）执行某些事件、行动或操作，那么（Then）获得可观察到的结果。

1. 用户故事具有 3C 特征

（1）卡片（Card）——用索引卡/卡片/便笺条记录用户故事，代表用户需求，而不对需求进行详细记录。卡片上同时可记录工作量估算、优先级和验收标准。

（2）对话（Conversation）——敏捷团队通过面对面交流来获得用户故事的细节。好的创意来源于交流，文档代替不了交流，也不能完整、准确地记录所有需求。PRD需要以用户故事为索引，同时其也是用户故事的细节补充文档，如界面原型设计等。

（3）确认（Confirmation）——用验收标准、验收测试用例来确认和记录用户故事开发的完整度和正确性。

2. 用户故事的INVEST原则

（1）独立的（Independent）——用户故事应该尽可能独立。用户故事之间的依赖关系使规划、优先级排序和估算变得更加困难。每个用户故事代表一个对用户有意义的交互。通常来说，可以通过组合或拆分来减少故事之间的依赖性。有的时候，由多个用户故事组成的闭环的业务流程才对用户和企业来说真正有价值。

（2）可讨论的（Negotiable）——用户故事是可以协商讨论的，因为就算是耗费巨大精力详细描述的需求也避免不了误解和需求变更。所有故事的“卡片”只是故事的简短描述、占位符，它不包括细节。细节在“对话”阶段制定，带有太多细节的“卡片”实际上限制了与客户的对话。

（3）有价值的（Valuable）——每个用户故事都必须对客户（用户或购买者）来说有价值。这种价值有可能是有形的，如提现、支付等；也有可能是无形的，如搜索商品、查看商品详情页等。用户故事只要能对用户产生积极作用，触发、推动或者激励用户进一步的旅程，就都是有价值的，值得投入人力来实现。

（4）可估计的（Estimable）——开发人员需要能够估算用户故事的规模，以便对用户故事进行优先级排序和规划。存在的问题：缺乏领域知识（需要更多的对话）、故事太大（需要分解成更小的故事）、需求模糊（需要进一步细化）、技术实现有很大的不确定性（可以分解成一个技术故事探针来进行研究和实验）等。

（5）小的（Small）——好的故事应该很小，规模适合在一个迭代中完成。

（6）可测试的（Testable）——用户故事必须是可测试的，其成功通过测试可以证明开发人员正确地实现了故事，如果不能被测试，就不知道是否有效完成，同时也不能在迭代评审会议中演示完成效果。

3. 用户故事和验收标准示例

原始的产品需求条目如下。

1）需求描述

【离职流程】在人力资源管理系统中抓取是否有福利房的信息，自动推送给行政和人力资源业务伙伴（BP），并提醒员工启动退房流程。行政节点增加“福利房”一项，若员工有有效福利房，则为必填。

2）细节详情

自动推送采用邮件发送的方式；提示员工退房的文案随后提供；行政福利房必填字段是“已退房、未退房”。

优化之后的需求条目如下。

1）用户故事标题

作为办理离职的员工，我希望将福利房交还给公司，以便在很短的时间（如 10 分钟）内办完离职手续。

2）用户故事描述

【离职流程】在 PS 中抓取是否有福利房的信息，自动推送给行政和 BP，并提醒员工启动退房流程。

行政节点增加“福利房”一项，若员工有有效福利房，则为必填。

自动推送采用邮件发送的方式；提示员工退房的文案随后提供。

行政福利房必填字段是“已退房、未退房”。

3）验收标准

（1）假定员工有福利房，当启动离职流程后，员工自动收到邮件。

（2）假定员工没有福利房，当启动离职流程后，那么员工不会收到邮件。

（3）假定员工有福利房，当员工收到邮件时，那么员工看到邮件里的文案，简单明了，没有异议。

（4）假定行政节点行政福利房字段未选择，当启动离职流程后，那么期望的系统现象是……

（5）假定选择已退房，当启动离职流程后，期望的系统现象是……

（6）假定选择未退房，当启动离职流程后，期望的系统现象是……

这个用户故事和验收标准的示例表达了重点：验收标准强调的是计时用户和测试，有哪些场景、路径、测试要点，通过这些“总结性”的要点，开发人员和测试人员可以更好地理解这个需求，同时在写代码的时候可以有针对性地去写 if…else…

6.2.3.2 产品待办列表（Product Backlog）

参与人员：产品负责人。

产品负责人在细化 PRD 之前，要创建和维护产品待办列表。产品待办列表需要符合 DEEP 原则，具体见 5.4.2 节。

6.2.3.3 DoR 和 DoD

参与人员：产品负责人、业务代表、开发团队、Scrum Master、项目经理。

在做计划之前，无论是迭代计划还是发布计划，敏捷团队需要明确迭代开始前的 DoR 及迭代结束后的 DoD，如图 6-20 所示。

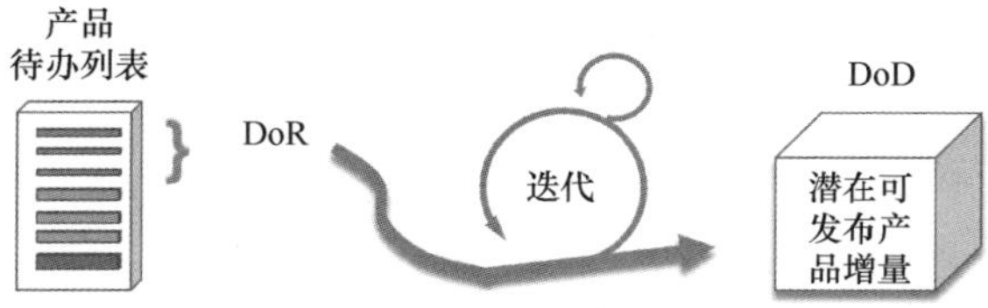

图 6-20　DoR 与 DoD

（1）准备好的定义（DoR）——敏捷团队在进行迭代开发之前需要准备好的定义。DoR 可使团队在没有依赖和障碍的前提下，在迭代开始后全力冲刺，高效交付高价值的潜在可发布的产品增量。好的 DoR 能够使团队事半功倍。

（2）完成的定义（DoD）——在迭代结束的时候，团队已经完成的产品增量或者用户故事。每个团队成员必须对完成工作意味着什么有相同的理解以确保透明化，同时这影响了工作的深入程度及工作量。DoD 适用于产品待办列表中的所有用户故事。

1. 针对未来 1～2 个迭代用户故事 DoR 的例子

1）需求

- 产品待办列表已经排序；
- 用户故事按三段式描述；
- 验收标准按场景、业务规则、成功路径或失败路径等测试要点编写。

2）交互

- 业务流程图已完成；
- 低保真线框图已完成；
- 场景、业务流程逻辑清晰；
- 视觉设计和切图完成。

3）架构

- 相关的架构已经确定；
- 所需的技术调研、研究、概念验证等已完成；
- 相关业务用户故事所需的架构或框架的代码已完成。

2. 针对一个迭代结束时 DoD 的例子

1）设计

- 设计评审完成。

2）代码

- 每天下班前必须签入（Check In）当天编写的代码；
- 当天的代码必须在当天或者第 2 天邀请同伴进行代码评审；
- 代码重构完成；
- 代码符合编码规范；
- 代码已合并团队最新代码并提交至主干；
- 静态代码扫描出的错误已经修复，新增代码扫描出的警告已经修复。

3）文档

- 最终用户文档已更新；
- 最新接口文档已经自动更新到 Wiki。

4）测试

- 完成单元测试（Unit Test）；
- 单元测试自动化脚本已经接入持续集成服务器，并且每天至少执行 2 次；
- 完成集成测试（Integration Test）；
- 无论是前后端的接口，还是与其他系统集成的接口，集成测试自动化脚本已经接入持续集成服务器，并且每天至少执行 1 次；
- 完成回归测试（Regression Test）；
- 完成平台测试（Platform Test）；
- 完成安全测试（Security Test）；
- 完成性能测试（Performance Test）；
- 完成压力测试（Load Test）；
- 完成用户验收测试（User Acceptance Test）。

5）缺陷

- 零已知缺陷；
- 零线上 P0 级缺陷（最高级别缺陷）。

6）验收

- 产品负责人已经验收每一个完成的用户故事；
- 产品负责人按照用户旅程验收用户体验。

6.2.3.4 用户故事地图（User Story Map）

参与人员：产品负责人、业务代表、开发团队、Scrum Master、项目经理。

细节内容，请见 3.3.2 节。

6.2.3.5 发布计划（Release Planning）

参与人员：产品负责人、业务代表、开发团队、Scrum Master、项目经理。

在进行迭代开发之前，通常进行阶段性中期交付，即发布计划，有所规划，而不仅仅关注未来一个迭代（1～2 周）的交付。发布计划会议示意图如图 6-21 所示。

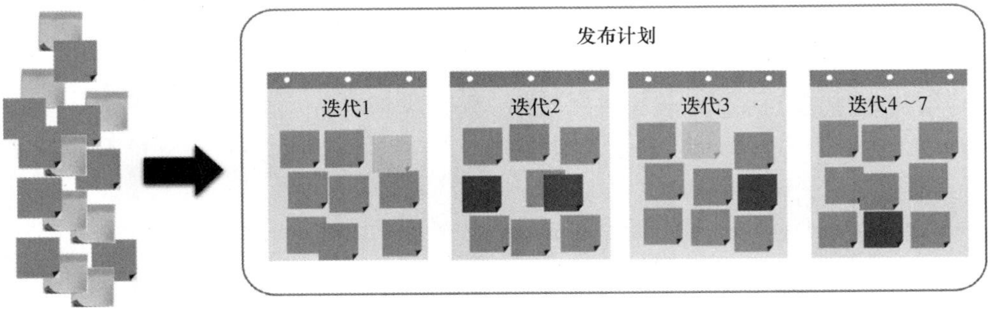

图 6-21　发布计划会议示意图

发布计划会议的目的是制订敏捷团队与组织内的其他部门能够理解和沟通的计划和目标。发布计划会议需要回答以下两个问题：①我们如何以最佳方式将愿景转化为成功的产品？②我们怎样才能达到甚至超越客户的满意度和投资回报？发布计划确定发布目标、具有最高优先级的产品待办事项、重大风险和发布所包含的全部特性和功能。

另外，发布计划会议确立大致交付日期和工作量，团队就可以检验开发进程，并以每个迭代为基础，根据反馈和变化调整并更新发布计划。

因此，在长期规划（产品愿景、产品路线图）的指引下，我们可以应用故事地图规划短期和中期的发布计划。每个版本就是一个最小可行产品（MVP），不是所有版本都正式发布给外部最终用户，MVP 的意义在于它是为验证假设而做的最小规模的实验。通常第一版 MVP 要跑通整个业务流程或主干的基本功能，不保证支持所有用户的所有场景，称为可行走的骨架（Walking Skeleton）。第二版 MVP 进一步对产品进行完善。第三版 MVP 进一步丰富打磨。低优先级的用户故事有可能随着产品的不断打磨而被丢弃掉。一个完整的用户故事地图示例如图 6-22 所示，其分成主干及行走的骨架，每个版本都是阶段性成果，逐步演进，具体细节不用关注。

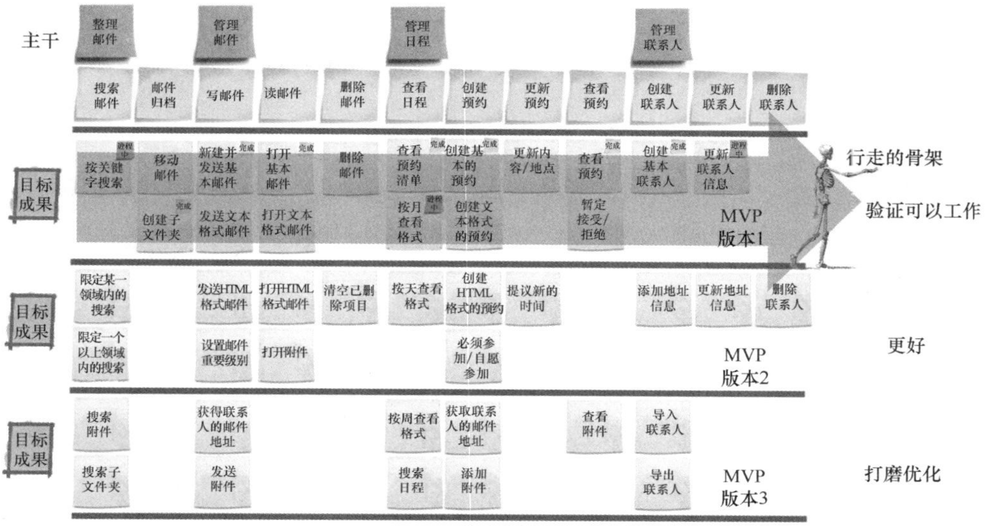

图 6-22　一个完整的用户故事地图示例

资料来源：改编自 *Steve Rogalsky*（http://winnipegagilist.blogspot.com）。

例如，京东 360 评测系统采用用户故事地图规划了三个 MVP 内部测试版本，并使用故事点进行了相对估算，规划了 4 个迭代，如图 6-23 所示。

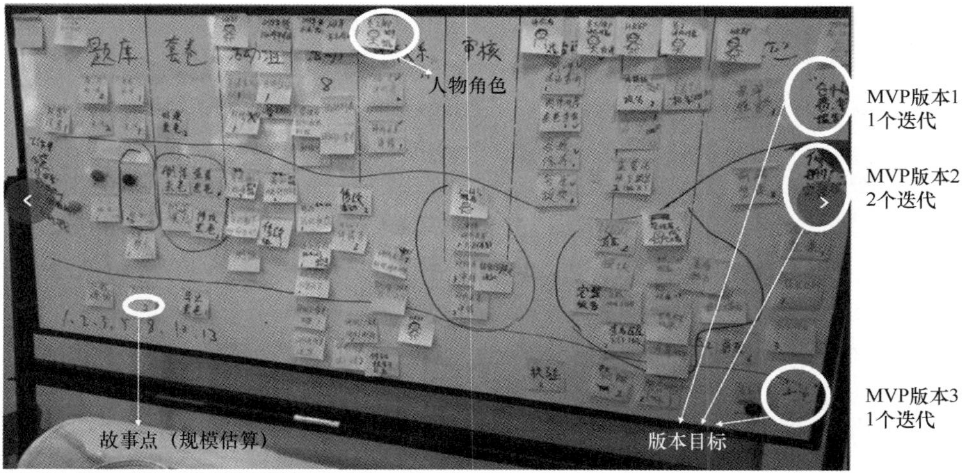

图 6-23　采用用户故事地图规划版本和迭代示例

如果涉及多个团队并行开发一个解决方案，可以应用 SAFe 的 PI 计划实践。如图 6-24 所示，将各团队的迭代计划及团队之间的依赖都识别出来，并识别出有风险的地方。

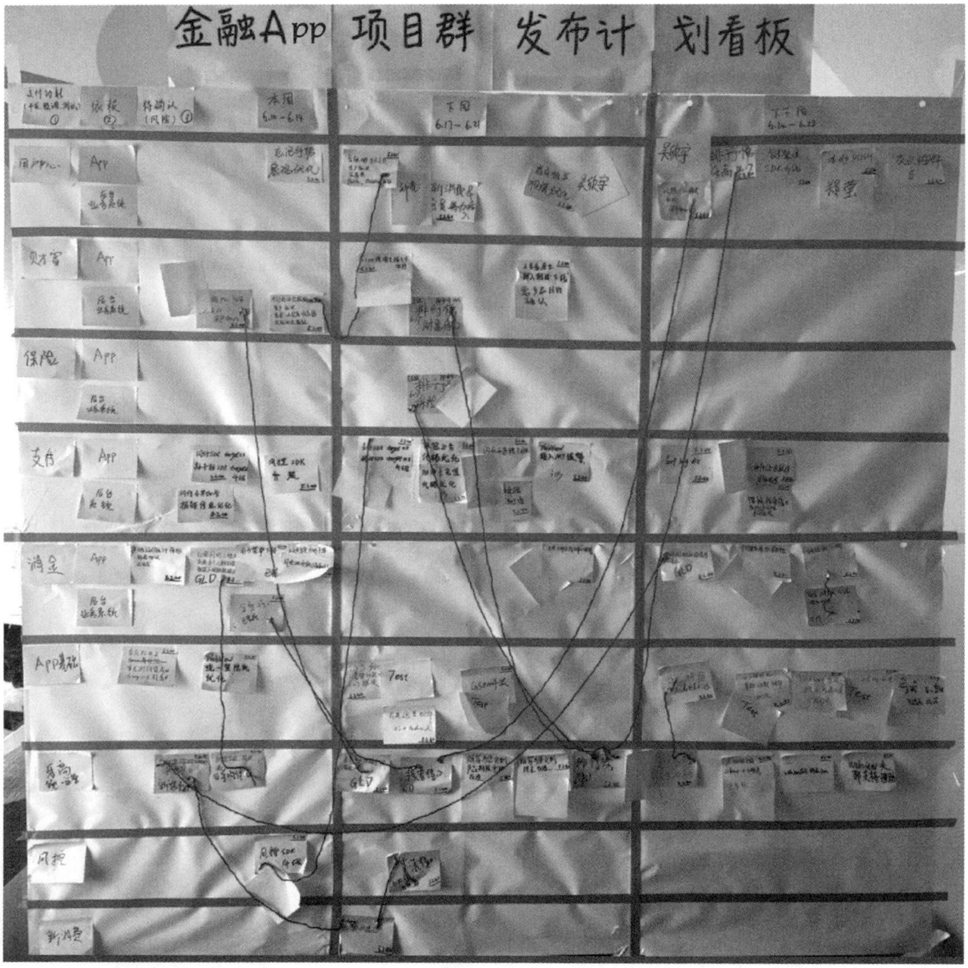

图 6-24　京东金融 App 项目群发布计划看板示例

6.2.4　迭代交付（Iteration Delivery）

6.2.4.1　原型验证（Prototype Validation）

1. 目的

与探索分析中的原型演练基本一致，目的是在与团队梳理 Backlog 之前，对交互设计进行早期低成本验证，提高用户体验。

2. 角色

产品负责人、业务代表、真实用户、开发团队代表、Scrum Master、项目经理。

3. 时间

0.5 天以内。

4. 输入

线框图。

5. 输出

更新优化的线框图。

6. 做法

（1）采用纸质原型方法，PO 打印线框图；

（2）面对所有参会人员，按照场景、业务流程，PO 将线框图粘贴在墙上或白板上；

（3）PO 手动模拟屏幕交互，并进行讲解；

（4）记录反馈，更新线框图。

6.2.4.2　产品待办列表梳理会议

1. 目的

为下一个迭代计划会议的有效执行做准备。

2. 角色

产品负责人、业务代表、开发团队、Scrum Master、项目经理。

3. 时间

推荐在每个迭代的中期进行，通常占用敏捷团队 5%～10%的工作时间，对于 2 周迭代，将会花费 0.5 天～1 天的时间。

4. 输入

最新的 Product Backlog。

5. 输出

经过更新的 Product Backlog 和 PRD。

6. 做法

（1）对于下个迭代待办事项，PO 按优先级描述用户故事及其验收标准；

（2）团队进行澄清确认，并采用计划扑克方式进行相对估算，估算其故事点；

（3）同时，PO 根据工作量可以重新更新优先级；

（4）对于团队发现的需求不合理、业务逻辑有漏洞、用户体验不好的待确认用户故事，PO 在本次会议后，下一个迭代计划会议之前，和业务方进行最终的确认和设计。

6.2.4.3 迭代计划会议（Sprint Planning）

参见 Scrum 框架。

6.2.4.4 每日站立会议（Daily Scrum）

参见 Scrum 框架。

6.2.4.5 敏捷架构（Agile Architecture）

1. 目的

对复杂的、风险大的需求进行软件架构设计。

2. 角色

开发团队。

3. 时间

（1）一部分时间用来为当前迭代的需求进行架构设计；

（2）另一部分时间用来为未来多个迭代提前进行架构设计。

4. 输入

产品待办列表、PRD、已有架构。

5. 输出

新增架构设计。

6. 做法

1）前瞻性刻意架构设计（Intentional Architecture Design）

（1）对于从 0 到 1 的新系统或重大重构升级改造等，开发团队需要在前期进行整体的、前瞻性的架构设计并经过架构评审和技术验证。团队需要将非正式设计文档上传到文档工具（如 Wiki 工具）中。

（2）对已经存在的系统进行增量功能的开发，如果没有重大的技术变革，无须进行前期的架构设计。

（3）对于这些刻意的前期架构设计，在实现的时候，可以将架构切片与业务需求相结合，在编写业务需求代码时，编写其必须依赖的架构切片代码，让架构代码以迭代增量的方式实现。

（4）如果下一个迭代的业务需求依赖于某个前置的架构切片，可以针对该部分进行预研开发。

2）涌现式设计（Emergent Design）

（1）开发团队需要对当前迭代复杂或者有风险的重点功能进行概要设计，并将非正式设计文档上传到文档工具中。

（2）对于涌现出来的设计需要，在设计时，相关开发人员可以在白板前进行模型风暴，设计架构、流程图等。将讨论结果拍照并留存。

（3）不需要为当前迭代的所有需求进行设计。

3）重构（Refactoring）

（1）随着需求的演进，架构也在演进，所以代码的编写需要遵守较好的设计原则，如 SOLID 原则等，同时也需要对代码进行重构以演进代码。

（2）重构离不开单元测试。

6.2.4.6　持续交付流水线（Continuous Delivery Pipeline）

1．目的

采用自动化的方式来支持快速持续发布可靠的软件。

2．角色

开发团队。

3．时间

在提交代码的时候触发。

4．输入

新提交的代码、持续交付流水线基础设施。

5．输出

自动部署到各种环境（系统测试环境、UAT 环境、类生产环境、生产环境），各种反馈（构建、单元测试、静态代码扫描、自动化测试用例结果报告等）。

6．做法

1）持续集成（CI）

（1）每天多次签入代码；

（2）每天至少触发两次 CI；

（3）CI 包含触发自动化的测试脚本、代码；

（4）CI 包含自动部署到系统测试环境、UAT 环境、生产环境。

2）持续部署

在 CI 基础上，自动部署到生产环境。

3）按需发布

（1）根据业务决策，发布给用户使用，代表正式上线；

（2）基于主干开发，在技术上采用特性开关，针对已经部署到生产环境中的软件，打开新增特性的开关；

（3）也可以采用特性分支进行物理隔离，将决定上线的特性分支合并到集成分支或者发布分支中，并将此特性分支删除。

6.2.4.7 用户体验测试（UX Testing）

1. 目的

在正式上线之前，进行用户体验测试，提高用户体验。

2. 角色

产品负责人、业务代表、真实用户。

3. 时间

0.5 天～1 天。

4. 输入

（1）测试任务脚本；
（2）真实用户和设备说明；
（3）可用于用户验收测试的版本。

5. 输出

（1）测试记录表；
（2）用户体验优化点。

6. 做法

（1）与团队一起确定测试目标和范围；
（2）确定测试任务（用户目标而不是用户界面操作描述）和维度；
（3）确定真实用户和测试环境；
（4）引导真实用户按照测试任务脚本进行测试；
（5）记录测试结果；
（6）确定用户体验优化点。

6.2.4.8 迭代评审会议（Sprint Review）

参见 Scrum 框架。

6.2.4.9 迭代回顾会议（Sprint Retrospective）

参见 Scrum 框架。

6.2.5 运营&体验优化（Operation and UX Improvement）

6.2.5.1 用户体验地图（User Experience Map）

1. 目的

在产品上线之后，以可视化的方式，讨论用户体验优化点。

2. 角色

产品负责人、业务代表、真实用户、开发团队、Scrum Master、项目经理。

3. 时间

在每次上线之后，至少举行一次用户体验地图工作坊，时间为 2 小时。

4. 输入

实际使用产品的体验。

5. 输出

用户体验优化点。

6. 做法

（1）确定参加的真实用户；

（2）引导真实用户和其他利益相关者参加用户体验地图工作坊；

（3）具体做法参见 6.2.2.9 节。

6.2.5.2　运营监控（Operation Monitor）

1. 目的

在产品上线之后，持续监控运营数据，根据反馈优化用户体验。

2. 角色

产品负责人、业务代表、开发团队、Scrum Master、项目经理。

3. 时间

持续监控，每周或每两周进行周期性总结处理。

4. 输入

产品埋点数据、运维反馈数据。埋点工作在产品开发阶段应已经完成。

5. 输出

用户体验优化点。

6. 做法

1）单周/双周 UX 问题分析

2）运营数据分析

（1）与用户数相关的数据，如日活、周活、月活等；

（2）与用户价值和体验相关的数据，如用户旅程转化率、常用功能分布等；

（3）与业务价值相关的数据，如交易数据等。

6.3 工具

京东的平台工具可以在内部 Wiki 查看，图 6-25 中列出了部分有代表性工具。

图 6-25 京东 DevOps 工具链部分工具

6.3.1 需求和计划工具

需求和计划工具简要说明如表 6-1 所示。

表 6-1 需求和计划工具简要说明

名称	简要说明
行云	京东敏捷协作平台，解决敏捷开发不规范、没有统一化的工具、不能做到成本和任务良好统一的问题
PMP	PMP 是京东研发管理平台，从项目管理方、研发方、业务方三个视角，解决公司研发全生命周期的项目管理问题，包括需求管理、可行性分析、立项、资源日历、任务排程、项目计划、工时填报、成本管控、评价、考核、验收结项等。支撑研发人员日常任务协作和管理，形成研发人员—项目管理—高层管控的一体化管理平台
乐哦	京东电子看板是一个可以基于看板做计划、跟踪工作任务，并进行统计分析的平台
Confluence	Confluence 是京东知识管理平台，是一种 Wiki 工具，允许用户在 Web 的基础上对 Wiki 文本进行预览、创建及更改、评论、还原历史文档等操作，方便用户快速地构建一个知识共享平台

6.3.2 开发和测试工具

开发和测试工具简要说明如表 6-2 所示。

表 6-2　开发和测试工具简要说明

名称	简要说明
CODING	公司源码库，是公司大多数业务的源码托管平台
Gitlab	公司源码库，是公司大多数业务的源码托管平台
Source	公司源码库，是公司大多数业务的源码托管平台
Jira	Jira 是京东 BUG 管理平台，主要用于缺陷管理
JCI	京东 Jenkins 统一服务集群，提供标准的 Jenkins 服务，供用户自行配置执行 CI、CD 任务
JDTest	商城质量管理平台，包括测试管理、自动化测试、静态代码扫描、性能测试等
EOS	阿凡达 EOS，自动扫描与手动扫描结合，实时地有效规范编码过程
iWorks	企业信息化部研发质量交付平台，包括测试管理、自动化测试、静态代码扫描
TAAS	企业信息化部智能一体化测试平台，完成自动化测试管理
JMAC	企业信息化部云端移动真机测试平台，支持 iOS 系统和 Android 系统

6.3.3 部署和运维工具

部署和运维工具简要说明如表 6-3 所示。

表 6-3　部署和运维工具简要说明

名称	简要说明
J-One	J-One 系统进行京东服务端业务系统统一部署、发布平台，实现用户对系统、应用的基础信息管理，以及对用户编译、提测、上线流程、部署发布一站式的部署流程的管理
JDOS	京东数据中心操作系统，支持应用代码编译、镜像构建、一键编译构建、容器编排、部署等
Logbook	京东日志服务平台，支持京东全类型日志接入、日志查询
UMP	京东统一监控平台，提供网络、存储、应用、中间件等多维度应用监控、调用链分析、报警通知等监控服务
Artifactory	京东私服库，是公司级研发上传 release 包和快照包的 maven 库的存储库管理平台，能够提高公共代码使用的便利性，解决公司多业务依赖的场景
欧拉平台	欧拉平台是京东资源（GPU 资源、CPU 资源）的统筹管理平台，全局把控资源使用情况，将资源监控可视化，使资源使用情况一目了然，是用户申请公有云资源的桥梁

第 7 章

敏捷项目管理课程体系

京东技术学院针对敏捷转型中的 4 个关键角色，打造了不同的课程，包括敏捷领导力基础、产品负责人（PO）训练营、Scrum Master 训练营及敏捷项目管理基础等课程。

7.1 敏捷领导力基础

7.1.1 课程目标

敏捷可以促使频繁协作的跨职能团队在工作过程中以价值最大化为中心，按业务优先级定期产出可交付使用的产品（成果），随着工作的进展、需求的变更及新需求的出现，需要持续地验证需求、响应变化及不确定性。要实现卓有成效的敏捷，管理者需要掌握新的领导力方式及进行角色的蜕变，为敏捷的实施提供支持和环境，促进团队建设及协作。

7.1.2 学员对象

部门负责人。

7.1.3 核心价值

（1）在不确定、复杂和快速的变化中有效运营；
（2）了解敏捷/Scrum 价值、方法、实践；
（3）对齐目标和授权团队来交付更多的客户价值；
（4）系统思考，接纳反馈和实验，并调整他们的方式；

（5）理解组织结构和角色对行为的影响，引入协作的持续改进方法来提升组织有效性；

（6）通过提高自我觉察、培养成长性思维和激励他人，得到更加具有创造性的解决方案；

（7）了解催化他人蜕变和引导组织变革所需的软技能。

7.1.4　核心知识点

敏捷和精益基础、复杂系统与不确定性思维、Scrum 框架、核心敏捷实践（需求梳理、可视化协作、技术卓越、完成的定义等）、敏捷项目管理的铁三角、关键度量（质量、效率、客户价值）、系统思考、生态组织结构设计、Scrum 角色、跨职能特性团队、软技能及领导力基础、驱动力与行为。

7.2　产品负责人（PO）训练营

7.2.1　课程目标

产品专家使用 Scrum 开发和交付及持续学习验证的模式，在创新驱动高度不确定的市场形势下更好地打造和运作产品。本次课程会教给相关人员具体的分析工具和方法，使其在项目中能更好地识别有价值的产品，交付更有价值的项目，提升项目交付的速度。

7.2.2　学员对象

产品专家、业务专家、研发专家。

7.2.3　核心价值

（1）怎样做好一个产品负责人；
（2）如何确定产品愿景；
（3）产品创新的核心要领和框架；
（4）产品思考力；
（5）用户角色的识别；
（6）讲好产品功能故事。

7.2.4 核心知识点

打造伟大的产品负责人（PO）、过程及文化领导力、产品领导力：从“为什么”开始、黄金圆环的启示、产品愿景、产品思考力、产品创新力、产品洞察力、产品影响力、产品解决方案分析、产品 Backlog 的优先级排序 、Empathy 用户同理心、IDEO 的产品设计项目及设计思考方法的过程及关键、持续的短闭环。

产品全局观：用户故事地图、MMF & MVP（最小市场化特性&最小可行产品）、故事地图对比影响地图。

产品研发：团队产能和规划、持续构建质量、产品负责人在 Sprint 中的参与、3 个 Scrum 角色（以 PO 为重点）、大规模组织中的产品负责人、产品负责人的平衡艺术。

7.3 Scrum Master 训练营

7.3.1 课程目标

在互联网时代，敏捷能力成为所有有远见的个人和组织的竞争利器。敏捷是目前最有效的应对复杂项目中的挑战的新思维与方法。这些挑战包括需求的不确定性和渐进性、市场的时刻变化、技术的快速更新、计划赶不上变化、团队过度劳累及缺乏动力与激情、沟通的失效、质量问题及技术债务的累积、项目严重超时超支、无法交付用户及客户真正需要的产品等。

本课程会详细阐述 Scrum Master、项目团队及利益相关者如何运用轻巧的 Scrum 敏捷框架及相关的敏捷实践，在频繁及限时的迭代中快速交付及持续验证潜在的可发布产品或项目成果。

7.3.2 学员对象

项目经理、产品经理、研发负责人。

7.3.3 核心价值

（1）项目角色的新定义，明确对每个角色的期望；

（2）建立敏捷团队的共同定义；

（3）建立成为高绩效 Scrum Master 及敏捷领导者的基础；

（4）了解团队动态，如何让团队自管理；
（5）在团队环境中认识和运用 Scrum 框架及其中的关键会议；
（6）运用 Scrum 和敏捷工件的敏捷项目管理过程；
（7）理解敏捷过程与传统过程的区别与缘由；
（8）敏捷需求及质量文化；
（9）掌握敏捷工作量估算和规划，以及计划一个发布。

7.3.4　核心知识点

传统团队与敏捷团队的区别、敏捷项目思维与原则、项目的复杂性与不确定性、预定义过程与实验性过程、敏捷的价值观、敏捷宣言、敏捷原则、Scrum 的 3 个特征、实验性项目过程的 3 个支柱、5 个价值观、Scrum 中的角色、自组织敏捷团队、团队的特征与职责、项目 Backlog 需求列表、Sprint Backlog、迭代计划会议、DoD 定义、迭代管理、Scrum 任务板、Burndown 图（燃尽图）、每日 Scrum 例会、迭代评审会议与迭代回顾会议、评审“成果”、团队持续改进、Scrum 框架视图化、3 个 PDCA 循环、敏捷项目管理铁三角、高绩效敏捷项目的 3 个绩效因子、敏捷团队与团队工作探讨、敏捷需求、产品 Backlog 中的用户故事/特性 、Backlog 优先级排序。

7.4　敏捷项目管理基础

7.4.1　课程目标

研发团队成员如何运用轻巧的 Scrum 敏捷框架、XP、看板，在频繁及限时的迭代中快速交付及持续验证潜在的可交付产品或项目成果，将敏捷融入日常工作。

7.4.2　学员对象

研发团队、项目经理。

7.4.3　核心价值

（1）学习和阐明敏捷核心原则；
（2）项目角色的新定义，明确对每个角色的期望；

（3）建立敏捷团队的共同定义；
（4）理解敏捷项目管理的全生命周期；
（5）理解敏捷过程与传统过程的区别；
（6）敏捷需求及质量文化；
（7）运用 Scrum 和敏捷工件进行迭代；
（8）实战演练敏捷项目的各阶段；
（9）理解除 Scrum 外的其他方法——看板方法和极限编程。

7.4.4 核心知识点

敏捷理论基础、敏捷项目管理 3 个支柱、敏捷项目管理铁三角、敏捷项目的全生命周期、Scrum 的核心要素、敏捷团队公约、概念阶段、启动阶段、用户故事、需求拆分、优先级排序、敏捷工作量估算、发布计划、迭代执行、任务看板、燃尽图、迭代评审与回顾、看板方法、XP 等。

参 考 文 献

[1] Stevens G A, Burley J. 3000 Raw Ideas = 1 Commercial Success![J]. Research Technology Management, 1997, 40(3):16-27.

[2] Chaos Report 2015[EB/OL]. https://www.standishgroup.com/sample_research_files/ CHAOS-Report2015- Final.pdf.

[3] Pulse of the Profession 2018[EB/OL]. https://www.pmi.org/-/media/pmi/documents/public/pdf/learning/thought- leadership/ pulse/pulse-of-the-profession-2018.pdf.

[4] 张小龙最新内部演讲：警惕 KPI 和复杂流程[EB/OL]. http://tech.qq.com/a/20161029/018612.html.

[5] NASA Johnson Space Center Oral History Project Commercial Crew & Cargo Progra-m Office Edited Oral History Transcript[EB/OL]. https://historycollection.jsc.nasa.gov/JSCHistoryPortal/history/oral_histories/C3PO/GigerD/GigerD_1-15-13.html.

[6] The New New Product Development Game[EB/OL]. https://hbr.org/1986/01/the-new-new-product-development-game.

[7] Royce W W . Managing the Development of Large Software Systems[C]// IEEE WESCON. IEEE, 1970.

[8] What is Scrum?[EB/OL]. https://scrumguides.org/.

[9] What is Extreme Programming?[EB/OL]. http://ronjeffries.com/xprog/what-is-extreme-programming/.

[10] WHAT IS THE KANBAN METHOD?[EB/OL]. https://leankanban.com/project/what-is-km/.

[11] Chris Sims, Hillary Louise Johnson. Scrum 要素[M]. 徐毅，译. 北京：人民邮电出版社，2013.

[12] Kenneth S. Rubin. Scrum 精髓：敏捷转型指南[M]. 姜信宝，米全喜，左洪斌，译. 北京：清华大学出版社，2014.

[13] 迈克 • 科恩. Scrum 敏捷软件开发[M]. 廖靖斌，吕梁岳，陈争云，等译. 北京：清华大学出版社，2010.

[14] 迈克 • 科恩. 敏捷软件开发：用户故事实战[M]. 王凌宇，译. 北京：清华大学出版社，2018.

[15] Jeff Patton. 用户故事地图[M]. 李涛，向振东，译. 北京：清华大学出版社，2016.

[16] 何勉. 精益产品开发：原则、方法与实施[M]. 北京：清华大学出版社，2017.

[17] 大卫 • J. 安德森. 看板方法：科技企业渐进变革成功之道[M]. 章显洲，译. 武汉：华中科技大学出版社，2014.

[18] 马库斯 • 哈马伯格，乔吉姆 • 森顿. 看板实战[M]. 霍金健，何勉，程鸣萱，译. 北京：人民邮电出版社，2016.

[19] Henrik Kniberg. 精益开发实战：用看板管理大型项目[M]. 李祥青，译. 北京：人民邮电

出版社，2012.
[20] Kent Beck, Cynthia Andres. 解析极限编程——拥抱变化[M]. 雷剑文，李应樵，陈振，译. 北京：机械工业出版社，2011.
[21] 迪恩·莱芬韦尔. SAFe 4.0 参考指南：精益软件与系统工程的规模化敏捷框架[M]. 李建昊，译. 北京：机械工业出版社，2017.
[22] 理查德·克纳斯特，迪恩·莱芬韦尔. SAFe 4.0 精粹：运用规模化敏捷框架实现精益软件与系统工程[M]. 李建昊，等译. 北京：电子工业出版社，2018.
[23] 克雷格·拉尔曼，巴斯·沃代. 大规模 Scrum：大规模敏捷组织的设计[M]. 肖冰，译. 北京：机械工业出版社，2018.
[24] Gene Kim, Kevin Behr, George Spaffor. 凤凰项目：一个 IT 运维的传奇故事[M]. 成小留，译. 北京：人民邮电出版社，2015.
[25] 桑吉夫·夏尔马. DevOps 实施手册：在多级 IT 企业中使用 DevOps[M]. 万金，译. 北京：清华大学出版社，2018.
[26] Gene Kim, Jez Humble, Patrick Debois, John Willis. DevOps 实践指南[M]. 刘征，王磊，马博文，等译. 北京：人民邮电出版社，2018.
[27] Jennifer Davis, Ryn Daniels. Effective DevOps(中文版)[M]. 刘海涛，肖斌，译. 北京：中国电力出版社，2018.
[28] 乔梁. 持续交付 2.0 业务引领的 DevOps 精要[M]. 北京：人民邮电出版社，2019.
[29] Robert C. Martin. 架构整洁之道[M]. 孙宇聪，译. 北京：电子工业出版社，2018.
[30] Scott L.Bain. 浮现式设计：专业软件开发的演进本质[M]. 赵俐，华洁，译. 北京：人民邮电出版社，2011.
[31] 马丁·福勒. 重构：改善既有代码的设计[M]. 2 版. 熊节，林从羽，译. 北京：人民邮电出版社，2019.
[32] Gary Gruver, Mike Young, Pat Fulghum. 大规模敏捷开发实践：HP LaserJet 产品线敏捷转型的成功经验[M]. 郑立，译. 北京：机械工业出版社，2013.
[33] 杰夫·戈塞尔夫，乔什·赛登. 精益设计：设计团队如何改善用户体验[M]. 2 版. 黄冰玉，译. 北京：人民邮电出版社，2018.
[34] Roman Pichler. Strategize: Product Strategy and Product Roadmap Practices for the Digital Age[M]. Pichler Consulting, 2016.
[35] Roman Pichler. Scrum 敏捷产品管理：打造用户喜爱的产品[M]. 李忠利，译. 北京：清华大学出版社，2013.
[36] 鲁百年. 创新设计思维：创新落地实战工具和方法论[M]. 2 版. 北京：清华大学出版社，2018.
[37] James Kalbach. 用户体验可视化指南[M]. UXRen，译. 北京：人民邮电出版社，2018.
[38] Andy Polaine, Lavrans Lvlie, Ben Reason. 服务设计与创新实践[M]. 王国胜，张盈盈，付美平，等译. 北京：清华大学出版社，2015.
[39] 亚历山大·奥斯特瓦德，伊夫·皮尼厄，雷格·贝尔纳达. 价值主张设计：如何构建商业

模式最重要的环节[M]. 余锋，曾建新，李芳芳，译. 北京：机械工业出版社，2015.
[40] 埃里克·莱斯. 精益创业[M]. 吴彤，译. 北京：中信出版社，2012.
[41] 阿什·莫瑞亚. 精益创业实战[M]. 2 版. 张玳，译. 北京：人民邮电出版社，2013.
[42] 阿什·莫瑞亚. 精益扩张：从创业到爆发式增长的关键指标[M]. 张力文，王静源，译. 北京：人民邮电出版社，2017.
[43] 龚焱. 精益创业方法论：新创企业的成长模式[M]. 北京：机械工业出版社，2015.
[44] Jez Humble, Joanne Molesky, Barry O'Reilly. 精益企业[M]. 姚安峰，韩锴，译. 北京：人民邮电出版社，2016.
[45] 王立杰，许舟平，姚冬. 敏捷无敌之 DevOps 时代[M]. 北京：清华大学出版社，2019.